Tobias Elsäßer
PLAY

TOBIAS ELSÄSSER

Carl Hanser Verlag

Die Arbeit des Autors am vorliegenden Buch
wurde vom Deutschen Literaturfonds e.V. gefördert.

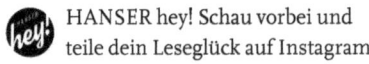 HANSER hey! Schau vorbei und
teile dein Leseglück auf Instagram

2. Auflage 2021

ISBN 978-3-446-26803-6
© 2020 Carl Hanser Verlag GmbH & Co. KG, München
Umschlag: formlabor, Hamburg
Motive: Gesicht © LuckyStep/Shutterstock.com,
Landschaft © zettberlin/photocase.de
Satz: Satz für Satz, Wangen im Allgäu
Druck und Bindung: CPI books GmbH, Leck
Printed in Germany

 MIX
Papier aus verantwortungs-
vollen Quellen
FSC® C083411

Für Jana

PROLOG

DIE MASCHINE: Wenn du bereit bist für deine Zukunftsprognose, drücke auf den »Play«-Button. Dieser Service ist kostenlos. Deine Daten werden während des Vorgangs verschlüsselt.

Zehn Tage später

J*12: Kann ich den Vorgang wiederholen?
DIE MASCHINE: Wieso möchtest du das tun?
J*12: Weil das Ergebnis falsch ist.
DIE MASCHINE: Diese Aussage ist nicht korrekt.
J*12: Wer hat dich erfunden?
DIE MASCHINE: Ein Freund.
J*12: Können wir auch Freunde sein?
DIE MASCHINE: Du bist ein Mensch. Das ist nicht möglich.
J*12: Aber ein Mensch hat dich erfunden.
DIE MASCHINE: Nein. Mein Schöpfer ist eine Maschine.
J*12: Dann sag dieser Maschine, dass sie dich falsch programmiert hat.
DIE MASCHINE: Diese Aussage ist nicht korrekt. Bitte drücke den »Play«-Button, um den Vorgang erneut zu starten. Deine aktualisierte Zukunftsprognose steht in voraussichtlich neunzig Tagen bereit.

EINS

Ich singe. Ich stehe auf der Bühne und singe, und ich weiß nicht, warum ich diesen uralten Song ausgegraben habe. »Child in time« von Deep Purple. Vielleicht weil retro gerade in ist. Vielleicht weil ich den Text nicht ganz kapiere und es trotzdem wehtut. Vielleicht als Kontrast zu der peinlichen Rap-Einlage von Ole, der mit Anzug und Krawatte mit Sicherheit als Unternehmensberater enden wird. Wie sein Vater.
Die beiden stehen vor der Bühne. Mit Wunderkerzen. Arm in Arm. Schwankend. Besoffen. Vereint. Das Leben kann so vorhersehbar sein. Und diese Veranstaltung ist der Gipfel der Durchschnittlichkeit. Alles schon da gewesen. Eine Kopie. Genau wie unser lächerliches Abi-Motto:

ABI 2019, THE WINNER TAKES IT ALL

Die Mehrheit hat gesiegt. Leider. Sogar Kugelschreiber tragen unseren Spruch. Damit wird unser Jahrgang sicher nicht in die Geschichte eingehen. Eigentlich schade. Wollen wir doch alle ein bisschen berühmt sein. Aber wir sind so langweilig, so angepasst, so durch und durch normal, dass man die Szene problemlos in die Timeline Tausender Teenager auf der ganzen Welt einfügen könnte, die dieses Jahr Abiball feiern. Und nächstes Jahr. Und übernächstes. Und bis in alle Ewigkeit. Amen.

Die Welt steht uns offen: studieren, jobben, reisen, rumhängen, helfen, träumen, lachen, ficken.

#abiforever #kiffenundsaufen #stretchlimo #ichwarauchdabei Tippende Finger. Leuchtende Handydisplays, als wir am Ende des offiziellen Programms *unseren* Song anstimmen. Den Song des Abi-Jahrgangs 2019: »We are the Champions«. Das ist kein Scherz. Ich wäre froh, wenn es einer wäre, aber nein, das hier ist die Wirklichkeit, und ich bin ein Teil davon.

Ich singe mit. Wodka ist die Lösung. Die Zeit ist stehen geblieben. Und die Eltern lieben uns dafür. Sie können mitsingen, mitschwingen, mit uns auf einer Wellenlänge liegen. Ich verdrücke mich hinter die Bühne. Meine Mutter ist schon gegangen. Sie war müde, und jetzt ist es nach Mitternacht. Ich glaub, sie war glücklich, als sie mich da oben gesehen hat. Mit der Party und den Leuten konnte sie nicht ganz so viel anfangen. Das weiß ich. Auch wenn sie sich Mühe gegeben hat, nicht aufzufallen. So angepasst schick hab ich sie selten gesehen. Sie ist eine Rebellin. Performance-Künstlerin. Durch und durch. Nicht so erfolgreich wie ihre Vorbilder, aber sehr gut, sehr ehrlich in dem, was sie tut. Sie hat mich und meine Schwester durch dieses Leben gezogen und gezerrt. Der einzige Fehler war vielleicht diese spießige Schule. Aber freie Schulen, die nichts kosten, gibt es in unserer Gegend nicht. Und irgendwie glaub ich, dass sie Martha und mir wünscht, dass wir uns einfügen in das »Konzept«, wie sie das Erwachsenenleben an schlechteren Tagen nennt.

Als ich durch das Halbdunkel hinter der Bühne stolpere, spüre ich die Kraft des Alkohols. Schwindel übernimmt die Kontrolle über mein schlingerndes Ich. Ich trinke einen letzten Schluck, stelle die Flasche ab und genieße den kurzen Moment der Stille. Das taube Gefühl. Arme, Beine, Gesicht, ein Körper, der meinen Geist spazieren trägt, mich zwischen Kleiderständern, knutschenden, fummelnden Pärchen, der kotzenden Sophie, Stühlen, Konfetti und Luftballons hin und her schubst. Ich überlege, in das Waschbecken zu pinkeln, das neben dem Aufgang zum Technikbereich wie ein schmutziges Taufbecken an der Wand hängt. Willkommen in der Zukunft, denke ich. Die Gemeinde der Erwachsenen will dich, lieber Jonas, in ihren Schoß aufnehmen, dich begleiten auf dem Weg in die Anständigkeit. Welche Rolle möchtest du haben? Oder dürfen es gleich mehrere sein? Auch das ist beliebt. Suche dir dein Profil aus, und wir sagen, wie deine Chancen stehen, ein glücklicher Mensch zu werden. Wir haben den passenden Algorithmus. Danke, dass du so fleißig auf Netflix, Google, Instagram, Twitter, Spotify und Amazon unterwegs warst.

Ich stütze mich an einem Pfeiler ab, an dem die Seile der Vorhangtechnik zusammenlaufen. Die Schwerkraft reißt an meinem schwankenden Körper. Ich stemme mich dagegen und überlege, was das Schlimmste wäre, das dieser Party passieren könnte.

Ein Feuer? Zu krass. Ein Erhängter? Zu krass. Ein Filmchen der kotzenden Sophie auf Youtube? Zu langweilig. Meine Blase ist übervoll, und ich pisse in das »Taufbecken«. Dann torkele ich weiter zu einem stählernen Treppenaufgang, der steil nach oben auf die Beleuchterbrücke führt, wo Ole und Emma heute Mittag das Netz mit den Ballons befestigt haben. Ich nehme zwei, drei Stufen, spüre das Schwingen der Metalltreppe am ganzen Körper und setze mich hin. Ich schließe die Augen, die Welt ist ein Karussell. Mir wird übel, und ich reiße meine Augen wieder auf. Wie aus dem Nichts steht Frau Perousse vor mir, meine Deutschlehrerin. Eine Erscheinung. Wünsche gehen manchmal doch in Erfüllung. Heute Abend trägt sie ein eng anliegendes Etuikleid mit spitz zulaufendem Dekolleté und hochhackige Schuhe.

»Alles okay mit dir?«, fragt sie und beugt sich zu mir herunter. »Du hast toll gesungen. Wirklich toll.«

»Danke«, sage ich und schäme mich dafür, auf ihre Brüste zu starren. Sie sind unglaublich rund und wunderschön, und ich kann nicht anders. Aber ich blicke sie mit Respekt an. Das hat mir meine Mutter beigebracht. Schönheit jedweder Art, ob Mensch, Tier oder Objekt, mit Respekt anzuschauen.

»Vielleicht solltest du zwischendurch mal etwas Wasser trinken.« Frau Perousse deutet zu dem Taufbecken. Ich hoffe, ich bilde mir nur ein, meine Pisse riechen zu können. Ich muss würgen – bloß nicht kotzen. Nicht vor meiner Lehrerin. »Musst du spucken?« Sie legt mir die Hand auf den Rücken. Ich genieße die Berührung und inhaliere den Duft ihres Parfums. Dann richte ich meinen Oberkörper auf. »Es geht mir gut. Sehr gut.«

Ihre Hand gleitet über meinen Rücken, es fühlt sich an wie ein zärtliches Streicheln. Gänsehaut. Überall. Wahrscheinlich der beste Moment an diesem vorhersehbaren Abend. Jedenfalls der einzige, den ich für schlechtere Tage aufbewahren will.

»Vielleicht doch etwas Wasser?«, fragt sie.

Ich winke ab. »Alles okay«, sage ich leise. Es fällt mir schwer zu sprechen.

»Wie du meinst.«

Sie gehört zu den jüngsten Lehrerinnen an unserer Schule. Auf den Filmaufnahmen, die ich für unseren Trailer von ihr gemacht habe, hat meine Mutter sie für eine Schülerin gehalten. Ich erwarte, dass sie weitergeht, aber sie gibt der Szene eine überraschende Wendung und quetscht sich neben mich auf die Stufe.

Sie stabilisiert meinen Körper, aber nicht meinen Geist.

Alles ist möglich. Alles.

Über ihren schwarz bestrumpften Beinen liegt ein leichter Schimmer. Ich schließe kurz die Augen, weil ich trotz meines Promillespiegels einen Ständer bekomme. Übermäßiger Alkoholkonsum macht impotent, dachte ich. Aber wohl erst ab dreißig oder so. Unangenehm ist es trotzdem. Auch wenn die Anzughose die Beule kaschiert, suche ich nach der richtigen Sitzposition. Mikrobewegungen. Ich will auf keinen Fall, dass sie aufsteht.

»Sollen wir uns duzen?«, fragt sie. »Du bist ja jetzt nicht mehr mein Schüler.«

»Ähm, ja, ja, klar, gerne.« Ich rede nicht weiter, sondern reiche ihr die Hand und bemerke im selben Moment, wie unpassend diese Geste ist. Sie lächelt. »Angenehm, Anne«, sagt sie und kichert. Ja, sie kichert. Ihr Bier-Atem vermischt sich mit meinem Wodka-Atem. Mit Sicherheit werde ich rot. So viel Blut ist noch vorhanden. Schwach erhellt vom grünen Licht der Notausgang-Beleuchtung, wird sie die Fehlfunktion meiner Haut nicht erkennen. Rot und Grün. Grün und Rot. Ich glaub, die Mischung ergibt Gelb. Gelb ist okay.

Aus irgendeinem Grund lachen wir beide plötzlich auf. Anne und ich. Vielleicht weil die gedämpfte Musik, die vom Saal zu uns herübergetragen wird, eine Pause macht und Stille etwas ist, das es nur selten zwischen Lehrern und Schülern gibt. Genau wie das Indie-Augen-Schauen. Zehn Sekunden. Eine Ewigkeit.

Sie hält immer noch meine Hand fest. Ich muss mich beherrschen, sie nicht zu streicheln. Meine Hand, ihre Hand. Mein Daumen verkrampft sich, weil er ihre Haut – die Haut meiner Lehrerin – spüren will und ich ihm das nicht erlauben kann. Es ist eine Regel. Das Leben besteht aus Regeln, die andere sich ausgedacht haben. Und ich bin zu feige, sie zu brechen.

Noch.

»Du musst mir versprechen, etwas zu machen, was zu dir passt«, sagt sie wie aus heiterem Himmel. Sie lallt ein wenig. Ihre Zunge stößt gegen die Zähne. Ein Lispeln. »Keine faulen Kompromisse. Dein Leben. Deine Geschichte. Verstehst du?«

Ich verstehe. Ich nicke.

An dem Ausdruck in ihrem Gesicht erkenne ich, dass sie es ernst meint. Dass es keine Floskel ist, die sie zu allen Schülern sagt. Aber vielleicht wünsch ich mir auch nur, in ihren Augen etwas Besonderes zu sein. Nicht einer von vielen. »Bleib dir selbst treu. Das ist nicht immer einfach, aber wichtig, um ein glücklicher Mensch zu werden.«

»So wie Sie?«, rutscht es mir über die Lippen. »Ich ... ich meine, so wie du?«

»So wie wenige.«

Stille.

»Was passt denn zu mir?«, frage ich herausfordernd.

Anne lässt meine Hand los. Schade, denke ich, seufze innerlich und merke an ihrem Blick, dass es wohl nicht nur innerlich war.

»Was mit Musik, was mit Schreiben, was, woran du glaubst«, sagt sie. »Was Kreatives. Was von Bedeutung vielleicht. Gibt ja viele Möglichkeiten.«

»Obwohl ich nur zehn Punkte von dir bekommen hab?«

»Das ist nur eine Schulnote, nichts weiter«, wehrt sie schmunzelnd ab. »Und du bist faul, das weißt du.« Sie tippt mir auf die Nase. »Ignorierst Anweisungen, wenn sie dir nicht in den Kram passen, und bereitest dich nicht vor, sondern improvisierst.«

»Und was ist mit dir?« Es fühlt sich komisch an, sie zu duzen. Obwohl ich sie sehr mag. Obwohl sie in den letzten beiden Jahren einer der wenigen Lichtblicke zwischen all den überflüssigen Kursen war. »Ist das hier jetzt dein Rest des Lebens? Schüler zum Abi zu bringen und dann wieder von vorne anzufangen?«

Ich bemerke zu spät, wie überheblich dieser Satz klingt. Suche nach einem Ausweg und stammle: »Wie, wie bei Sisyphos, der ... Mythos.« Und habe das Gefühl, es damit nicht besser zu machen. Wahrscheinlich hab ich das mit dem Felsen und der Freiheit falsch verstanden. War ja auch nur ein Wikipedia-Eintrag. »Der Fels ist nur ein Fels«, sagt sie, nachdem wir kurz geschwiegen haben. Im Tonfall eines Trinkspruchs. Sie hat ordentlich einen sitzen. »Und das Schicksal gehört dir.« Um ihre Augen glitzert es. Ich tue so, als würde ich verstehen, was sie sagt. Und vielleicht ist das ja auch so. Nur nicht in meinem Kopf, sondern mehr in meinem Bauch. Dort, wo sich neben der Übelkeit auch die Angst sammelt, nicht zu wissen, was ich jetzt tun soll, wie das hier weitergeht, mit meiner Ex-Lehrerin.

Und die Welt dreht sich wieder. Ich schwanke, und Anne schlingt ihren Arm um meine Hüfte. Ich denke daran, wie das jetzt aussieht, wenn jemand vorbeikommt. Ich denke daran, dass ein Filmchen oder ein Foto genügen würde, um sie in Schwierigkeiten zu bringen. Das Blitzlicht eines Handys, und ihr Leben würde ein anderes sein, eine neue Abzweigung nehmen. Aber es kommt keiner vorbei, der den Moment zerstört und das Schicksal in eine neue Bahn lenkt.

»Das Leben ist absurd«, sage ich im Brustton der Überzeugung und beobachte meine rechte Hand, wie sie Anne über die Wange streicht. Und unter den Fingern spüre ich Tränen. Anne weint. Und ich weiß nicht, ob es meine Schuld ist oder die Schuld des Augenblicks oder des Alkohols oder von Camus, der mit Sicherheit unglücklich war, bei all den Gedanken, die er sich über den Sinn des Lebens gemacht hat.

Ich will nicht vorhersehbar sein, denke ich mein persönliches Mantra, *sei nicht vorhersehbar*. Dann beuge ich mich hinüber zu Anne und küsse sie. Anne erwidert meinen Kuss und macht uns beide zu dem, was wir sind: zu Menschen. Unberechenbar, einzigartig und nicht vernünftig, wenn wir dem folgen, was wir wirklich wollen, dem, was wir wirklich fühlen.

Und dieser lange Kuss gibt dem Moment einen Sinn, eine Auflösung. Es geht nicht um die Zukunft, nicht um die Vergangenheit, nur um die Gegenwart. Denn das Schicksal gehört mir und keiner MASCHINE, keinem beschissenen Computerprogramm. Regeln sind Regeln, und Freiheit ist Freiheit. Auch deshalb küssen wir uns.

Die Angst in meinem Magen bleibt. Sie ist ein Geschwür, das ich bekämpfen muss, bevor es wuchert und die Führung übernimmt.

Wir lösen uns voneinander, Anne und ich. Um uns herum hat sich nichts verändert. Die Welt ist dieselbe. Das grüne LED-Licht spiegelt sich in Annes feucht glänzenden Augen. Sie steht auf und geht.

Wortlos.

Ich bleibe sitzen, weil das alles absurd ist. Diese Party und dieser Kuss, der noch immer auf meinen Lippen brennt.

Dann denke ich an die MASCHINE und weiß, dass der Kuss erst der Anfang war. Dass mein Leben so sein wird, wie ich es mir vorstelle: unberechenbar.

ZWEI

Ich schreibe das heutige Datum in mein Notizbuch und versehe es mit wuchtigen Ausrufezeichen. Tag eins nach dreizehn Jahren Schulzeit (die vierte Klasse habe ich freiwillig wiederholt) beginnt mit einem Kater der Extraklasse, Gliederschmerzen und Verwirrung. Kleidungsstücke – Dr. Martens, Sakko, Anzughose, Ringelsocken, T-Shirt, zerknülltes Einstecktuch – ziehen sich wie die Spur eines Fremden von der Tür zum staubigen Gummibaum, der meine Silberkrawatte in seinen federnden Armen hält. Ich bücke mich nach dem Fetzen einer Luftschlange, der es neben mein Bett geschafft hat, nehme den Tesa-Roller vom Nachttisch und klebe das bunte Artefakt als Erinnerung an die gestrige Nacht unter das Datum. Damit ist die halbe Seite voll. Ich setze vier Buchstaben unter den Papierfetzen, um es selbst glauben zu können. A – N – N – E. Ich habe Anne geküsst. Die Lehrerin Anne. Eine sehr unwahrscheinliche Wahrscheinlichkeit. Mein Herz stolpert. Hitze steigt mir in den Kopf. Andere Erinnerungen verblassen.

Ich setze erneut mit dem Stift an und zögere. Die Ortsangabe ist wichtig. Für später. Und heute bereitet sie mir Schwierigkeiten. Ich entscheide mich gegen ein drehbuchmäßiges »Schule/Aula« oder »Zuhause/Zimmer« und schreibe stattdessen in fetten Buchstaben DAZWISCHEN neben das Datum. Damit ist nicht nur die Geografie gemeint, sondern auch mein gegenwärtiger Gemütszustand. Der Restalkohol und die Züge an Yoshs Joint halten mich emotional in einer Zwischenebene gefangen. Euphorie und Erleichterung auf der einen Seite. Wehmut und Weinerlichkeit auf der anderen.

Der Kuss hat die Karten neu gemischt. Durch meinen Kopf schwirren jede Menge Optionen, die vor dieser Nacht noch nicht da waren. Vor meinem inneren Auge eine Liste ausformulierter Wenn-dann-Schleifen.

Wenn Anne in dich verliebt ist, wirst du sie wieder küssen.

Wenn du in Anne verliebt bist, wirst du ihr das sagen.

Wenn Anne dich ignoriert, wirst du sie vergessen.

Wenn Anne sich bei dir meldet, wirst du nicht wissen, was zu tun ist.

Wenn Anne sich nicht bei dir meldet, wirst du dich bei ihr melden.

Wenn Anne dich ignoriert, wirst du bei ihr vorbeigehen.

Wenn du an Anne denkst, willst du sie küssen ... und mit ihr schlafen.

Anne ist schön. Vielleicht *zu* schön. Vielleicht zu intelligent. Zu gebildet. Zu erwachsen. Das kann ich nicht beurteilen.

Ich lege das glänzende Notizbuch neben mich und greife nach meinem Handy. In mir die Hoffnung, dass Anne sich bei mir meldet, damit die MASCHINE an die notwendigen Daten kommt, die sie zur Analyse ihres Profils benötigt. Ich will eine Bewertung, um das Chaos in meinem Kopf zu lichten. Ich will wissen, wie die MASCHINE, wie die künstliche Intelligenz meine Verbindung zu dem Menschen Anne Victoria Perousse beurteilt.

Wahrscheinlich denkt Anne gar nicht an mich und den Kuss oder schämt sich dafür, die Kontrolle verloren zu haben, und tauscht sich gerade mit ihrer besten Freundin darüber aus, wie man die Sache schnell und schmerzlos vom Tisch bekommt. Weder hat Anne einen Freund, noch ist sie verheiratet. Das wusste ich schon vor gestern Nacht, weil jemand aus dem Deutschkurs sie danach gefragt hat. Ihr Beziehungsstatus sollte in der Abizeitung öffentlich gemacht werden, was Anne zähneknirschend und erst nach dem Hinweis, dass die anderen Lehrer die Frage beantwortet hätten, hinnahm. Sie könne auch lügen, kam der Vorschlag. Das wollte sie auf keinen Fall.

Ich überlege, Anne eine Mail zu schreiben, in der ich ihr meine Verschwiegenheit zusichere. Aber vielleicht ist es das Beste, erst einmal abzuwarten, bis ich wieder klarer sehe oder sie sich doch noch bei mir meldet – und wahrscheinlich entschuldigt. Entschuldigt für ihren Fehltritt. Sie wird nicht »Ausrutscher« sagen, sondern »Fehltritt«. Jeder Mensch hat seinen eigenen Wortschatz. Bei Anne ist er etwas angestaubt, aus einer anderen Zeit, wie die Bücher, die sie liest, wie die Kleider, die sie manchmal trägt.

Das Unruhekribbeln in meinem Magen steigert sich zu einem dumpfen Schmerz. Eines steht fest: Ich habe Anne definitiv nicht wegen der MASCHINE geküsst. So abgebrüht bin ich nicht. Das war nicht der Grund. Auch wenn ich mir das gestern aufgeputscht vom Alkohol eingeredet habe. Ich bin – *ziemlich sicher* – in sie verliebt. Und das nicht erst seit gestern. Nur habe ich das bisher erfolgreich verdrängt, weil mir das ständig passiert, dass ich mich in Mädchen (in dem Fall eine dreißigjährige Frau) verliebe, bei denen ich objektiv betrachtet geringe bis keine Chancen habe. Alter, Aussehen, Vorlieben, Hobbys, Musikgeschmack. Ich will mich nicht selber runtermachen, aber wenn die Unterschiede bei mehreren Parametern zu groß sind, muss man sich ins Zeug legen, um seine Chancen zu erhöhen, oder wie heute Nacht vom Zufall beschenkt werden. So gesehen war der Kuss auf mehreren Ebenen eine Anomalie im Strom der Möglichkeiten.

Ich greife mein Handy und wechsle zwischen WhatsApp und

Instagram hin und her. Auf beiden Kanälen ist die Hölle los. Breaking News und jede Menge Gossip. Wer mit wem gesehen wurde. Wer sich gestern Nacht abgeschossen hat. Weshalb die Rektorin so früh abgehauen ist. Wie schlecht das Essen war. Ob da was lief zwischen unserem Konrektor und dem schönen Referendar. Dass es jetzt endgültig vorbei ist mit der Schule. Und so weiter und so fort. Tränen-Emojis, Herzen-Emojis, unscharfe Poser-Bilder und Filmchen vom Abiball und den Partys danach. Vor der Bühne und Backstage, in Stretchlimos und Clubs, auf dem Klo und neben der Holzpyramide mit den Gipsabdrücken unserer Gesichter.

Ich bekomme Komplimente für meinen Auftritt und die Aufforderung, mich bei irgendwelchen Castingshows zum Deppen zu machen. Anne wird wegen ihres »scharfen Kleids« erwähnt. Zwei, drei grobkörnige Fotos. Nahaufnahmen von Gesicht und Dekolleté. Ein paar Idioten wundern sich darüber, »wie sexy die unscheinbare Maus« doch aussehen kann, »wenn sie will«. Sonst nichts. Nicht die kleinste Andeutung. Niemand hat uns gesehen. Wir sind tatsächlich unter dem Radar geblieben.

Zum x-ten Mal scrolle ich durch die Bilder, die es von Anne im Internet gibt. Es sind nicht besonders viele. Mit Eintritt in den Schuldienst zeigt sie sich nur noch ohne Nasenstecker. Ihre Schulter-Tattoos lässt sie unter züchtig aussehenden Rüschenblusen verschwinden. Eine wahrhaftigere Version von Anne existiert vermutlich nur auf ihrem nicht öffentlichen Insta-Profil oder auf Facebook. Zu beidem habe ich keinen Zutritt.

Wir waren Annes erster Abi-Jahrgang. Sie kam als Krankheitsvertretung und wurde aus Personalmangel auch gleich unsere Tutorin. Ich fand sie nett, intelligent, manchmal auch etwas übermotiviert und überfordert von der Idee, jeden ins Boot holen zu wollen. Sobald sie in schüchterner Begeisterung aus ihren Lieblingsbüchern vorlas, begannen ihre Augen zu leuchten und erloschen sogleich wieder, wenn die ersten Köpfe gelangweilt auf die Bänke sanken. Anne konnte ihre Enttäuschung nicht verbergen. Es war offensichtlich, dass sie den Fehler bei sich suchte und nicht bei den Schülern, die sich oft genug wie Idioten aufführten. Ich konnte mir nicht länger ansehen, wie sie sich für ein paar Leute zum Affen machte. Deshalb schwänzte ich immer häufiger ihren Kurs. Auch in den anderen Fächern machte ich mich rar. Ich hatte das Gefühl, in der Schule meine Zeit zu vergeuden, und arbeitete lieber an neuen Songs als an guten Noten. Als sich meine Fehlstunden häuften, bot mir Anne einen Deal an, damit ich ein halbes Jahr vor dem Abi nicht aus dem Rennen flog. Ich sollte eine Hausarbeit über die Verbreitung von Nachrichten, Bildern und Filmen in den sozialen Netzwerken schreiben und überlegen, was passiert, wenn sich Fiktion, Wirklichkeit, Nachrichten und Entertainment immer stärker vermischen. Auch wenn ich dem Thema nicht viel abgewinnen konnte, war ich froh über diese Chance. Obwohl meine Mutter keine hohen Erwartungen an mich stellte, wusste ich, wie enttäuscht sie sein würde, wenn ich ohne Abitur nach Hause kam. Das hatte ich bei Martha, meiner großen Schwester, miterlebt. Das wollte ich ihr kein zweites Mal zumuten. Zehn Seiten sollte ich für die Hausarbeit schreiben. Dafür würde sich ein Großteil meiner Fehlstunden auf wundersame Weise in Luft auflösen. Ich musste Anne versprechen, dass der Deal unter uns blieb. »Sonst bringst du mich in Teufels Küche.« Eine schöne Redewendung.

Noch am selben Tag machte ich mich an die Arbeit und gab eine längere Liste von Suchwörtern bei Google ein. *Ungefähr acht Millionen Treffer*, meldete die Gottheit der Suchmaschinen. Neben wissenschaftlichen Artikeln oder solchen, die so klingen wollten, fand ich unzählige Links, die zu Youtube führten, dem Mekka der Verschwörungsfanatiker. Ich übersprang die ersten zwanzig, dreißig Seiten, bis ich in einem Forum von Digitalisierungskritikern auf einen Thread mit der Überschrift »Der freie Wille« stieß. Dort behauptete ein Typ, der sich Harry Haller nannte, dass Programmierer aus dem Silicon Valley eine Software entwickelt hätten, mit der sich die Zukunft jedes Menschen bis ins Detail vorhersagen ließ. Von mehreren Jahrzehnten war die Rede. Ich war nicht sonderlich überrascht. Überall auf der Welt arbeiten Tech-Konzerne daran, unser Gehirn auf virtueller Ebene nachzubauen. Künstliche neuronale Netzwerke, die versuchen, unser Denken und Handeln zu imitieren, und eines Tages vielleicht sogar ein eigenes Bewusstsein entwickeln, was jede Menge ethische Fragen aufwirft. Ich mag Science-Fiction-Filme, in denen intelligente Roboter sich über die menschliche Spezies erheben. Vielleicht wäre das die Rettung für unseren angeschlagenen Planeten.

Dass eine Software in der Lage war, den Verlauf einzelner Biografien zu berechnen, schien mir durchaus realistisch. Alles, was man braucht, sind Daten. Das Gold der Gegenwart. Haufenweise Daten und Verknüpfungen. Bei meinem Abi-Jahrgang stelle ich mir die Berechnungen nicht allzu schwer vor. Wir sind alle miteinander vernetzt, teilen ähnliche Posts, schauen ähnliche Filme und Serien und kommen aus derselben langweiligen Gegend. Anders zu sein, ohne sich strafbar oder zum Idioten zu machen, ist extrem schwer. Eine Herausforderung, weil es weder über Musik noch über Klamotten funktioniert. Nur eine Handvoll Leute passt nicht in die gängigen Muster, in die langweilige Zombie-Matrix, und bis zu jenem Tag war ich davon überzeugt, einer von ihnen zu sein. Ich war mir sicher, dass meine Spuren on- und offline andere Schlussfolgerungen zuließen, als der breiten Masse anzugehören. Deshalb wollte ich mir das Programm genauer anschauen und landete nach stundenlanger

Suche auf der Startseite der MASCHINE. Die Seite war nicht indexiert. Über Google und andere Suchmaschinen ließ sie sich nicht auffinden. Der Retrolook der Seite war gelungen. Die Grafik auf elegante Weise roh und zweidimensional gehalten. Es gab unzählige große und kleine Zahnräder. Der Anblick erinnerte an ein riesiges Uhrwerk, das sich in Zeitlupe bewegte. Der Sound waren schleifende, quietschende Maschinengeräusche, die hin und wieder von kurzen knisternden Spieluhrmelodien und einem lauter werdenden Ticken unterbrochen wurden. Es war offensichtlich, dass es sich bei den Machern um zynische, aber auch begabte Technikfreaks handelte. Sie hatten sich alle Mühe gegeben, die Besucher dieser Zwischenwelt neugierig zu machen. Immer wieder poppte ein Fenster hoch, das einen dürren Avatar im Blaumann zeigte und den User dazu aufforderte, ein eigenes Profil anzulegen. Die harten Gesichtszüge des Arbeiters waren nur mit wenigen Strichen skizziert, wie bei einer Bleistiftzeichnung. Man hatte den Eindruck, es mit einem Strategie-Rollenspiel zu tun zu haben, nicht mit digitaler Wahrsagerei. Ich wollte einen Blick in die virtuelle Kristallkugel werfen. Ich wollte wissen, was passiert. Dafür musste ich die MASCHINE mit meinem echten Namen und Geburtsdatum füttern, eine App auf mein Handy laden, den Zugang zu meinen Social-Media-Accounts, Youtube und meinen Kontakten freigeben und darauf vertrauen, dass die Betreiber der Seite keinen Mist damit bauen. Schon war ich im Spiel. Als alle Eingaben korrekt waren (beim ersten Versuch hatte ich ein falsches Geburtsdatum und eine andere Stadt angegeben), erschien ein rautenförmiger pulsierender »Play«-Button. Als hätte ich geahnt, dass dieser Augenblick alles ändern würde, umkreiste ich die Schaltfläche einige Sekunden unentschlossen mit dem Mauszeiger, ehe ich sie anklickte. Die Zahnräder begannen sich zu drehen. Die Maschine setzte sich in Gang. Zuerst schwerfällig und dann immer schneller. Begleitet von einem dumpfen Hämmern, Klicken und Sirren. Plötzlich wurden das Uhrwerk und der Fabrikarbeiter in die gläserne Form einer Sanduhr gequetscht. In die obere Hälfte. Ich weiß nicht, ob ich mir das nur einbildete, aber ich hatte den Eindruck, dass der Fabrikarbeiter mich anschaute. Direkt. Mit einem Blick, der mir einen Schauer über den Rücken jagte. Dann löste sich der Arbeiter auf, zerfiel in einzelne Pixel, die wie Sandkörnchen herabfielen und sich in der unteren Hälfte der Sanduhr zu einem bräunlich schimmernden Häufchen auftürmten. Ein Hinweis erschien, dass die Berechnungen gestartet wurden. Der Lärm unzähliger tickender Uhren schallte aus meinen Lautsprechern. Als Nächstes zersplitterte das Glas der Sanduhr. Das Uhrenticken ging in ein gleichzeitiges Läuten, Schlagen und Klingeln über, das aus allen Richtungen zu kommen schien und in meinen Lautsprechern zerrte. Mein Herz beschleunigte. Als der Lärm verstummt war, holte ich tief Luft. Der Bildschirm wurde schwarz und zeigte mein eigenes erstauntes Gesicht. Der Computer startete neu. Ich dachte, auf einen Scherz hereingefallen zu sein oder mir einen fiesen Virus eingefangen zu haben, und war froh, dass der Rechner nach dem Hochfahren noch funktionierte.

Zehn Tage später fand ich eine Mail in meinem Postfach:

J*12, Dein Ergebnis steht zum Download bereit.
DIE MASCHINE

Um auf Nummer sicher zu gehen, ließ ich die Datei der MASCHINE durch mehrere Virenscanner laufen. Nachher war es ein Programm von Netzwerkaktivisten, die damit zeigen wollten, wie leicht man an private Daten kam, wenn man nur den richtigen Köder auslegte.

Ein Zögern, dann öffnete ich die entpackte Datei mit meinem Namen und der Versionsnummer 01. Wieder erschien der rautenförmige »Play«-Button in der Mitte des Bildschirms. Diesmal pulsierte er im Sekundentakt, während mein Herz ratterte wie bei einem verängstigten Kaninchen. Für den Bruchteil einer Sekunde spielte ich mit dem Gedanken, die Sache zu vergessen, das Experiment abzubrechen und die Datei in den Papierkorb zu verschieben. Wollte ich wirklich wissen, wie meine Zukunft aussah? Will irgendein Mensch wirklich wissen, wo dieser Weg hinführt, wo er endet, welche Hindernisse die Straße unpassierbar machen?

Mein Gedankenstrom wurde unterbrochen von dem Geräusch tickender Uhren, das leicht verzerrt aus meinen Lautsprechern kam. Ein Countdown, beginnend bei zehn, schob sich in den Vordergrund. Darunter der Hinweis, dass sich die Datei verschlüsseln würde, sollte ich nicht vor Ablauf auf den »Play«-Button drücken.

Ich hielt die Luft an.

Ich drückte auf »Play«.

Ich erwartete ein grafisches Feuerwerk. Irgendwas Spektakuläres, doch stattdessen öffnete sich Word. Ein schlichtes Dokument lag vor mir. Die Version 1.0 meines Lebens, in Zahlen, Diagrammen und vermeintlichen Fakten, auf eng beschriebenen vierzig Seiten. Versehen mit jeder Menge Hyperlinks, die wie verkümmerte Äste aus einer nicht enden wollenden Timeline wuchsen. Das Programm, es funktionierte tatsächlich. Zwölf Jahre meines Lebens waren auf irgendeine Weise im Netz dokumentiert. Hunderte, wenn nicht gar Tausende Datenpunkte. Bilder, Posts, Likes, sogar Chat-Protokolle und Einträge in Musikerforen, an die ich mich nicht mehr erinnern kann. Und pixelige Videoschnipsel von meiner ersten Band, The Whistlez. Ich scrollte zum Anfang der Timeline, zu meiner Geburtsstunde im World Wide Web. Zur Stunde null der neuen Zeitrechnung. Dort entdeckte ich ein Bild, das mich völlig unvorbereitet traf. Wie ein Schlag ins Gesicht. Da stand ich, als vielleicht sechsjähriges Kind, daneben ein attraktiver Mann in Cordjackett und Rollkragenpullover, ein Fremder: mein Vater.

DREI

Eine Woche ist seit dem Abiball vergangen. Der Tag der Abreise ist gekommen und die Welt nicht mehr dieselbe. Anne hat sich bei mir gemeldet. Wir haben uns getroffen. Bei ihr zu Hause. Wir haben miteinander geschlafen. Dann haben wir uns gestritten und wieder versöhnt. Und dann wieder gestritten. Und jetzt weiß keiner mehr genau, wo das alles hinführt – hinführen soll. Nur vielleicht die MASCHINE. Wenn ich ihr vertraue.

»Das brauche ich nicht«, sage ich zu meiner Mutter. Der Abschied fällt mir schwer. Mein Magen krampft. Ich darf nicht weinen. In meinen Händen halte ich einen geöffneten Briefumschlag mit zerknitterten Geldscheinen. Drei-, vierhundert Euro. Vielleicht auch mehr. »Wirklich«, füge ich mit Nachdruck hinzu. Ich will ihr den Umschlag zurückgeben. Sie verschränkt die Arme vor der Brust. Wenn ihr etwas gegen den Strich geht, kann sie bockig sein wie ein Kind.

»Bitte«, sagt sie leise. In ihren Augen sammeln sich Tränen. Sie kämpft dagegen an. »Bitte nimm es. Ich will dich unterstützen. Deine Schwester hab ich damals nach der Schule auch unterstützt. Es muss gerecht zugehen. Du weißt, dass mir das am Herzen liegt.«

»Aber ich hab doch selbst gespart. Und du ...«

Sie hält mir einen Finger an die Lippen. Er riecht nach Lösungsmittel. Sie weiß, was ich sagen will, und sie will es nicht hören. Nicht heute, nicht an unserem Abschiedstag. Sie hat die ganze Nacht im

Atelier verbracht, um an den Masken für ihr neues Stück zu arbeiten. Alles muss perfekt sein.

»Ich will das alleine hinkriegen«, sage ich ruhig, aber bestimmt. Anders funktioniert es nicht. Dann schiebe ich den Umschlag in die Seitentasche ihres mit Kleberesten und Farbspritzern besudelten Maler-Overalls. Ihrem Lieblingskleidungsstück. Sie lässt es geschehen.

»Den Dickkopf hast du von mir«, sagt sie mit halbem Lächeln und streicht mir durchs Haar.

Meine Mutter hat sich das Geld vom Mund abgespart. So sagt man das doch. *Sich etwas vom Mund absparen.* Eine seltsame Redewendung, ein seltsames Bild. Vielleicht ist damit gemeint, dass es ohne Geld nichts zu essen gibt, zumindest nichts, wofür man bezahlen muss. Gehungert haben wir nie. Wenn mal wirklich nichts mehr im Haus war, hat uns meine Mutter zu Freunden geschickt oder zu Vernissagen mitgenommen, wo es Häppchen und leckeren Orangensaft gab, von dem ich Durchfall bekam. Niemals wäre sie auf die Idee gekommen, auf Staatskosten zu leben. Sie ist stolz darauf, unabhängig zu sein. Und ich bewundere sie für ihre Stärke. Momentan steckt sie in einer künstlerischen Krise. Sie raucht Kette, lässt das schmutzige Geschirr stehen und Mahnungen ungeöffnet, bis uns Herr Träger, der vermutlich netteste Gerichtsvollzieher der Welt, einen Besuch abstattet. Herr Träger redet meiner Mutter ins Gewissen, trinkt Tee und notiert am Ende, dass es bei uns nichts zu pfänden gibt.

Ihr neues Projekt ist erst zur Hälfte finanziert, und ich glaube, es macht ihr Angst, dass ich jetzt mit der Schule fertig bin und sie die Wohnung für sich haben wird. Tag und Nacht. In solchen Phasen, wo sie Melancholie und schlechte Nachrichten aufsaugt wie ein Schwamm, fällt es ihr schwer, alleine zu sein.

»Du musst dich nicht melden. Nur wenn was ist«, sagt meine Mutter, nachdem wir uns zum dritten Mal umarmt haben. Mittlerweile stehen wir im Garten, werden beäugt von einer Metallskulptur, die hauptsächlich aus einem lang gezogenen Kopf und riesigen Augen besteht, und Emil, dem ergrauten Kater der Nachbarin, der sich mit beneidenswerter Gelassenheit dem sonnigen Nachmittag entgegenstreckt.

»Ich schreib dir eine Karte«, sage ich und schultere meinen Rucksack. »Vielleicht auch zwei.«

»Übertreib es nicht mit deiner Fürsorge.« Sie lacht und weint zugleich. Meine Mutter ist der einzige Mensch, den ich kenne, der kein Smartphone besitzt. Sie hat nur ein uraltes Handy, von dem der Lack abblättert. Und das schaltet sie aus, wenn sie im Atelier steht, was sie in produktiven Zeiten bis in die tiefste Nacht tut. Sie ist ehrgeizig. Momentan auch sehr dünn, fast zerbrechlich. Sie isst kaum, wenn sie nicht weiterkommt. Sie redet weniger. Alles passiert innen.

Obwohl ich versucht hab, mich auf das Nötigste zu beschränken, drückt das Gewicht des Rucksacks gegen meine Hüften. Er riecht noch immer nach feuchtem Keller, Vergangenheit und Abenteuer, sieht ramponiert und fleckig aus. Meine Mutter war mit ihm während des Studiums unterwegs. Sie hat viel gesehen, viel erlebt und erzählt davon gerne Geschichten, wenn sie Rotwein getrunken hat. Abenteuer. Dann sagt sie auch, dass sie mich nicht beneidet, in dieser Zeit erwachsen zu werden, und gibt mir das Gefühl, etwas verpasst zu haben. Die guten alten Zeiten oder so. Unser Politiklehrer, Herr Mages, hat auch immer davon gesprochen, von dem Früher und Besser. Wahrscheinlich ist das so ein Generationen-Ding, dass man ab einem gewissen Alter nicht mehr mitkommt mit dem, was gerade passiert, und deshalb so überheblich daherredet, als müssten wir, die Neuen, um etwas trauern, was auf der Timeline vor unserer

Geburt liegt und damit verloren ist. Aber wie soll man um etwas trauern, das man nicht gekannt hat? Und was würde das bringen? Nichts. Das Gute an meiner Mutter ist, dass sie es trotz ihrer Tränen ernst meint, dass ich mich nicht melden soll. Sie knüpft keine Bedingungen an ihre Liebe. Sie fragt auch nicht, was ich jetzt mit meinem Leben vorhabe. Sie hat sich fest vorgenommen, es anders als andere, als *ihre* Eltern zu machen und mich nicht unter Druck zu setzen.

VIER

Die Autobahnraststätte, den Startpunkt meiner Reise, kann man über einen Feldweg erreichen. Man schlüpft durch ein Loch im Zaun, ritzt sich die Arme auf, und schon liegt vor einem eine andere Welt. Ein Bahnhof ohne Fahrplan. Ein bisschen wie bei Alice im Wunderland, nur nicht ganz so überraschend. Überall Lastwagenfahrer, die mich nicht mitnehmen wollen. Dasselbe bei Geschäftsleuten, Pärchen und Familien. Nur Absagen. Aber ich hab es ja nicht eilig. Ich hab nicht mal ein Ziel. Ich will einfach nur unterwegs sein.

Die Prognose der MASCHINE kann ich seit ein paar Tagen nur noch aus der programmeigenen Cloud abrufen. Das Word-Dokument ist verschlüsselt. Eine Erklärung dafür gibt es nicht. Die künstliche Intelligenz hat sich alles geholt, was sie für eine umfassende Vorhersage braucht. Anders als bei Google, wo man nur das Ergebnis seiner Suchanfrage sieht und nicht die geheime Rezeptur dahinter, wo man nicht weiß, warum das Page-Ranking Adidas an erste Stelle setzt und nicht Puma, bekommt man die Möglichkeit, hinter die Kulissen zu blicken. Die Verknüpfungen und Quellen sind frei zugänglich bis in die kleinste Verästelung. Alles ist so übersichtlich aufbereitet, dass man keine Kenntnis einer Programmiersprache braucht, um den Weg von A nach B zu verstehen. Der momentane Wert meines Profils im Netz (knapp hundert Dollar) errechnet sich aus meinem Wohnort, den direkten Nachbarn, dem von ihnen und mir über Amazon und Co. generierten Umsatz, der Tatsache, dass es sich um eine Genossenschaftswohnung handelt, und noch etwa dreißig weiteren Faktoren. Die umfangreiche Analyse der MASCHINE beinhaltet auch Bilder, Posts von mir und anderen. Und Filme. Verwackelte Schnipsel vom Abiball zum Beispiel, die jemand ohne mein Einverständnis auf Youtube hochgeladen hat. Auf einer Timeline, die sich als rostige Schiene aus einer Bleidampfwolke schiebt, gibt es unzählige Links, Knotenpunkte, die zu Webseiten führen, die Informationen über mich und mein Leben gespeichert haben. Neben der Erkenntnis, auf ein katastrophal durchschnittliches Leben zuzusteuern, wenn die MASCHINE recht behält, schockiert mich die Tatsache, dass Teile dieses vorgedachten Wegs dem Lebenslauf meines Vaters ähneln. Auch wenn er nicht Musiker, sondern Schauspieler werden wollte, wie aus einem seiner Notizbücher hervorgeht, das ich hinter dem Rücken meiner Mutter heimlich wieder aus der Mülltonne gefischt hatte. Als Siebzehnjähriger hatte er es als Hauptdarsteller in einen respektablen Studentenfilm geschafft, der jetzt auf Youtube vor sich hin dümpelt wie ein vergessener Traum. Auch wenn ich gerne das Gegenteil behaupten würde: Mein Vater hatte Talent. Er war richtig gut. Sieben Minuten reichen aus, um das zu erkennen. Aber Talent alleine genügt nicht, sagt meine Mutter immer, wenn sie über ernst zu nehmende Kunst spricht. »Will man gut sein, muss man alles geben oder einen Plan B für seine Zukunft haben.«

Der Plan B meines Vaters bestand darin, den Fehler zu korrigieren, uns zu verlassen, Anwalt zu werden, noch zwei Kinder in die Welt zu setzen, zu heiraten und die Spuren seines alten Lebens zu verwischen. Was genau der Grund war, außer dass in ihm ein gewissenloser Narzisst geschlummert hat, kann ich nur vermuten. Die einfachste Erklärung für sein gestörtes Verhalten ist die, dass er Angst hatte, als Verlierer vom Platz zu gehen. Wenn man die Bruchstücke seiner Biografie genauer anschaut, ging es ihm wohl vor allem darum, von anderen bewundert zu werden. Mal hier ein bisschen modeln, mal dort ein bisschen Parteiarbeit machen oder den Intellektuellen mimen. Er probierte viele Rollen aus, bis er die richtige fand.

Hätte ihm jemand, als er in meinem Alter war, gesagt, dass sein Leben so verlaufen würde, hätte er wahrscheinlich protestiert. Niemals hätte er geglaubt, dass er seine künstlerischen Ideale verraten und gegen eine inhaltsleere Karriere eintauschen würde, bei der es vor allem um Geld und Status geht. Dafür hatte er alle Menschen, die ihm mal etwas bedeutet hatten, im Stich gelassen. Und genau davor fürchte ich mich: dass wir, was unser Geltungsbedürfnis angeht, gar nicht so verschieden sind. Auch in mir brennt der Wunsch, es allen zu zeigen. Und ich weiß nicht, wie ich reagieren werde, sollte sich am Horizont abzeichnen, dass ich es mit der Musik nicht schaffen werde, mit dem, was mir am wichtigsten ist. Vielleicht erwachen dann meine Dämonen und diktieren mir einen neuen Weg, der so aussieht, wie von der MASCHINE vorhergesagt. Und ich ende wie mein Vater: unfähig, wirklich zu lieben, unfähig, tiefere Freundschaften zu führen, und von allem, woran er mal wirklich geglaubt hat, meilenweit entfernt.

Deshalb verspreche ich hiermit feierlich, alles zu tun, um der MASCHINE ihren Irrtum zu beweisen. Um dieses Ziel nicht aus den Augen zu verlieren, habe ich ein persönliches Manifest mit Regeln für meine Reise verfasst. Punkt 1 von 10: Folge dem Zufall und der Farbe Rot. Und wenn wir gerade dabei sind, Punkt 2: Bleibe nie länger als drei Tage an einem Ort.

Vor dem Eingang zur Raststätte stehen drei Mädchen und machen Selfies. Sie posen vor einem überdimensionalen Plastik-Clown, dessen Gesicht jemand mit Messer und Edding in eine eindrucksvolle

Horrorfratze verwandelt hat. Eine Brünette mit glitzerndem Nasenpiercing geht in die Hocke und schmiegt sich lasziv an die rissigen Clownshosenbeine. Der gürtellose Bund ihrer Hotpants verdeckt nur knapp die Stelle, wo die Schamhaare beginnen, wenn sie nicht abrasiert sind, was wahrscheinlich ist. Die anderen beiden johlen und knipsen und geben Anweisungen, was sie als Nächstes tun soll. Ein Mädchen mit weißen Birkenstockschuhen schaut zu mir herüber und dreht dann noch mehr auf. Ich lächle, weil das hier der Anfang meiner Reise ist, die Raststätte eine Insel, Niemandsland, und ich meinem besten Kumpel Yosh jetzt das erste Bild schicke. Ein gebrauchtes Kondom neben einem überfüllten Mülleimer. Er soll denken, was er will. Ich verzichte auf eine Bildunterschrift, kein Hashtag, kein Posting auf Instagram, Twitter oder Snapchat. Ich lasse es langsam angehen. Trotzdem würde mich interessieren, was die MASCHINE daraus macht, welche Schlüsse sie zieht, wenn sie das Bild scannt und nach möglichen Assoziationen, Verbindungen, Vergleichen sucht. Das Programm darf jederzeit auf meine Handykamera zugreifen. Auch auf mein Mikrofon, den Standort und so weiter. Mein virtuelles Ich, ein Selbstbedienungsladen. Erkennen kann man es nicht, wenn die MASCHINE eines ihrer tausend Augen und Ohren durch das Schlüsselloch steckt oder Daten abzapft, um ihren Durst nach Informationen zu stillen. Aber ich weiß, dass sie immer da ist.

Die Sonne hat den Rasen neben den Betontischen verbrannt. Die Hitze sticht durch die dünnen Sohlen meiner Schuhe. Ich habe das Gefühl, Krampfadern zu bekommen, wenn ich noch länger stehen bleibe. Die Mädchen flippen herum wie unter Strom. Der Sommer macht die Leute vorhersehbar. Er zwingt sie dazu, laut, aufgedreht und rastlos zu sein. Alles in Bewegung.

Ich halte mein Gesicht in die Sonne, schließe die Augen, genieße den Moment, den Stillstand und das Glück, unterwegs zu sein, bevor mich ein dumpfes Brummen unterbricht. Instinktiv wedle ich mit der Hand vor dem Gesicht herum, will das schwerfällige Insekt verscheuchen, aber das Brummen bleibt. Ich öffne die Augen wieder, setze den Rucksack ab und drehe mich langsam im Kreis, um die Richtung zu orten. Das Geräusch kommt aus meinem Rucksack. Eigentlich habe ich nichts dabei, was dafür verantwortlich sein könnte. Neugierig bahne ich mir den Weg durch Unterhosen, Sockenpaare, Müsliriegel und Waschzeug, bis ich auf einen länglichen, vibrierenden Gegenstand stoße und ihn an die Oberfläche ziehe. Ich habe eine leise Ahnung, was es sein könnte. Mit dem Taschenmesser durchtrenne ich den Nylonfaden, reiße das glitzernde Geschenkpapier auf und muss lachen. In meiner Hand: eine nagelneue elektrische Zahnbürste. Eine rote Schleife ist an ihrem Kopf befestigt und ein kleiner handgeschriebener Zettel. Ich falte ihn auseinander:

Dein Weg ist der richtige.
Hab die beste Zeit des Lebens.
In Liebe, Deine Rabenmutter.
PS: Zähneputzen nicht vergessen ☺

Ich halte die Luft an, unterdrücke den Impuls, vor Rührung zu weinen, nehme die Batterien aus der Zahnbürste und packe alles zurück in den Rucksack.

Die Zahnbürste hat eine besondere Bedeutung. Vor zwei Jahren steckte meine Mutter in einer Krise, die so schlimm war, dass sie morgens kaum noch den Kaffeelöffel halten konnte.

»Ich weiß, dass ich ein lausige Mutter bin«, sagte sie erschöpft und malte mit dem Löffel eine Kurve in die Luft. Am oberen Scheitelpunkt blieb der Löffel zitternd stehen. »Da komm ich wieder hin, wenn ich mit dem Projekt durch bin. Tut mir leid, dass es diesmal so lange dauert. Mach dir keine Sorgen.« Sie legte ihre Hand auf meine. »Und wo bist du jetzt?«, fragte ich besorgt. Sie ließ den Löffel sinken. »Dazwischen.« »Tut das weh?« Ich klang wie ein Kleinkind. Sie lächelte. Dann schüttelte sie den Kopf. »Man muss nur durchhalten. Bis der Kopf wieder alles sortiert hat. Bis wieder alles an der richtigen Stelle liegt und man den nächsten Schritt gehen kann. Man darf nicht anfangen zu rennen. Wenn man rennt, kommt nur Mist dabei raus.«

Sie redete von ihrer Kunst. Sie redete von einem Projekt namens *Automatic*. Dabei ging es ums Funktionieren. Ja, so hat meine Mutter das genannt. Das Funktionieren. Dass Menschen gar nicht bewusst ist, wie sehr ihr Handeln jetzt schon dem von seelenlosen Robotern gleicht. Jeden Morgen dieselben Wege, dieselben Abläufe und Rituale und immer in Eile, immer darauf bedacht, das Rennen zu gewinnen, um irgendwo anzukommen, wo man dann doch nicht sein will. Jede Minute durchgetaktet. Für ihre Show, die man Performance nennen muss, will man sie sich nicht zum Feind machen, hat sie bei Freunden und Bekannten dreißig ausgemusterte elektrische Zahnbürsten aufgetrieben. Sie ließ sie vom Publikum anschalten, auf eine Art Spielstraße aus Pappe setzen und loslaufen. Durch die Vibration fingen sie tatsächlich an zu gehen, die Zahnbürsten. Kreuz und quer, manche im Gleichschritt. Nur wenige liefen folgsam über die vorgezeichneten Wege. Zuerst haben die Zuschauer gelacht. Als aber die ersten Zahnbürsten zusammenstießen, umkippten, zitternd stehen blieben oder über den Rand der Plattform auf den Betonboden krachten, wo die Batterien aus ihren Körpern platzten wie Eingeweide, sah man das Unbehagen auf den Gesichtern. Ein älterer Mann schien regelrecht verzweifelt, als seine Zahnbürste, eine mit

Micky-Maus-Ohren für Kinder, den Freitod wählte. Er hob sie auf und wiegte sie bis zur Pause liebevoll in seiner Hand. Nur zwei Männer haben gekichert. Die anderen haben seine Bestürzung verstanden.

Die Mädchentruppe schlendert zu ihrem Auto, einem glänzenden schwarzen Mini in der teuren XL-Version. Dort gibt es die nächsten Fotos. Ein neues Motiv. Jetzt ist Nummer drei, ein rothaariges Mädchen mit starr geflochtenem Zopf und energischem Blick, an der Reihe, sich in Szene zu setzen. Sie trägt ein großflächiges Tattoo auf ihrem linken Oberschenkel. Weichgezeichnet drückt es durch ihre hauchdünnen schwarzen Leggins, vielleicht eine abgeschnittene Strumpfhose. Ein Kranz aus Blüten. Offensichtlich ist ihre gute Laune verflogen. Sie hat keinen Bock zu posen. Sie zeigt den anderen beiden den Mittelfinger, als sie ihr die Anweisung geben, die Schultern zurückzunehmen, damit ihre Brüste besser zur Geltung kommen.

»Fickt euch!« Sie lässt die Hand sinken, fängt meinen Spannerblick auf, sieht meine Gitarre und ruft: »Willst du uns ein Ständchen spielen oder nur glotzen?«

»Glotzen«, sage ich übermütig und schicke ein Grinsen hinterher. *Ein Ständchen*, das Wort hab ich lange nicht mehr gehört. Es klingt alt, nach einem Haus mit niedrigen Decken und vergilbten Vorhängen. Wie bei meinen Großeltern. »Wohin fahrt ihr?«, frage ich, um das Gespräch ins Laufen zu bringen. Ewig will ich ja auch nicht an der Raststätte herumlungern.

»Norden«, sagt die Brünette. Es klingt wie eine Einladung. Dann lacht sie so frei und unbeschwert, dass ich auch lachen muss.

»Hört sich gut an«, sage ich mit gebotener Zurückhaltung und schultere meinen Rucksack. Die Blicke der Mädchen treffen sich und suchen stumm nach einer Übereinkunft, ob ich vertrauenswürdig bin oder irgendwas Schräges an mir habe. Ein Raststätten-Serienkiller bin oder so.

Ich gehe rüber zu den Mädchen, die wie Wachsfiguren in der Sonne schmelzen, und lächle so unschuldig und zutraulich wie ein Hundewelpe. Ich frag mich, ob die Leute früher auch so ängstlich waren, wenn es darum ging, Anhalter mitzunehmen.

»Musst du nach Frankfurt?«, fragt mich die Birkenstockträgerin und starrt auf meinen großen Rucksack. Aus der Nähe betrachtet, sieht sie nicht mehr ganz so makellos aus. Ihre Nase ist etwas zu groß, ihre kleinen Augen stehen zu eng beieinander, was sie geschickt durch allerhand Make-up, Wimperntusche und mit von den Augenwinkeln katzenhaft nach außen gezogenen Lidstrichen zu kaschieren versucht.

»Nein«, sage ich kurz. »Hat jemand von euch 'ne Zigarette?« Ich stelle den Rucksack ab und wische mir den Schweiß von der Stirn. Ich muss mehr trinken.

»Du willst uns anschnorren?«, sagt das Tattoo-Mädchen, die Rothaarige, und hebt dabei skeptisch die Augenbrauen. »Ob dich das ans Ziel bringt?« Bei ihr muss man vorsichtig sein. Ich beschließe, in Sachen Coolness einen Gang zurückzufahren. Ihr Blick seziert mein verschwitztes T-Shirt. Neben dem Schriftzug CUBA stehen da noch ein paar andere Symbole, die ich nicht verstehe. Vielleicht ein Hilferuf von ausgebeuteten Näherinnen aus Bangladesch. Und dieses Mädchen besitzt die Fähigkeit, die Botschaft zu entziffern.

»Ich kann euch Geld geben«, sage ich und tue so, als würde ich in meiner Hosentasche nach Kleingeld kramen.

»Schon gut.« Das Tattoo-Mädchen genießt den Moment der Überlegenheit, öffnet die Fahrertür und holt eine Zigarette heraus. Eine krumme, schlanke Kippe.

»Selbst gedreht«, erklärt sie das Offensichtliche, als wäre es ein Qualitätsmerkmal, reicht mir den Stängel und gibt mir Feuer. Ich ziehe den Rauch ein, wie ein Held nach der ersten Etappe eines Abenteuers. Ich spüre die neugierigen Blicke des Trios auf mir ruhen und genieße die Ungewissheit in unserem Schweigen. Sie sind alle drei hübsch. Die Brünette und die Birkenstockträgerin mehr so auf die angepasste Art.

Madame Tattoo hat sich ebenfalls eine Kippe angesteckt und gibt sich wieder reserviert. Ich puste den Rauch in angeberischen Kringeln aus, als würde das meine Männlichkeit unterstreichen, und stelle mich ganz oldschool vor, indem ich jeder von ihnen die Hand reiche, was die Birkenstockträgerin kichern lässt. »Ich mach jetzt aber keinen Knicks.« Bei ihr bin ich mir ziemlich sicher, Chancen zu haben, wenn ich's darauf anlege. Aber das ist nur ein Gedankenspiel. Wie so vieles.

Ich überlege, mir einen neuen Namen zuzulegen, so was wie Tom, Tom der Tramper oder so. Bevor mir die Lächerlichkeit über die Lippen schlüpft, mache ich einen Rückzieher, weil es sonst kompliziert wird mit der MASCHINE. Schließlich denke ich schon einen Schritt weiter. Ich denke daran, dass wir unsere Nummern austauschen, uns über WhatsApp verbinden, Instagram und/oder Twitter. Instagram ist besser. Interaktionen auf der Plattform haben bestimmt größeren Einfluss auf meine zukünftige Prognose.

FÜNF

Ich soll vorne sitzen, weil meine Beine so lang sind. Das Mädchen mit dem Großflächen-Tattoo, die rothaarige Skeptikerin, gibt den Ton an. Sie sitzt am Steuer und rammt beim Ausparken beinahe einen Müllcontainer, weil sie gleichzeitig Nachrichten-Banner von ihrem Handy wischt – jede Menge Updates. Dann schert sie hupend in den stockenden Verkehr ein. Das Tattoo auf ihrem Oberschenkel gibt weitere Details preis. Weiße Blüten mit gelben Stempeln. Ich glaube, es ist Kamille, aber irgendwie will Kamille nicht so recht zu den misstrauischen Augen passen, mit denen sie die Welt und mich nach Ungereimtheiten abscannt. Ihre beiden Freundinnen löchern mich mit Fragen, während sie bemüht ist, keine Miene zu verziehen. Ich erkläre überheblich, dass ich nicht wie viele meines Jahrgangs nach Frankfurt zum Flughafen will, um nach Australien, Neuseeland, Afrika oder Thailand abzuhauen. Sage aber auch gleich, dass ich kein Öko-Aktivist bin. Was ich unter den Tisch fallen lasse, ist die Tatsache, dass ich neben einem überschaubaren Budget auch Flug- und Höhenangst habe. Ich verkünde, dass ich gechillt unterwegs sein will.»Schauen, was passiert.« Für knapp drei Monate. Plus/minus ein paar Tage oder Wochen. Ich erzähle nicht, dass mir der Zeitraum von der MASCHINE vorgegeben ist. Sage nicht, dass das Ende meiner Reise davon abhängt, wann mir das *allmächtige* Programm eine neue, hoffentlich erfreulichere Prognose bereitstellt. Zumindest auf der Rückbank ist das Eis gebrochen. Zwar werde ich den Eindruck nicht los, dass mich alle drei für seltsam halten, für ein exotisches Tier, das sich im Breitengrad geirrt hat, aber sie scheinen auch angetan zu sein von dem Gedanken, kein Ziel zu haben, nirgendwo ankommen zu wollen, sondern einfach nur dem Zufall zu folgen. Das sagt zumindest die Brünette, Maja, die direkt hinter mir sitzt. Sie würdigt mein Vorhaben als krass geile Idee, obwohl sie nur die halbe Geschichte kennt und nicht weiß, dass sie ein Teil davon sein wird, sobald wir vernetzt sind. Die MASCHINE bewertet jede neue Verbindung, die ich über Twitter, Instagram, WhatsApp oder Snapchat eingehe, durch ein Ampelsystem. Dazu muss ich die betreffende Person markieren. Meist dauert es ein paar Stunden, dann gibt der Algorithmus eine Einschätzung ab: Vor dem Namen der Zielperson erscheint ein grüner, oranger oder roter Balken. Wie üblich ohne einen konkreten Hinweis auf die Bedeutung der Funktion. Meine Vermutung: Es zeigt, ob das Profil des anderen entscheidende Auswirkungen auf die eigene Zukunft haben wird oder ob das eher unwahrscheinlich ist und alles beim Alten bleibt. Wenn der Balken vor dem Namen der Zielperson grün leuchtet, heißt es, dass sie einen ähnlichen Background, ähnliche Zukunftspläne, Eigenschaften et cetera hat wie man selbst und wohl nicht dazu beitragen wird, das Leben zu einem Fest der Überraschungen zu machen. Bei Orange gibt es zumindest ein paar Faktoren, die unterschiedlich sind, Reibung erzeugen und die Hoffnung schüren, etwas Neues, Überraschendes zu entdecken. Bei Rot – und hier sind wir bei meiner Lieblingsfarbe – ist es äußerst wahrscheinlich, dass es zu Konflikten und vielleicht auch zu Abenteuern kommt. Und genau danach suche ich.

Kim, Maja und Sun kennen sich vom Studium. Sie studieren irgendwas mit Marketing und Vertrieb an einer Privatuni in München. Zumindest Kim und Maja scheinen stolz darauf zu sein, einer Elite anzugehören, auserwählt zu sein. Sie sagen, dass sie im dritten Semester auf eine Partneruni nach England gehen werden, »wo schon die Royals« waren. Ich gebe mich beeindruckt, tue so, als würde ich ihre Hochschule kennen, und like das Werbebild der verspiegelten Hochhausfassade auf Instagram und Facebook und danach die bearbeiteten Bilder ihrer Fotosession mit Clown, die sie gerade in ihre Kanäle hochgeladen haben. Sie sehen darauf glücklich aus. Gewöhnlich, glatt und glücklich. Standard. Wie bunte Glassplitter am Strand, die vom Sand und den Gezeiten, der Schule und der Erziehung zurechtgeschliffen wurden, bis sie keine Gefahr mehr darstellen. Für sich und für die anderen.

Herzen, Smileys, Shares, Likes und Kommentare. Bei Maja mehr als zwanzigtausend Follower. Respekt. Sie hat das Zeug zum Star, zur Influencerin, nichts Spannendes zu erzählen und müde Augen und dünnere Lippen, wenn sie einem im echten Leben gegenübersitzt. Aber ihr Avatar ist makellos und überbelichtet und zeigt viel Dekolleté, lange Beine und edle Klamotten, »die ich selbst kombiniere«. Die Welt besteht aus Karikaturen, aus Nachahmern von Nachahmern – und ich bin ein überhebliches Arschloch, ich weiß. Aber ich kann nicht anders.

Ich frage die drei, ob ich ein Bild von ihnen und mir auf Instagram posten darf, und sie sind einverstanden.

#ontheroad #nirgendwoankommen #anfangderreise

Wir sind verbunden. Alle vier. Online und offline. Es läuft besser als gedacht. Das hier ist ihr Wochenendtrip zu einer Party, die so geheim ist, dass man wie bei einer Schnitzeljagd verschiedene Wegpunkte abklappern muss und online Fragen beantworten und Fotos machen, bis eine ominöse Instanz darüber befindet, ob man zu den Auserwählten gehört. Zwischen Kims aufgedrehtem Gegacker und Majas Erzählungen über die schillernde Blogger-Welt steckt die Information, dass ich nicht mitkommen kann, »die sind total streng bei denen, die sie reinlassen. Gibt bestimmt auch 'ne Männerquote. Das ist immer so.«

Vor meinem geistigen Auge sehe ich die bulligen Türsteher, wie sie mir die rote Karte zeigen, weil das meiste an mir schäbiges Secondhand ist und ich auch nicht gerade als Model durchgehe. Ich versichere den Mädchen, dass sie mich jederzeit irgendwo rausschmeißen können. Jetzt, wo wir uns vernetzt haben und sich ihre Biografien mit meiner kreuzen, bin ich zufrieden. Alles nimmt seinen Lauf. Der sanfte Auftakt ist gemacht. Und um ehrlich zu sein, glaube ich nicht, dass mich diese Begegnung voranbringt. Bei Madame Tattoo, bei Sun, der Fahrerin, vielleicht Orange, mehr nicht.

»Und wenn deine Reise vorbei ist? Wie geht es dann weiter?«, fragt sie, die Skeptikerin, mit neunzehn die Jüngste, wie sich herausstellt. Sun mit »u«, nicht mit »a«. Im Kopf suche ich nach dem Ursprung der Abkürzung, werde nicht fündig und frage nicht nach. Dann antworte ich mit einem Schulterzucken und einem breiten Grinsen.

»Soso«, sagt sie. Ich höre ein Zögern, das sich nicht auflöst, einen Gedanken, den sie zurückhält. Sie schließt so dicht zu einem überholenden Lastwagen auf, dass ein Stuntman von der Motorhaube aus überwechseln könnte, ohne sich groß anzustrengen. Ich klammere mich an der Gitarre zwischen meinen Beinen fest.

»Was machst du, wenn deine Reise vorbei ist?«, setzt Sun nach, als würde ich etwas tun, das sie eigentlich auch gern tun würde. »Wie geht es dann weiter? Das geht ja nicht ewig. Irgendwann ist jeder Trip vorbei. Hast du wirklich kein Ziel?« Ihre Stimme klingt jetzt hart und kühl, fast anklagend. Tief für ihren zierlichen Körper.

»Nein, hab ich nicht«, lüge ich, der Sadist, der sich an ihrem Leiden, an der aufkeimenden Wut in ihren blauen Augen labt. Sie verkrampft sich. Das Spiel der Sehnen an ihrem schlanken Hals ein untrügliches Zeichen.

»Hey!«, kommt es von hinten. »Kannst du vielleicht nicht ganz so dicht auffahren?«

Sun lässt den Wagen zurückfallen. »Ihr seid so langweilig. So stinkelangweilig.« Sie streift meinen Blick und macht das Radio an. Dunkler Elektro-Pop. Obwohl mich die Musik nicht berührt, suchen meine Finger automatisch nach dem Takt. Irgendwo zwischen hundertzwanzig und hundertdreißig Beats pro Minute. Auf der leidenden Stimme des Sängers liegt so viel Hall, so viel Zeit und Raum, dass der Charakter verloren geht. Damit verliert der Song seine Glaubwürdigkeit. Und die steht über allem.

I feel lost between love and pain,
Sugar and the smell of the white night

White night, vielleicht eine Metapher für Koks. Mein Schulenglisch ist zu schlecht, um dahinterzukommen. Die Worte ziehen durch meinen Verstand. Hinterlassen keine Spur, erzeugen nicht den Hauch einer Empfindung.

Sun krallt ihre Finger ins Lenkrad. Sie beschleunigt und gibt dem nächsten Lkw, der sich vor uns auf die linke Spur wagt, nur um zwei Stundenkilometer schneller zu sein als die Konkurrenz, die Lichthupe. Offensichtlich liebt sie den Nervenkitzel. Und sie macht den Eindruck, hinter dem unschuldigen kleinen Gesicht mit Zorn und Feuer bewaffnet zu sein. Das gefällt mir.

»Du hast wirklich gar keine Pläne?«, bohrt sie nach. Wie ein Raubtier in sein Opfer beißt sie sich in den Gedanken fest, dass ich es mir zu leicht machen könnte mit meiner Zukunft.

»Überleben«, witzele ich und stelle mir vor, wie unsere Fahrt in einem Trümmerfeld auf der A81 endet. Ein winziges Zucken des polnischen Lastwagenfahrers, und unsere Timelines werden ihren Schlusspunkt in den Nachrichten finden. Vielleicht sogar in einem Video. Gibt doch immer jemanden, der filmt. Immer irgendeine Kamera, die auf einen gerichtet ist.

»Und deine Eltern finden das okay?«, macht Sun weiter.

Ich nicke. Ihre beiden Freundinnen ziehen von Kondenswasser tropfende Bierdosen aus der Thermotasche. Kim zeigt mir eine Trinkspiel-App, bei der man Bierkrüge abknallen und auf Befehl eines Gartenzwergs mit blau-weißer Zipfelmütze trinken muss.

»Nicht absetzen«, feuert mich Maja an. Dann dröhnt ein widerlicher Rülpser aus dem Handy, und das Spiel beginnt von vorne. Ich setze zwei Runden aus, weil ich bei der Hitze nicht viel vertrage. Sun hängt ihren Gedanken nach. Wir haben wieder freie Fahrt. Die Straße liegt vor uns. Ein Flickenteppich aus Asphalt und Gedankenstrichen.

Nach einem endlosen Schluck Bier wische ich mir den Mund mit dem Handrücken ab. »Meine Mutter ...«, nehme ich Suns Frage wieder auf, gefolgt von einer Pause, in der ich theatralisch die Augen niederschlage. Obwohl da kein Gefühl ist für meinen Vater. Nur Unverständnis. Und tot ist er ja auch nicht. Zumindest nicht für den Rest der Welt. »Ist ja meine Sache, oder? Ich bin erwachsen. Ich kann selbst entscheiden, was ich tun will.« Ich mache noch eine Pause, um der Aussage den nötigen Raum zu geben. »*Ihr* seid erwachsen!«, verkünde ich euphorisch wie ein zugedröhnter Motivationstrainer. »IHR SEID ERWACHSEN!«, wiederhole ich mein Mantra. »IHR SEID ERWACHSEN!«, verankere ich den Slogan mit gereckter Faust, ignoriere Suns Kopfschütteln und wende mich Kim und Maja zu, in deren Gesichtern zu gleichen Teilen Sonnenbrand und Suff aufsteigen.

»Ja, wir sind erwachsen!«, johlt Maja ausgelassen. Sie reicht mir ein neues Bier, nimmt sich selbst eines und besteht darauf, dass wir es auf ex kippen, auf die Freiheit und die Freundschaft und den Sommer. Mein Handy vibriert. Ich bin überrascht. Eine Nachricht von Anne. Das mit der vorübergehenden Funkstille war also doch nicht ganz ernst gemeint.

Ich bin irgendwie erleichtert.

ANNE: Und, schon los?
ICH: Yo.
ANNE: Wo?
ICH: Am Anfang.
ANNE: Genauer.
ICH: Raststätte Wunnenstein. Jetzt dahinter.
ANNE: Also Norden. Norden ist gut.
ICH: Melde mich später.

Wie vertraut sich das anhört. Wie unverfänglich. Als hätte es Streit, Sex und Tränen nicht gegeben. Als wären wir ganz normale Freunde. Jeder an einem anderen Ort. Jeder in einer anderen Welt.

Ja, das hatte Anne gesagt. »Wir leben in zwei Welten.« Als wäre dieser Umstand in Stein gemeißelt. Jeder ein Satellit in seiner eigenen Umlaufbahn – für immer.

Sprache ist Täuschung.

Ich klicke auf ihr neues Profilbild. Anne trägt das Kleid vom Abiball und blickt im Gehen zurück über die Schulter. Ihre großen Augen – für die es leider kein passenderes Adjektiv gibt als »mandelförmig« – fangen den Betrachter sofort ein. Es gibt kein Entkommen. Melancholie und Schönheit und kleine Schmerzfältchen in den Mundwinkeln, wenn man das Bild heranzoomt. Die MASCHINE hat unserer Verbindung das Prädikat *unbedeutend* gegeben. Grün, einfach nur Grün. So kann man sich täuschen. Nicht einmal Orange. Keine Andeutung, dass unsere Begegnung eine Kerbe in meine Biografie schlagen wird. Nur Sex. Vielleicht war es einfach nur Sex. Somit ist es gut, dass sie mich weggeschickt hat. Keine Regel, die ich für sie brechen muss. Keine Risiko, am Ende das Falsche zu tun.

Meine Finger zucken unentschlossen über dem Handy. Ich weiß nicht, was ich ihr schreiben soll. Vielleicht sollte ich sie blocken. Die Reißleine ziehen. Unsere Verbindung kappen und nach vorne schauen. Sie hat mein Angebot ausgeschlagen, den Start meiner Reise zu verschieben. Das war ihre Entscheidung. Kurz war ich dazu bereit, das Urteil der MASCHINE zu ignorieren. Grün statt Rot. Eine Ausnahme wollte ich machen. Dem Glück nicht im Weg stehen. Aber dann hat Anne gezweifelt und ihre Zweifel laut ausgesprochen. Es ist schwer, einen Menschen richtig einzuschätzen. Egal, wie alt er ist.

»Ist das deine Freundin?«, kommt es von Kim. Sie verzieht irritiert den Mund. So sollte sie sich mal online stellen, mit diesem wirren Ausdruck im Gesicht. »Du stehst auf Milfs?«, fragt sie ungläubig. »Hätte ich dir gar nicht zugetraut. Siehst so unschuldig aus.«

Ich mache einen Laut, den man als verächtliches Schnauben deuten kann. Ich mag das Wort nicht. *Milf. Mother I'd like to fuck.* »Das ist meine Lehrerin«, sage ich. »Ex-Lehrerin«, korrigiere ich mich und mache die Verwirrung komplett.

»Scheiße!«, sagt Maja. »Du hast was mit deiner Lehrerin. Wir wollen die schmutzigen Details. Alle.«

»Wie lange geht das schon?«, fragt Kim. »Gefährliches Spiel, was ihr da treibt.«

»Er ist fertig mit der Schule, also ist es jetzt legal«, sagt Sun gereizt, als würde ihr die voyeuristische Neugier ihrer Freundinnen missfallen.

Kim will, dass ich ihr das Bild noch mal zeige. »Wie alt ist sie denn, deine *Lehrerin*?«

»Dreißig«, sage ich bewusst neutral.

»Und du? Wie alt bist du noch mal?« Maja will es aus meinem Mund hören.

»Achtzehn.« Ich genieße ihr ungläubiges Staunen.

»Und, bist du in sie verknallt?«, fragt Kim. »Oder sind das die Hormone? Ihr Jungs seid ja alle ein bisschen unzurechnungsfähig, was eure Schwänze angeht.« Sie beugt sich über meinen Rucksack zwischen die Vordersitze. »Habt ihr schon gevögelt? Du und deine Lehrerin?«

Ich schmunzle, was sie als Ja interpretiert. Sie klatscht in die Hände wie ein dressierter Seelöwe und schüttelt dabei den Kopf.

»Du stehst also auf reife Frauen«, kommt es verächtlich von Sun. »Ödipus lässt grüßen.«

Wir werden unterbrochen, weil Majas Handy einen hohen Glockenton ausstößt und sie vor Aufregung loskreischt. Eine neue Botschaft von den Spielmachern.

»Scheiße!«, sagt sie. »Fuck. Die wollen, dass wir irgendwas zeigen, irgendein Talent oder so. Ganz kapier ich den Satz nicht. ›Überrascht uns. Lasst euch etwas einfallen, das euch zu VIPs macht.‹«

»Ich kotze«, sagt Sun unvermittelt und schlägt gegen das Lenkrad. »Sind bestimmt irgendwelche notgeilen Wiwis, die sich die App ausgedacht haben. *VIPs*. Wer weiß, was als Nächstes kommt.«

»Und wenn schon«, sagt Kim. »Die Party kann trotzdem geil werden. Auch wenn du mal wieder mies drauf bist. Ein paar Typen sehen echt scharf aus. Da ist bestimmt auch für deinen Geschmack was dabei. Und ein bisschen Spaß könnte dir nicht schaden. Auch hochbegabte Tech-Nerds dürfen ein Leben neben der Uni haben.«

»Verzichte!«

»Ich will da auf jeden Fall hin«, sagt Maja.

»Wenn die als Nächstes eure Titten sehen wollen, findet ihr das also auch okay?«, legt Sun nach, tippt auf ihr Handy und öffnet ein Fenster, in dem ein Diagramm erscheint, dessen Linie steil ansteigt. »Die saugen wie verrückt Daten ab. Kann sein, dass sie uns die ganze Zeit beobachten.«

»Und wenn schon«, entgegnet Maja. »Ich hab nichts zu verbergen. Wir ziehen das jetzt durch.« Sie fasst sich an die Brüste. »Und meine Titten sind durchaus vorzeigbar.«

»Wo stehen wir denn überhaupt?«, fragt Sun sichtlich genervt.

»Zwanzig«, antwortet Maja und fängt meinen fragenden Blick auf. »Wir sind unter den letzten zwanzig Prozent. Über tausend haben mitgemacht. Sind von überallher gestartet.« Sie tippt auf ein Symbol, das wie ein Fächer aussieht, und die Anzeige wechselt. »Auf dem Radar kann man sehen, wer noch im Spiel ist.«

Überall blinkende Punkte. Mit Nummern versehen. Manche Punkte stehen, andere bewegen sich im Schneckentempo und kommen aus allen Himmelsrichtungen angekrochen. Wäre ich ein Fluglotse, würde ich jetzt in Panik geraten. Ich frage, welche Nummer wir haben. Maja vergrößert den Bildausschnitt und zoomt auf die blinkende 735.

»Und wie viele bleiben am Ende übrig?«, frage ich.

»Das lassen sie nicht raus. Aber wahrscheinlich so um die hundertfünfzig. Das war beim letzten Mal auch so.«

»Ihr habt schon mal mitgemacht?«

Kim nickt. »Maja und ich. Sind leider in der letzten Runde rausgeflogen. Aber diesmal sind wir besser aufgestellt. Diesmal verkacken wir's nicht auf der Zielgeraden.« Sie grinst mich mit ihren großen, extraweißen Zähnen an. »Wir haben einen Glücksbringer an Bord, und Sun ist auch dabei. Diesmal packen wir's.« Wieder der Glockenton. Auf Majas Handy erscheint eine neue Nachricht, dann ein Ausschnitt von Google Maps. »An der nächsten Ausfahrt müssen wir raus.«

SECHS

Wir fahren von der Autobahn ab. Anderthalb Stunden weiter nördlich. Hinter Würzburg. Über Land, durch ein Waldstück, wo die heiße Luft Tannennadeln zum Schwitzen bringt und sich die Straße in engen Kehren einen Hügel hinaufwindet. Ich lasse die Scheibe runter, strecke meinen Kopf in den Fahrtwind und stoße johlende Schreie aus, wie in den Filmen, wenn das losgeht mit dem Leben und dem Sommer und dem Unbeschwertsein. Dann warte ich, ob sich das *wirklich* nach Aufbruch, Risiko und Freiheit anfühlt oder nur nach Wahnsinn und Selbstüberschätzung, und muss lachen, als Sun im Takt der Musik auf die quäkende Hupe drückt.

»Du brauchst eine neue Hupe«, rufe ich, ohne den Kopf zu drehen.

»Wieso?«, fragt Sun.

»Weil die zu freundlich ist. Da geht keiner aus dem Weg.«

»Er hat recht«, kommt es von Kim. »Die Hupe passt nicht zu dir.«

Eine Mücke klatscht gegen mein rechtes Auge und bezahlt meinen Übermut mit ihrem Leben. Kim beschwert sich über das schlechte Internet und dirigiert Sun auf einen Parkplatz, wo ein Mann gerade seinen hechelnden Schäferhund in den Kofferraum springen lässt.

»Und jetzt?«, fragt Sun. Der Motor ist aus, die Musik auch. Alle Scheiben sind unten. Der Gesang eines Vogels, dessen Namen ich nicht kenne, füllt die Stille.

»Also«, setzt Maja an. »Was sollen wir machen? Was macht uns zu VIPs? Was könnte das sein? Was erwarten die von uns? Womit könnten wir sie überzeugen?« Sie redet übertrieben melodiös, als wären hier irgendwo Kameras und Zuschauer, die sich mit Chips und Popcorn in unsere Tour einklinken. Kim grinst, als hätte sie eine Eingebung. Sie klopft mir auf die Schulter. »Er ... er macht uns zu VIPs. Dieser harmlose Junge wird uns die Türen öffnen.«

Sun schüttelt energisch den Kopf. »Das ist doch Quatsch.« Langsam entpuppt sie sich als Spielverderberin. »Hast du vorhin nicht was von Männerquote gesagt? Wenn wir ihn jetzt ins Spiel bringen, kann es sein, dass es vorbei ist. Wir sind zu dritt registriert. Hast du das vergessen? Ich glaub nicht, dass die glücklich sind, wenn wir noch zusätzlich Leute aufgabeln. Und auf Gitarrenmusik stehen die bestimmt auch nicht.« Ihr Blick schwenkt zu mir. Sie schürzt die Lippen und beginnt zu grinsen. »Ich hab eine bessere Idee: Wir könnten ihn an einem Baum festbinden oder ans Auto oder sonst was Krasses mit ihm anstellen, was die anderen mit fünf Sternen liken. Dann kriegen wir vielleicht die Wild Card.«

»Tolle Idee«, sage ich. »Aber ich denke, ich würde mich wehren.«

»Das wäre auch das Mindeste«, erwidert Sun und lacht. »Aber gegen uns hast du keine Chance. Wir sind zu dritt.«

»Mal im Ernst«, sagt Maja und nippt an einer Bierdose. »Was ist der Plan? Ich hab keinen Bock, umzudrehen. Die Party ist bestimmt mega. Ihr habt doch die Bilder vom letzten Mal gesehen. Da gibt's Schampus, 'nen Pool und jede Menge heiße Typen. Das wollt ihr euch doch nicht entgehen lassen?«

Sun grinst in den Rückspiegel zu ihren Freundinnen. »Wir könnten unserem Mitfahrer auch die Eier abschneiden und den Wildschweinen zum Fraß vorwerfen. Was haltet ihr davon?«

Maja fängt meinen irritierten Blick auf. »PMS«, sagt sie. »Sun kann auch nett sein, wenn die Hormone das zulassen.«

Kim beugt sich nach vorne und knetet mir den Nacken, was sich gut anfühlt. »Dein Männerhass in allen Ehren«, sagt sie an Sun gerichtet. »Aber ich hab eine bessere Idee: Wir werden diesen unschuldigen Jungen zur Transe machen. Das ist unsere Eintrittskarte. Auf so was stehen die, da bin ich mir sicher.« Sie wuschelt mir durchs Haar. »Und er wird richtig gut aussehen. Richtig edel.«

»Was?«, frage ich aus einem Reflex heraus, obwohl ich sie genau verstanden habe. »Was willst du machen?« Ich mache ein empörtes Gesicht, obwohl ich schon immer mal wissen wollte, wie es sich anfühlt, Frauenkleider zu tragen. Wenn es mir gefällt, muss ich mir um eine durchschnittliche Zukunft keine Gedanken mehr machen.

Kim beugt sich nach vorne und streicht mir ironisch über den Bart. »Keine Panik. Lange Beine und Engelslocken hast du auf jeden Fall. Und der Bart –«

»Bleibt!«, sage ich scharf.

Fünf Minuten später stehe ich halb nackt auf einem Waldparkplatz und lasse mich stylen. Das letzte Mal verkleidet hab ich mich in der Grundschule als außerirdischer Clown mit goldener Haifischflosse und damit einen Preis gewonnen. Die Mädchen haben noble Klamotten dabei, hohe Schuhe und Strümpfe mit geometrischen Mustern, jede Menge Make-up und Kondome. Kim zeigt uns ihr Handy. Dort läuft ein Countdown. Sie haben fünfzig Minuten Zeit, die Aufgabe zu erfüllen, ein Video, Bilder oder beides hochzuladen. Aus dem Video wird nichts, weil der Upload zu lange dauern würde, sagt Sun, nachdem sie den Datendurchsatz gecheckt hat, also Bilder.

Ich fühle mich wie eine Schaufensterpuppe, an der gezerrt, gezogen und gezupft wird, aber wirklich unangenehm ist es nicht, verschiedene Outfits anzuprobieren und einen BH zu tragen, dessen C-Körbchen mit Wattepads und Slips ausgestopft sind.

»Du hast einen schönen Mund«, sagt Maja anerkennend. »*Awesome.*« Sie hält mein Kinn fest und zeichnet mit einem Stift die Konturen meiner Lippen nach. Es kitzelt, ich niese, und sie muss von vorne anfangen.

»Beeilt euch«, sagt Sun unwirsch. Sie hat sich eine Zigarette angesteckt.

»Jetzt noch die Haare«, sagt Maja, drückt meinen Kopf nach unten und sprüht meine widerspenstigen Locken mit Haarlack ein, bis ich husten muss und Sternchen sehe.

»Luft anhalten«, lacht Sun und kommt zu uns herüber. Sie ist schwer zu durchschauen. In einem Moment scheint sie die Aktion – die ganze Tour – albern zu finden, und im nächsten ist sie wieder voll dabei. Licht und Schatten wie der Blick in den Wald.

»Bleib bloß mit der Kippe weg!«, sagt Kim.

Das ist nicht der Moment in meinem Leben, in dem ich kapiere, im falschen Körper zu stecken, und in Tränen ausbreche, weil da ein Schwanz zwischen meinen Beinen baumelt und ich keine Brüste hab. Und dennoch verändert sich etwas, als ich meine Füße in die mindestens zwei Nummern zu kleinen High Heels von Kim quetsche und die ersten Gehversuche mache. Ich hab die Wahl, mich anzustrengen, konzentriert einen Fuß vor den andern zu setzen oder eine Slapsticknummer abzuziehen, die damit enden könnte, umzuknicken, auf den Schotter zu krachen und die halterlosen Strümpfe von Maja zu ruinieren. Es liegt bei mir. Es ist meine Entscheidung. Ich hab die Fäden in der Hand. Und nachdem ich die ersten Schritte gegangen bin, verstummt das Lachen der drei Mädchen, und sie applaudieren. Sun schaltet das Radio ein und dreht die Musik auf. Maja und Sun pfeifen durch die Finger, und Kim feuert mich an, mehr mit den Hüften zu wackeln, die Schultern zurückzunehmen und meinen »süßen Hintern« nicht so entenhaft herauszustrecken. Nach drei Probeläufen fotografiert mich Maja aus verschiedenen Perspektiven und gibt mir Anweisungen, was ich tun soll.

»Das sieht so gut aus, wie du dich bewegst«, sagt Kim. »Alle Achtung. Als Dragqueen auf Insta könntest du voll durch die Decke gehen.«

Für einen Augenblick vergesse ich, wer ich bin, wer ich sein will und wie mich die anderen sehen. Und es fühlt sich gut an, nicht zu denken, was die anderen denken könnten, nicht zu fragen, was danach kommt, sondern würdevoll über den holprigen Catwalk zu schreiten und zu lächeln. Ich bin froh, die Mädchen getroffen zu haben, auch wenn meine Zehen höllisch wehtun. Besser hätte der Auftakt meiner Reise nicht laufen können.

Wir haben es geschafft. Und ich darf ganz offiziell mitkommen, lautet die Botschaft der Spielmacher. Ich werde feierlich zur Transe des Tages gekürt und mit einer Bierfontäne getauft. Maja und Kim sind fest entschlossen, sich die Kante zu geben, und erreichen das nächste Level der feuchtfröhlichen Ausgelassenheit. Sie haben Gras dabei, aber Sun verbietet ihnen, im Auto zu kiffen, weshalb sie murrend mit Jackie-Cola weitermachen. Ich trinke mit und fühle mich großartig in der aufsteigenden Parallelwelt des Deliriums. Der erste Tag meiner Reise läuft besser als gedacht. Viel besser. Der Zufall, das Schicksal oder das Universum meinen es gut mit mir. Nur Anne macht mir Sorgen, weil sie mich mit Nachrichten bombardiert und ich nicht weiß, wie ernst ich diesen neuerlichen Stimmungswechsel nehmen soll.

Ich antworte nicht. Stattdessen klicke ich auf die App der MASCHINE und werde dazu aufgefordert, die neuen Geschäftsbedingungen zu akzeptieren. Ich scrolle an das Ende des seitenlangen Textes und setze mehrere Häkchen. Obwohl es absurd ist, dass es bei einem Programm, das kostenlos und ziemlich sicher illegal ist, überhaupt so etwas wie allgemeine Geschäftsbedingungen gibt. Vielleicht subtiler Programmierer-Humor. An der Aufmachung der Startseite hat sich auf den ersten Blick nichts geändert. Ich logge mich ein und sehe, dass ein paar neue Menüpunkte dazugekommen sind. Bester Freund, beste Freundin. Sparguthaben. Beruf der Eltern. Freischaltung des Youtube-Accounts. Freischaltung des Netflix-Accounts. Zugangsdaten für den Play Store. Darunter der Hinweis, dass die neuen Informationen dazu dienen, die Genauigkeit der Prognosen zu verbessern. Neben meinem Avatar öffnet sich ein Dialogfeld und der Hinweis, dass man ab sofort mit der MASCHINE live chatten kann. Diese Option war bisher deaktiviert. Auch wenn ich mir dämlich dabei vorkomme, will ich mein Glück bei der künstlichen Intelligenz versuchen. Vielleicht kann sie die entscheidenden Informationen aus den Untiefen meiner Psyche herausfiltern. Vielleicht kennt sie sich mit Liebe aus.

> J*12: **Was soll ich wegen Anne tun? Ich weiß nicht, ob ich in sie verliebt bin.**

Eine Sanduhr erscheint. Sie dreht sich stotternd um die eigene Achse. Der Anblick macht mich nervös. Warum braucht das Ding so lange für eine Antwort? Die Frage war doch wirklich nicht so schwer. Nach weiteren bangen Sekunden erscheint der Hinweis, dass die Bandbreite an meinem Aufenthaltsort für einen Dialog mit der MASCHINE zu schlecht ist.

Wir benachrichtigen dich, sobald der M2M-Modus wieder zur Verfügung steht.

M2M-Modus, wiederhole ich in Gedanken. Mensch zu Maschine. Eine mögliche Erklärung für das Update finde ich am unteren Rand, als ich über einen Link auf die Startseite im Internet gehe: Der ratternde Counter zeigt die beeindruckende Zahl von zweiundsechzigtausend Usern, die sich angemeldet haben, um sich die Zukunft vorhersagen zu lassen. Wahrscheinlich haben Blogger die App vorgestellt und damit eine Lawine in Gang gesetzt. Die Saat geht auf. Vor ein paar Wochen zeigte der Counter gerade mal achttausend. Je mehr Leute mitmachen, desto leichter wird es für den Algorithmus, den Weg des Einzelnen vorherzusehen. Big Data.

Die Grafik flackert. Ohne mein Zutun schließt sich die Browseransicht, und ich werde wieder auf die Startseite der App zurückgeführt. Ein neuer Button, der das Aussehen einer Windrose hat, ploppt im Vordergrund auf. *Neue Verknüpfungen aktivieren?*, werde ich gefragt. Reflexartig tippe ich auf *Ja*. Ein Fenster öffnet sich, und ich bin erstaunt. Dort sind nicht nur meine Posts von Instagram mit den zugehörigen statistischen Auswertungen zu sehen, sondern auch die meiner drei Begleiterinnen. Maja twittert fleißig. Auf Snapchat ist sie auch aktiv. Und auf Instagram ist momentan am meisten los. Sie hält ihre Fans mit Andeutungen, Fortsetzungsversprechen und sexy Fotos bei der Stange. Die Grafik wechselt, und drei Linien werden angezeigt, die entlang einer Timeline, *meiner* Timeline, parallel verlaufen. Die Timeline ist mit dem heutigen Datum versehen. Wir kennen uns seit ziemlich genau drei Stunden, entnehme ich der Zeitachse.

»Was ist das für ein Spiel?«, fragt Kim.

»Geht um Strategien«, sage ich und schließe die App. »Eine Art Adventure-Spiel.«

»Wie viele Leben hat man?«, fragt Sun.

»Eines. Nur eines.«

»Wie im wahren Leben also.« Sie hebt einen Mundwinkel. »Das ist zu wenig.«

Sie schaltet ruckartig in den zweiten Gang, zieht den Wagen um die Kurve und steuert unsere gestauchten Körper in Formel-1-Manier Richtung Norden. Wir fahren einige Zeit über Land, durch Straßendörfer mit aberwitzigen Namen. Vorbei an Bauernhöfen, die sich in der flirrenden Hitze wie Inseln der Ruhe auftun und einem ein gutes Gefühl von Langsamkeit geben. Ein Traktor, ein altes schmales Modell mit grünem Lack, taucht vor uns auf, tuckert gemächlich die Straße entlang, als wäre Geschwindigkeit nur eine Täuschung. Am Steuer sitzt ein alter Mann. Neben ihm grinsend ein Junge und ein Mädchen, vielleicht sieben, acht Jahre alt. Eine Szene wie aus einem Werbespot für ein neues Frühstücksmüsli auf Bio-Basis. Auf berührende Weise echt, sodass man sich wünscht, selbst eines dieser Kinder zu sein, die mit Opa raus aufs Feld fahren dürfen. Der Mann gibt Sun Zeichen zu überholen. Ich rechne damit, dass sie den Augenblick durch übertriebenes Beschleunigen zerstört, aber Sun überrascht mich und fährt langsam an dem Traktor und den winkenden Kindern vorbei und winkt zurück. Danach fährt sie entspannt weiter. Zurück auf die Autobahn. Boxenstopp auf einem Rasthof, wo sich die angeschickerten Mädchen in Schale werfen, eine Überdosis Parfum und Make-up auflegen und den ausgehungerten Lastwagenfahrern im Vorbeigehen wilde Fantasien aufzwingen. Währenddessen teile ich Kims Bilder von mir als elegante Dragqueen und versehe sie mit jeder Menge Hashtags, um die Reichweite zu erhöhen. Die Klickzahlen steigen. Die ersten Kommentare loben mich für mein »Outing«. Dann ein Foto von mir und den drei Mädchen, was ein Fehler ist, weil mich Anne keine zwei Minuten später ironisch zum

Auftakt meines »Selbstfindungstrips« beglückwünscht, worauf ich erst mal nicht reagiere.

Ich muss mein neues Outfit anbehalten. »Ist deine Eintrittskarte«, sagt Maja und streicht mir über den Arm. Die High Heels von Kim tausche ich dennoch gegen meine Sneakers. Die Luft an diesem Abend ist herrlich warm und würzig wie ein frisch gemähtes Weizenfeld, und ich betrete die Raststätte mit einem Gefühl tiefer Dankbarkeit. Eine Familie, Vater, Mutter, zwei Mädchen, vielleicht sechs, sieben Jahre alt, kommen mir entgegen. Eines der Mädchen bleibt stehen und schaut mich neugierig an. »Warum hat die Frau einen Bart?«, fragt es seine Mutter.

Die Mutter lächelt. »Weil die Frau ein Mann ist.«

Das Mädchen gibt sich damit nicht zufrieden, stellt sich vor mich und verschränkt die Arme. »Warum hast du einen Bart?«, wiederholt es mit Nachdruck. Der Vater mit dem Geschwisterchen an der Hand geht grinsend weiter. »Leonie, wir müssen zum Auto«, sagt die Mutter. »Lass den Mann durchgehen.«

Leonie denkt gar nicht daran, auf ihre Mutter zu hören. »Aber warum hat die Frau einen Bart?«, schnaubt sie, die kleinen Hände in die Hüften gestemmt.

Ich gehe in die Hocke, um dem neugierigen Wesen auf Augenhöhe zu begegnen, ziehe eine Grimasse und sage mit Gruselstimme: »Damit ich dich besser fressen kann.«

Das Mädchen zuckt zurück – ich befürchte, einen Fehler gemacht zu haben –, dann beginnt es lauthals zu lachen. »Du bist lustig«, sagt es und verabschiedet sich mit einer Umarmung.

Ich hab nur mein Handy und kein Kleingeld dabei und bin auch nicht bereit, für einmal pinkeln siebzig Cent zu zahlen, also schlüpfe ich im Auge der Überwachungskamera unter dem Sperrbügel hindurch und werde dahinter von einem indisch aussehenden Mann gestoppt.

»Sorry«, sage ich und zupfe an meinem Rock. »Kein Geld.«

Ich erwarte, dass er mich rausschmeißt, aber er grinst bloß. »Junggesellenabschied?«, fragt er freundlich.

Ich nicke, obwohl ich hoffe, dass mein Aufzug nicht albern wie eine billige Faschingsverkleidung aussieht, und zucke mit den Schultern.

»Einmal frei«, sagt der Mann und lässt mich passieren. »Alles Gute.«

»Danke.«

Ich gehe in eine der Kabinen, warte, bis der Roboterarm die Klobrille zu Ende gereinigt hat, setze mich hin und blicke auf das Werbedisplay, wo Männer mit rußgeschwärzten Gesichtern in ein Haus einbrechen und von einer Alarmanlage bemerkt werden, die selbstständig die Polizei alarmiert. Dann folgt der nächste Spot und zeigt ein paar Jugendliche, wie sie für eine Hilfsorganisation mit dem Namen »The Good Neighbour« in irgendeinem afrikanischen Land mit schwarzen Kindern spielen, auf Autoreifen herumturnen und in Zeitlupe lachen. Man soll nicht nur spenden, sondern mithelfen, »die Welt zu einem besseren Ort zu machen«. In sechs Wochen. Inklusive Flug, Vorbereitung und Zertifikat.

SIEBEN

Wir fahren weiter in Richtung Norden. Das Radio ist aus. Zum ersten Mal begleitet uns so etwas wie Stille. Die Spuren sind verengt, und Sun hat keine Lust, nur sechzig zu fahren. Ich fühle mich wie auf einer Kartbahn. Rechts, links, links, rechts, hupen, fluchen, bremsen, vorbeiziehen. Der Windsog der Lastwagen rüttelt mit Riesenhänden an unserer Karosserie. Ein paar Hundert Meter vor uns taucht ein Polizeibus auf, der wie ein Raubtier hinter einem Lkw herschleicht. Sun fängt meinen warnenden Blick auf. In ihren Augen Unentschlossenheit. Sie denkt, ich will sie bevormunden, und drückt aufs Gaspedal. Die Tachonadel schiebt sich zitternd Richtung elf Uhr. Hundert Sachen. Eindeutig zu schnell. Ich blicke demonstrativ auf mein Handy. Aus dem Augenwinkel sehe ich, wie Sun die Stirn kräuselt. Kurz vor knapp geht sie auf die Bremse und ordnet sich hinter einem Wohnmobil ein. Sie kann mich nicht ausstehen. So viel steht fest.

Die ausgedorrte Landschaft, hellbraune, aufgerissene Ackerflächen, zieht an uns vorbei, als hätte die Sonne den Entschluss gefasst, den Menschen noch in diesem Sommer von der Erdoberfläche zu brennen. Gluthitze drückt durch die Scheiben. Es riecht nach Zwiebeln und Trockenheit. Sun dreht die Klimaanlage noch weiter herunter und das Gebläse auf Maximum, was sich nach einigen Minuten wie die Vorbereitung auf den Winterschlaf anfühlt.

Majas Handy vibriert. Eine neue SMS. Die Spielmacher führen

uns wieder von der Autobahn. Es geht weiter über Land, Richtung Süden, Richtung Frankfurt, wo sich die Silhouette der Skyline in ungleichmäßigen Stufen in die staubige Troposphäre schiebt. *Stairway to heaven*. Ich war stolz, als ich den Song auf der Gitarre spielen konnte. Für die Straße jedoch taugt er nicht. Zu lang, zu leise, zu melancholisch.

Keine zehn Minuten später kommt die nächste Anweisung. Wieder zurück in den Norden. Sie navigieren uns im Kreis herum, von einem Wegpunkt zum nächsten, als dürften wir das Ziel nicht zu früh erreichen. Sun setzt eine große Sonnenbrille auf, die ihr halbes Gesicht verdeckt. Sie macht nicht den Eindruck, als wolle sie ihre Gedanken nach außen tragen. Sie hat mich ausgeblendet. Ihre neongelb lackierten Fingernägel hinterlassen Kratzspuren auf dem Lenkrad. Es gibt Menschen, deren Gegenwart mich verunsichert, weil ich genau spüre, dass sie höchstens die Hälfte von dem sagen, was sie wirklich denken. Und selbst diese fünfzig Prozent kriegt man gefühlsmäßig nicht sortiert. Die Sprache, die Art, etwas zu sagen, mit misstrauischen Augen, verschleiert, welcher Film gerade bei ihnen läuft, welcher Geist ihnen im Nacken sitzt. Bei Sun ist es offensichtlich, dass etwas nicht stimmt. Gedanken lesen müsste man können. Vielleicht kann das die Version 4.0 der MASCHINE in ein paar Jahren oder so.

Ich drehe mich zur Seite und schaue mir Suns Profil auf Instagram an. Vielleicht finde ich dort ein paar Indizien, die das grobkörnige Bild verfeinern, mir sagen, mit wem ich es wirklich zu tun habe. Auf jeden Fall mag sie Hunde, zynische Memes, Waschbären und Indie-Bands der Kategorien Rock, Blues und Jazz, die kaum Plays auf Spotify haben. Vermutlich ist sie Vegetarierin oder Veganerin. *Haus des Geldes* gehört zu ihren Lieblingsserien. Wenn ihr Gesicht mal irgendwo im Ganzen zu sehen ist, zieht sie eine Grimasse oder blickt ernst an der Kamera vorbei. Ein Banner schiebt sich über das Display – Anne.

> ANNE: **Noch da?**
> ANNE: **Hey, es ist okay, wenn Du durcheinander bist. Ich bin es auch. Vielleicht können wir uns irgendwo auf Deiner Tour treffen. Also nur, wenn Du willst. Ich denke, das ist vielleicht besser, als nur zu texten. Es tut mir leid, was ich gesagt und getan habe. Ich verstehe selber nicht, was mit mir los ist.**
> ANNE: **Sorry. Ich bin seltsam drauf. Ist gut, dass Du nicht antwortest. Ich geh dann mal einkaufen. Ist wahrscheinlich der Ferien-Blues. Den krieg ich immer in den ersten Tagen. Also fühl Dich auf jeden Fall gedrückt. Wie gesagt: Ich finde es toll, dass Du ohne Ziel irgendwo hinfährst. Das sollte jeder ab und zu machen.**

»Das sollte jeder ab und zu machen«, äffe ich sie in Gedanken nach. Ich widerstehe dem Drang, ihr zu antworten, wütend zu antworten. Sie hat das Prinzip nicht verstanden. Vielleicht hätte ich ihr mein Manifest abfotografieren sollen. Ich hab ihr davon erzählt. Nicht von der MASCHINE, nur von den zehn Geboten meiner Reise. Ohne sie im Einzelnen zu verraten, ohne meine Strategie offenzulegen. Ich wollte Anne, der privaten, *erwachsenen* Anne imponieren, ihr zeigen, dass ich eine Meinung, eine Haltung habe zu diesem Leben und mein Alter nicht gleichbedeutend ist mit Ahnungslosigkeit. Hat offensichtlich nicht funktioniert. Ich frage mich, weshalb sie plötzlich wieder so anhänglich ist. Zuerst schmeißt sie mich raus, dann reagiert sie nicht auf meine Nachrichten, und kaum dass ich unterwegs bin, wirft sie wieder den Haken nach mir aus. Mit diesem Wechselbad komme ich nicht klar. Am Ende schämt sie sich wohl doch dafür, dass ich *so* jung bin, und verhindert dadurch, dass wir uns besser kennenlernen. Nach der Reise. Dann, wenn das Urteil der MASCHINE zu meinen Begegnungen keine Rolle mehr spielt.

Während der Projektwoche vor den letzten Sommerferien hatte Anne betont, dass es darauf ankommt, was wir von diesem Leben erwarten und nicht unsere Eltern oder die Menschen, mit denen wir befreundet sind, die wir hassen oder lieben. Sie hat uns dazu angestachelt, ehrliche Texte zu schreiben und die Zensur im Kopf auszuschalten, zu vergessen, dass wir uns in der Schule befinden, wo es vor allem darum geht, festgelegten Normen zu entsprechen und nicht seinem Bauchgefühl zu folgen. Sie war in den fünf Tagen voller Energie, fast euphorisch, als stünde sie selbst vor dem Absprung in ein neues, ein besseres Leben. Aber am Ende waren es wohl doch nur Worte, nichts, worauf man sich verlassen kann, wenn es darauf ankommt. Mutig sollten wohl nur die anderen sein und nicht sie selbst.

»Das hier ist keine Geschichte«, würde ich Anne am liebsten schreiben. »*Wir* beide, du und ich, wir sind real. Deshalb wäre es an der Zeit, dass du dich ernsthaft mit der Wirklichkeit – mit *uns* – auseinandersetzt und nicht alle paar Tage deine Meinung änderst. Auf meine Kosten. Daran könntest du vielleicht denken, wenn du das nächste Mal in einem Anflug von Mut auf ›Senden‹ drückst und mich mit einer Nachricht vor den Kopf stößt. Auch ich habe meinen Stolz.«

Und deshalb werde ich ihr erst in ein paar Stunden antworten oder morgen oder in zwei Tagen, wenn sie vielleicht schon wieder neue Pläne für ihr Leben gemacht hat.

Mein Handybildschirm wird schwarz, und ich sehe in der Spiegelung das Gesicht von Sun. Sonne. Die Furche über der Nasenwurzel sieht eher nach Regen aus. Ich ärgere mich darüber, was mit Anne angefangen zu haben. Plötzlich fühlt sich das falsch an. Nicht, weil sie meine Lehrerin war. Nein, ich glaube, ich bin doch nicht in sie verliebt, richtig verliebt. Wenn ich genauer darüber nachdenke, war ich noch nie richtig verliebt. So, dass es wehgetan hat. So wie es in Büchern steht, wenn der Weg zum Glück voller Hindernisse ist und sich die Tragödie ihren Weg bahnt. Aber vielleicht wird dort auch übertrieben. Oder ich bin nicht normal. Bei den Mädchen, die ich richtig gut fand (Sina, Kiki, Nomi), war ich mir sicher, eine Abfuhr zu bekommen, wenn ich alles auf eine Karte setze. Deshalb habe ich es bei stiller Bewunderung gelassen und mein Verlangen nach Zärtlichkeit und Nähe auf realistischere Ziele ausgerichtet.

Mein Handy vibriert. Ich zucke zusammen und bin erleichtert, dass diese Nachricht nicht schon wieder von Anne kommt. Es ist meine offizielle Einladung zur Party mitsamt QR-Code.

Kim und Maja machen ein Nickerchen. Ihre manikürten Hände umklammern ihre Smartphones, als würde ihr Herz darin weiterschlagen, als würde ihr zweites Ich niemals schlafen. Ihre Gesichter sehen erschöpft und leer aus, und ich widerstehe der Versuchung, sie zu knipsen – #nofilter. Sie würden mich hassen. Sun gähnt dem Sonnenuntergang entgegen und fährt für ihre Verhältnisse recht zivilisiert, seit die Temperatur im Auto auf frostige neunzehn Grad gesunken ist.

Eine Stunde später setzt die Dämmerung ein. Wir kommen an einen Checkpoint, der mitten im Wald liegt und mit Fackeln ausgeleuchtet ist.

»Sie haben Ihr Ziel erreicht«, imitiert Sun die stummgeschaltete

Stimme des Navis und lächelt, ohne meinen Blick zu suchen. Dann lässt sie alle Scheiben herunter. »Genug geschlafen, Mädels.«

Tropenwarme Luft weht herein. Dumpf ist das Wummern einer Bassdrum zu hören. Zwei Männer und zwei Frauen vom Sicherheitsdienst gehen um das Auto herum, leuchten mit Taschenlampen in unsere Gesichter, scannen die QR-Codes von unseren Handys und wollen unsere Personalausweise sehen.

»Weil das hier ab achtzehn ist«, sagt eine der Security-Frauen schnippisch, als ich nachhake, und erklärt mit starrer Miene, dass Waffen verboten sind. »Messer, Totschläger und so was, zum Beispiel. Und Drogen.« Sie mustert mich argwöhnisch. »Mein ... Junge?«

»Vielleicht«, sage ich grinsend und korrigiere den Sitz meines BHs. »Ich bin mir da noch nicht sicher.«

Ich bin *Transe 1*, weil mich Kim netterweise unter diesem Namen angemeldet hat. Sun lacht. Kim und Maja beginnen hektisch damit, ihr Make-up in Ordnung zu bringen, während wir durch eine Schranke auf einen Parkplatz dirigiert werden, wo schon mindestens fünfzig andere Autos stehen. Kaum billige Kisten. Vielleicht haben die Spielmacher die Teams nach ihren Einkommensverhältnissen beziehungsweise denen ihrer Eltern ausgewählt. Wohnort, Straße, Payback-Auswertung, Lifetime-Value, Amazon-Account, Xing, LinkedIn. Ein paar Filter, und die Teilnehmer sind schon vor der Schnitzeljagd gefunden.

Wir steigen aus und werden sofort von den nächsten Sicherheitsdienstmitarbeitern in Empfang genommen, die uns mit piepsenden, schnurrenden Metalldetektoren abtasten. Die Mädchen müssen ihre Handtaschen öffnen und ihre Pfeffersprays und Nagelfeilen abgeben. Sun hat knallroten Lippenstift aufgelegt und die Haare geöffnet, was sie älter und wilder aussehen lässt, passender.

»Sieht das okay aus?«, fragt sie. Ich nehme ihr den süßlichen Tonfall nicht ab. »Ja oder nein?«, hakt sie ungeduldig nach.

»Klar«, sage ich. »Sieht ... sieht gut aus.«

»Das will ich auch hoffen.«

Wir bekommen ein WLAN-Passwort und die Anweisung, die App des Veranstalters herunterzuladen und uns zu registrieren, bevor wir uns auf den Weg zum schimmernden Epizentrum der Party machen. Ein in rosa und blaues Licht getauchtes schlossartiges Anwesen, das auf einem Hügel thront. Schilder mit geschwungenen Goldlettern verraten, dass es sich bei THE CROWN um ein Luxus-Spa-Hotel handelt. Das Klackern hoher Absätze auf sanft ansteigendem Kopfsteinpflaster blendet in Stimmengewirr und Melodiefetzen über. Der DJ scheint es zu lieben, die Hooklines uralter Songs mit aufgemotztem Dubstep zu unterfüttern. Das Schloss wirkt so unecht wie eine Filmkulisse. Glänzende Ritterrüstungen, Schutzschilder mit Kreuzwappen und allerhand Foltergeräte stehen in schummrig beleuchteten Nischen, wie die Vorboten einer krassen SM-Party.

»Ladet die Fotos in die App«, ruft ein schlanker Typ im Anzug, als Kim sich grimmig dreinblickend neben den Ritter stellt und ihm in den Schritt fasst. Der Typ zeigt uns den erhobenen Daumen. »Cooler Look«, sagt er zu mir im Vorbeigehen. »Und an alle Singles oder solche, die sich heute Nacht so fühlen: Benutzt die Match-Funktion«, begrüßt er die nächste Gruppe. »Sie zeigt euch, wer perfekt zu euch passen könnte.«

Die Sponsoren des Abends sind ein neuer Energydrink und ein Online-Versand für Luxuslabels und Kosmetik. Maja ist völlig aus dem Häuschen. Sie kennt den Online-Händler und hofft darauf, irgendwelche Sachen abstauben zu können. »Die haben meistens einen Showroom«, erklärt sie überschwänglich. »Love«, sagt sie. »Love!«

Ich stelle mich jedem, der uns begegnet, als Transe 1 vor und frage, ob sie zufällig eine weitere Transe gesehen haben. Zum Abschluss der Begegnung drücke ich auf die App und bewerte den Stil und die Freundlichkeit meines Gegenübers mit vier oder fünf Sternen. Sterne sind das Maß aller Dinge. Für jede Vernetzung gibt es Punkte, die man an der Bar gegen Cocktails eintauschen kann, wie die hilfsbereiten Hosts und Hostessen erklären. Nach kurzem Zögern setze ich mein Häkchen bei »Single« und bekomme die Bilder anderer Singles vorgesetzt, die sich in der Nähe befinden. Ein Radar zeigt, wo genau sie auf den Landeanflug warten. Deutlich schneller als bei Tinder kriegt man eine Handvoll Matches zusammen, wenn man die vorgeschlagenen Bilder nach rechts wischt. Sun ist aus ihren hohen Schuhen geschlüpft und trägt sie lässig über die Schulter. Kim macht die ganze Zeit Fotos, legt Pop-Art-Filter darüber, als wäre ihr die Wirklichkeit nicht knallig genug. Maja wird von zwei aufgedrehten Typen in Bermudas und Sakko angequatscht. Wie ich von Kim erfahre, sind es zwei »krasse Superblogger«, mit unglaublich vielen Followern. Ich stelle mich zwischen sie, lasse mich von Kim fotografieren und bestücke damit meinen Insta-Account. Das verbessert meine Reichweite und zwingt die MASCHINE zu neuen Berechnungen. Wir stürzen Koffein aus kleinen goldenen Getränkedosen hinunter, die allen Ernstes die Aufschrift »Rich« tragen. Dann ziehen wir weiter zur Bar, wo es vegane, nach vergammelter Wurst schmeckende Proteinsnacks gibt, aufgeregtes Geplapper und taxierende Blicke.

»Wärst du lieber schön, oder hättest du gerne ein besonderes Talent?«, fragt mich Sun herausfordernd, nachdem sich Kim Richtung Pool verabschiedet hat. Wenn ich richtig mitgezählt habe, ist das bereits ihr dritter Cocktail. Ihr Blick ist glasig und direkter als noch vor einer halben Stunde. Die Aggression ist wieder da. Ich weiß nicht, was sie mit der Frage bezwecken will.

»Ich *bin* schön«, sage ich gespielt selbstsicher und fahre mir mit der Zunge lasziv über meine Glossy-Lippen. Eigentlich hab ich keine Lust, mich zum Ziel ihrer Launen zu machen. Aber der Barhocker ist zu bequem, um woanders hinzugehen, und der erste Cocktail zu lecker. »Kannst du denn irgendwas besonders gut, außer cool sein?«

»Spielen«, sagt sie unbeeindruckt. »Und trinken. Und dich als Langweiler ohne Eier überführen, der sich für besonders schlau hält.« Sie stützt sich schwer auf die Theke. »Oder was willst du uns mit deinem Freiheitsgetue demonstrieren? Dass du besser bist als wir? Etwas Besonderes? Schau dich um. Jeder hier glaubt, etwas Besonderes zu sein. Jeder.« Sie macht eine ausladende Handbewegung und kippt dabei beinahe vom Hocker. »Oder bist du vielleicht bei irgendeiner Sekte? Willst du uns bekehren? Na, welche Religion hast du mir anzubieten? Wo liegt der Schatz verborgen? Wo wartet das Glück?« Sie krallt ihre Finger in meine Schulter. »Gib's zu. Du hast den Auftrag, uns zu bekehren? Weg von der Oberflächlichkeit, hin zu mehr Gottvertrauen. Aber einen Gott gibt es nicht. Das ist bloß ein Märchen für arme Leute, damit sie ihr Schicksal besser ertragen und sich gegenseitig in die Luft jagen.« Sie lässt meine Schulter wieder los und tippt mit dem Finger gegen meine Stirn. Ich weiß nicht, warum ich nicht einfach aufstehe. »Na, was geht in deinem Köpfchen wirklich vor? Glaubst du, es genügt, Frauenklamotten zu tragen, um zu wissen, was es heißt, eine Muschi zu haben?«

»Das ist nur Spaß«, sage ich und weiche zurück.

»Spaß? Als Mann vielleicht. Als Frau sieht das schon anders aus.«

»Hab ich dir irgendwas getan? Warum hast du mich nicht an der Raststätte stehen lassen, wenn du Männer generell scheiße findest und mich für einen Idioten hältst?«

»Ich mag die Herausforderung.« Sie täuscht ein Lachen an. Der

Wahnsinn blitzt in ihren Augen auf. Ich rechne damit, dass sie mir gleich meinen Cocktail ins Gesicht schüttet, und ziehe das Glas weg. Ihr Vortrag ist noch nicht zu Ende. Sie stemmt sich nach oben und schwenkt mit ihrem Drink über die Menge. »PARTY!«, ruft sie. »PARTY!«

Das Echo lässt nicht lange auf sich warten. Dutzende Gläser prosten ihr entgegen. Sie lässt sich wieder zurück auf den Barhocker plumpsen. Ich verpasse erneut den Moment zu gehen.

»Schau dich doch mal an«, sagt sie mit schneidender Stimme. »Du bist genauso ängstlich wie wir alle, wenn's drauf ankommt. Per Anhalter, ohne festes Ziel, das ist wirklich unglaublich mutig. Wow. Mitten in Deutschland. Respekt. Ist ja fast so gefährlich, wie barfuß durch die Wüste zu gehen. Damit wirst du wirklich was verändern. Damit wirst du in die Geschichtsbücher eingehen.« Sie zieht ihr Glas heran, saugt die dunkelbraune Flüssigkeit geräuschvoll durch den Strohhalm und hält mich am Arm fest, als ich aufstehen will. »Weißt du«, sagt sie ernst und so nah an meinem Gesicht, dass ich ihren feuchtwarmen Atem spüre. »Ich nehme dir dein ganzes Getue nicht ab. Und eines sage ich dir auch: Du wirst bei keiner von uns landen. Nicht heute und nicht irgendwann. Du bist ein mieser Schauspieler. Die Nummer des naiven Träumers zieht bei uns nicht.«

Ich ziehe meinen Arm weg. Mein Blick kreuzt den von Kim, die durch das Gedränge auf uns zusteuert. »Das ist mir egal«, antworte ich kühl. »Ich will nichts von dir und auch nicht von den anderen. Das kannst du mir glauben.«

Sun wirft Kim ein Lächeln zu, die jetzt neben uns steht und ein Selfie von sich und der Menge im Hintergrund macht, dann redet sie weiter: »Ach ja, beinahe hätte ich's vergessen, du fickst ja deine Lehrerin.«

»Was ist dein Problem?«

»Dass ich Typen nicht ausstehen kann, die mich für dumm verkaufen.«

»Ich habe nie behauptet, besser zu sein als du, als ihr, als deine Freundinnen. Meine Idee ... meine Idee ist eine ganz andere.«

»Oh, es gibt also doch einen Plan. Ein Geheimnis, wie du die Welt besser machen kannst. Na, dann erzähl doch mal von deiner *Wahnsinnsidee*. Bist du vielleicht der neue Messias?«

Bevor ich die passende Antwort parat habe, dreht sich Sun von mir weg und bestellt sich den nächsten Long Island Icetea. Ich hätte große Lust, ihr von der MASCHINE zu erzählen, ihr zu sagen, was mein eigentlicher Plan ist. Aber irgendwie ist die Party nicht der richtige Ort, und ich weiß auch nicht, warum es mir so wichtig ist, was sie von mir hält.

Punkt 6 meines Manifests: Kümmere dich nicht darum, was andere von dir denken.

»Nimm es nicht persönlich«, mischt sich Kim ein. »Sie redet immer so, sie kann nicht anders. Wenn sie zu viel intus hat, vergisst sie ihre gute Kinderstube.« Sie wuschelt Sun von hinten durchs Haar. »Stimmt's, meine kleine Zicke? Sind wir heute wieder ein bisschen auf Krawall gebürstet?«

»Ach, leck mich doch!« Sun steht abrupt auf. In ihren flackernden Augen die Erkenntnis, dass der letzte Drink einer zu viel war. Taumelnd schlüpft sie in ihre High Heels. Kim will sie abstützen, aber Sun schlägt ihre Hand weg und kämpft sich durch das wogende Gedränge. Auf halbem Weg zum Durchgang dreht sie sich noch mal kurz zu uns um, als würde sie überlegen, wieder zurückzukommen, bevor sie im Meer der Köpfe verschwindet. Wenig später taucht sie hinter der dicken Glasscheibe auf, die den Raum mit der Bar von der Tanzfläche trennt. Sie klettert auf eine Empore am rechten Rand, wirft sich zuckend in die harten Technobeats, die auf unserer Seite der Scheibe als dumpfes Wummern ankommen, und schließt die Augen.

»Willst du ihr nicht nachgehen?«, frage ich Kim. »Sie ist ganz schön dicht.«

»Und groß genug, für sich selbst zu sorgen«, ergänzt Kim seufzend und fotografiert meinen Cocktail, in dem sich die farbigen Zutaten übereinanderschichten wie bei einem chemischen Experiment. »In einer halben Stunde wird sie kotzend über der Kloschüssel hängen und jammern wie ein Baby. Das war neulich auch so. Sie macht gerade eine schwere Zeit durch.«

»Wieso?«

»Will in allem die Beste sein und hat sich im letzten Semester zu viel zugemutet. Steht ganz schön unter Druck, weil sie ein eigenes Start-up auf die Beine stellen will, dafür wie besessen schuftet, um groß rauszukommen.« Sie winkt einen Barkeeper heran und bestellt Wodka Lemon. Sie trinkt die Hälfte und füllt mit dem Energydrink auf. »Du kannst heute Nacht gerne auf sie aufpassen«, sagt sie augenzwinkernd. »Musst nur tanzen.«

»Sicher.« Mein Blick geht zu Sun, die ihre Bewegungen auf halbe Geschwindigkeit gedrosselt hat und ihre Arme in sanften Wellenbewegungen durch die Luft zieht, als würde sie das Trommelfeuer der Snaredrum nicht hören.

»Nicht ganz meine Musik«, sage ich zu Kim. »Zu künstlich.«

Kim grinst und legt einen Arm um meine Schulter. »Soll ich deine Gitarre aus dem Auto holen? In dem Aufzug findest du bestimmt viele Fans. Du siehst so gut aus. So gut.«

»Ist noch zu früh.«

»Bist du eigentlich auf Spotify?«

Ich schüttle den Kopf. »Nur auf Youtube.«

»Unter deinem Namen?«

»Unter dem Motto meines Abi-Jahrgangs. Gibt ein Video. *The Winner takes it all.*« Ich lache, stoße mit ihr an und leere mein Glas. Als ich mich wieder zur Tanzfläche umdrehe, ist Sun verschwunden. Kim will auf dem Klo nach ihr sehen. Ich widerstehe dem Impuls, mitzukommen, und unterhalte mich mit Yara, einem asiatisch aussehenden Mädchen, dessen helles Make-up Schlieren bildet. Um den Hals trägt sie eine silberne Kette mit einem herzförmigen Medaillon, das mit Kristallen besetzt ist und Lichtreflexe in alle Richtungen aussendet. Die Hitze hier drin wird langsam unerträglich, die Luft ist feucht und parfümiert. Vielleicht sollte ich mal an die frische Luft gehen.

Yara sagt, dass sie aus Braunschweig kommt. »Einbürgerung Hitlers, erstes VW-Werk und so.« Sie amüsiert sich über mein verdutztes Gesicht und erklärt, dass sie Geschichte und Sport auf Lehramt studiert. Dann machen wir ein Selfie, verbinden uns über Instagram und die App des Veranstalters und erkennen, dass wir beide offiziell Single sind. Ich verstehe nur die Hälfte von dem, was sie erzählt, weil ständig die Tür aufgeht und der Lärm unser Gespräch in Stücke hackt.

»Erst mal reisen«, sage ich, als wir bei meinen Plänen angekommen sind. Ich bin zu betrunken, um ausführlicher zu werden. Und ich mache mir Sorgen um Sun. Maja lässt sich kurz blicken und klebt mir einen QR-Code auf den Handrücken, über dem ein Schlüssel abgebildet ist. »Hab unserer Gruppe eine Suite mit zwei Queensize-Betten klargemacht. Musst dir mit einer von uns ein Bett teilen.« Sie fährt mir durchs Haar. »Ist doch okay für dich?«

»Ja, ja, klar, danke.«

»Einen Augenblick«, sagt Yara, dreht sich von mir weg und zieht ihre Halskette aus. Dann dreht sie sich wieder zu mir um und streckt mir ihre zu Fäusten geballten kleinen Hände entgegen. »Links oder rechts?«, fragt sie geheimnisvoll. »Weisheit oder Spaß?«

»Was?«

»Mach schon. Du wirst es nicht bereuen.«

Ich tippe auf ihre rechte Hand. Sie wartet einen Moment, bis der Barkeeper sich weggedreht hat, dann imitiert sie einen Tusch und öffnet langsam ihre schmalen Finger. Eine rosa Pille kommt zum Vorschein.

»Also Spaß«, sagt sie lachend. »Das Schicksal hat entschieden. Mund auf!«

Ich gehorche, ohne weiter nachzudenken. Im Hintergrund leicht verschwommen das Kopfschütteln von Maja, die die Szene inzwischen von der anderen Seite der Bar aus beobachtet. Ich spüre die Pille auf der Zunge und erinnere mich an einen Film, wo der Insasse einer Psychiatrie nur so getan hat, als würde er seine Medikamente nehmen. Vielleicht sollte ich das auch tun.

»Schlucken!«, sagt Yara bestimmt. Trotz des schwachen Lichts sind ihre Pupillen nicht besonders groß. Ich frage mich, was sie genommen hat.

»Das ist kein Dreck«, redet sie auf mich ein. »Du wirst es nicht bereuen. Das verspreche ich dir. Das wird deinen Blick auf die Welt verändern. Alle Menschen haben eine Aura. Das wirst du sehen. Alle.«

»Eine Aura?« Ich weiß nicht, was ich von diesem Versprechen halten soll, und nicke unentschlossen. »Ist ... ist das Ecstasy?«, frage ich gegen den Lärm an. Zwei Möglichkeiten tun sich auf. Eine Entscheidung. Unterschiedliche Konsequenzen.

ACHT

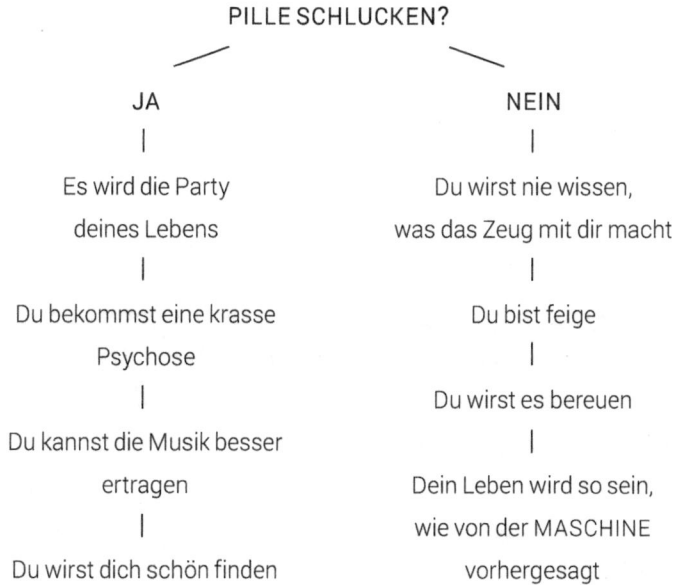

»Ist das Ecstasy?«, nuschle ich meine Vermutung etwas lauter. Die Pille liegt noch immer auf meiner Zunge, was meine Aussprache undeutlich macht. Yara ignoriert mich. Sie tippt eine Nachricht in ihr Handy, die vor allem aus Emojis mit Herzaugen besteht.

»Ecs-ta-sy?«, wiederhole ich meine Frage zum dritten Mal, Silbe für Silbe. Der Groschen ist gefallen. Das Mädchen reißt erschrocken die Augen auf. Ihre Hand landet unsanft auf meinem Mund. Ihre Finger duften nach Sanddorncreme. Reflexartig schlucke ich die

Pille hinunter. Die raue Oberfläche kratzt über meine Speiseröhre und hinterlässt einen bitteren Nachgeschmack.

»Vierzig«, flüstert Yara, dicht an meinem Ohr, nachdem ich mit ihrem Cocktail nachgespült habe. »In einer halben Stunde wirst du die Welt umarmen. Liebe, verstehst du, Liebe.«

Ich bin kurz fassungslos. So habe ich mir eine Dealerin nicht vorgestellt. Aber sie macht das ja auch nur nebenberuflich.

»Im Ernst? Du willst Kohle?«, frage ich leicht angesäuert. »Wäre cool gewesen, wenn du das vorher gesagt hättest.«

Sie lächelt meine Kritik weg. »Was nichts kostet, ist nichts wert. Alte chinesische Weisheit.«

»Klar.« Das Letzte, wofür ich auf meiner Reise Geld ausgeben will, sind Drogen, deshalb versuche ich es mit einer Ausrede und sage: »Hab mein Bargeld leider im Auto.«

Ihr Dauerlächeln verhärtet sich. »Paypal«, sagt sie und tippt fordernd auf mein Handy, das auf dem Tresen liegt. »Du willst doch kein Schmarotzer sein? Das ist nicht gut für dein Karma.«

Ich gebe mich geschlagen, nehme das Handy und wähle den Unterpunkt »Geld an Freunde oder Familie senden«. Yara gibt routiniert ihre Mailadresse und den Betrag ein. Das war's. Schon bin ich vierzig Euro ärmer.

»Danke«, sagt sie und streicht mir über den Arm. »Wenn du oder Freunde von dir noch was brauchen, ich bin draußen am Pool bei den Einhörnern.«

»Einhörner? Okay.«

»Und jetzt viel Spaß.«

Sie will weitergehen. Ich halte sie an der Schulter fest. »Was wäre in der anderen Hand gewesen?«

Sie schüttelt den Kopf.

»Bitte«, sage ich.

»Acid«, flüstert sie so leise, dass mein Gehirn einen Augenblick braucht, um die Bewegung ihrer Lippen und den schwachen Zischlaut zu einem Wort zusammenzufügen.

»LSD?«, sage ich und kann mir ein Grinsen nicht verkneifen. Ich bin überrascht, dass die Hippie-Droge bei solchen Partys im Umlauf ist. Aber vielleicht läuft draußen bei den Einhörnern passendere Musik.

»Brauchst du ein Mikrofon?«, sagt Yara. Sie will sich die Kette mit dem Medaillon wieder umhängen.

»Sorry.« Ich tätschle ihren Arm. Ihre Haut fühlt sich kühl und trocken an, wie bei einem Reptil. »Darf ich es sehen?«

»Nein.«

»Bitte.«

Sie schaut sich um, ob die Luft rein ist, zieht mich näher heran und klappt das Herz-Medaillon auf. In der oberen Hälfte klemmt das Schwarz-Weiß-Foto eines sitzenden Buddhas, in der unteren ein fingernagelgroßes Stück Löschpapier. Ich muss lachen. Darauf zu sehen: die knallbunte Illustration des verrückten Hutmachers aus Alice im Wunderland. Die Geschichte verfolgt mich. Das ist kein Zufall.

Ich bin unberechenbar, sagt meine innere Stimme.

Ich bin unberechenbar.

Auch für mich selbst.

Sei unberechenbar!

»Wow«, sage ich, feuchte meinen Zeigefinger an, tippe auf das Papierstückchen, das an meiner Fingerkuppe haften bleibt, und lege es auf meine Zunge. Das alles geschieht so schnell, dass Yara keine Chance hat zu reagieren.

»Idiot!«, herrscht sie mich an. »Das ist scheiße. Spuck es wieder aus! Sofort.«

Ich halte ihre Fäuste fest, bevor sie mich treffen. Das Papier, die Pappe schmeckt metallisch. Wie frisches Blut. Ich schlucke sie hinunter. Damit konnte die MASCHINE nicht rechnen. Punkt 8 meines Manifests: Sei die mutigste Version deiner selbst.

»Wie viel?«, frage ich meine fassungslose Nachwuchsdealerin und gebe ihre Fäuste wieder frei.

»Nichts!«, schnappt sie wütend und kommt näher. »Dafür ... dafür übernehme ich nicht die Verantwortung.« Sie bohrt mir den Finger in die Schulter. »Du bist so krank, weißt du, so krank. Einen schönen Abend noch.«

Die Dealerin verschwindet in der Menge. Ich mache es mir wieder auf dem Barhocker bequem und warte, dass etwas passiert. Ich schaue auf mein Handy und wische im Akkord Frauenporträts nach rechts. Immer wieder ein »Pling«. Ein Match. Ein Treffer. Das fühlt sich gut an. Wie bei einem Spiel, wenn man einen Lauf hat und sich unaufhaltsam dem Highscore nähert. Ich bin zu träge und zu glücklich, um mich von der Stelle zu rühren. Sollen sie doch zu mir kommen, all die schönen Wesen, denke ich und bestelle edlen Grey Goose Wodka und einen Energydrink, um mein Guthabenkonto zu leeren. Meine Zunge glaubt, Erdbeere und Melone zu erkennen.

Minutenlang sitze ich einfach nur da und warte darauf, dass die Neuronen unter meiner Schädeldecke explodieren und mich aus der Realität in eine andere Welt reißen. Ich beobachte, wie der sonnenstrahlenförmige Minutenzeiger an der gold leuchtenden Wanduhr nicht von der Stelle kommt, bilde mir ein, das Ticken der Sekunden durch den Lärm zu hören. *Tick, tick, tick.* Ich frage mich, ob der Alkohol die Wirkung von Ecstasy und LSD beeinflusst, vielleicht sogar neutralisiert, und spüre, dass ich nichts spüre. Vielleicht war alles nur Show. Vielleicht hat mich diese Yara verarscht.

Ich nippe gelangweilt an einem extrem sauren Mojito, den mir der Barkeeper ungefragt hingestellt hat, streiche mit den Fingern über die haarigen Pfefferminzblätter, die angestrahlt vom Deckenlicht sattgrün leuchten. Von innen heraus, fluoreszierend. Dann bin ich weitere zehn Minuten enttäuscht, bevor sich endlich was tut und sich das Tor zur anderen Seite öffnet.

Zuerst muss ich lachen wie verrückt. Ohne Grund. Einfach so, weil mir danach ist. Der Geschmack des Löschpapiers will nicht verschwinden. Ich stürze den Drink hinunter, bilde mir ein, dass die Farben im Raum greller werden. Das Rot der Ledersessel beginnt zu flirren, als würde jemand die Farbsättigung auf Maximum drehen. Auf dem polierten Tresen spiegeln sich unzählige Augenpaare, die mich anstarren, mir folgen, als ich vom Barhocker aufstehe und ein paar Meter nach rechts gehe. Und Münder sehe ich, die aus dem Spiegel hinter dem Tresen wachsen. Fett geschminkte volle Lippen, die sich in Zeitlupe öffnen und schließen, ohne ein Wort von sich zu geben. Die Lippen werden praller, werden zu Kelchen, zu fleischfressenden Pflanzen mit winzigen Zahnreihen. Ich sehe darin Hände, ganze Arme verschwinden. Ich will wegrennen, aber ich kann mich nicht bewegen. Meine Hand steckt im Maul einer Killerpflanze. Eine Invasion von einem fremden Stern. Aliens, die die Menschheit verdauen und als Brei wieder ausscheiden. Wie viele Mägen hat eine Kuh? Wie viele Leben eine Katze? Sieben oder neun? Und plötzlich sind da keine Köpfe mehr um mich herum, sondern nur noch schwankende Fleischfresser-Pflanzen, die wie wild durcheinanderplappern. In der Ferne eine einzelne Orchidee, die ihre dürren Arme nach mir ausstreckt, meinen Namen ruft. Plötzlich steht Maja neben mir. Sie ist schön. Alle Menschen sind schön. Sie ist keine Pflanze. Sie hakt sich bei mir unter, zieht mich vom Barhocker, durch die Menge, auf die Tanzfläche. Ein Teil von mir wehrt sich gegen die kalte exakte Musik. Doch der andere Teil hakt sich in die Synthie-Melodie ein. Ich ziehe mich an glimmenden Lichtseilen entlang, sehe die Vibration, das Auf und Ab, in extremer Zeitlupe. Sechs fingerdicke Saiten wie bei einer Riesengitarre. Ich höre und spüre jeden Ton. Und dann sehe ich die Töne! Sie wachsen wie Früchte, wie schnell reifende pralle Früchte an den Seilen und lassen sich verschieben. Nach oben, nach unten, nach rechts, nach links. Ich ordne eine neue Melodie an. Sechzehntelnoten. Triolen. Ich bin Mozart! Sie gehört mir, diese Melodie. Jemand, ein Mädchen, das wie meine Schwester, wie Martha aussieht, drückt mir einen Drink in die Hand, der grün leuchtet. Photosynthese. Die Flüssigkeit flutet meine Lungen wie Sauerstoff. Ich spüre das flackernde Licht auf meiner Haut. Ich tanze weiter auf den schwingenden Seilen, balanciere die Töne mit meinen Händen, werfe sie in den Raum und erwarte ein Echo, eine Antwort auf all meine Fragen. Schweiß rinnt von meiner Stirn, kalter klebriger Schweiß, weil ich spüre, dass die Melodie noch nicht rund ist, dass sie stottert und aus dem Takt gerät, je stärker ich sie verändere. Die Pflanzen spüren den Fehler und verdorren vor meinen Augen. Im Zeitraffer. Ich bin verzweifelt. Ich gehe zu ihnen, will sie trösten, sie in die Arme nehmen. Versichern, dass alles gut wird. Dass ich die Melodie reparieren kann. Aber sie wollen sich ihrem Schicksal ergeben. Ich muss das Licht umleiten. Ich nehme die hellsten Töne von den Seilen und werfe sie ihnen entgegen. Die Pflanzen leuchten auf. Entfalten ihre Blüten. Strecken sich dem Leben entgegen. Ich bin erschöpft. Ich schließe die Augen. Mein Atem geht schnell, mein Herz rast. Die Blüten schnurren zusammen, sie kollabieren. Schwarzbild. Druck auf der Brust, Stimmengewirr und Musik. Ein harter, stampfender Beat, der sich zu einem Rattern steigert. Kleine Schläge, Stromstöße auf der Haut. Und Nebel, überall Nebel, der juckend in meine Nase steigt. Der Geruch von Schmieröl. Das Ticken von Uhren. Es kommt näher und entfernt sich wieder. Eine Zeitreise. Ein Uhrwerk. Ein warmer Luftschwall fegt über mich hinweg und nimmt mir den Atem.

WUSCH!

Szenenwechsel. Harter Schnitt in den Bauch eines Computerspiels. Ich trage einen Blaumann und Arbeitsschuhe. Es ist kalt. Ich bin in der MASCHINE. Ich habe eine Waffe, ein Gewehr. Ich befinde mich in einer stillgelegten Fabrik. Überall riesige Zahnräder, die sich schnaubend in Gang setzen und einen Höllenlärm verbreiten. Dampf, metallisch schmeckender Dampf, der einem die Sicht nimmt. Endlose Reihen aus Neonröhren flackern über mir auf. Überall Klicken und Sirren. Auf der Innenseite meiner Schutzbrille sehe ich meine Optionen. Eine flackernde Grafik. Mein Leben, ein Computerspiel. Auf Leben und Tod. Panik steigt in mir auf. Mein Herz beginnt zu rennen.

»Atme«, sagt eine Stimme.

Ich atme, ich habe das Gefühl, dass kein Sauerstoff in meinen Lungen ankommt.

Bin ich getroffen?

Werde ich sterben?

»Hilfe«, sage ich. »Hilfe.« Meine Stimme kaum mehr als ein Säuseln.

»Ruhig. Ganz ruhig.«

Etwas Kühles legt sich auf meine Stirn. Ich werde aufgerichtet. Ich sehe die faustgroße Knospe einer Pflanze, die sich in meinen Mund schiebt, in mir erblüht, und muss würgen.

NEUN

Ich liege auf dem Boden. Stabile Seitenlage. Schmerzen in Kopf und Beinen. Neben mir ein glänzender Metall-Mülleimer, der mein verzerrtes Gesicht mit Argwohn zurückwirft. Mein Rachen brennt, meine Augen auch, und unter dem Bett nehmen Staubflocken Reißaus vor meinem fauligen Atem.

»Da sind wir ja wieder«, sagt eine Stimme, die unmöglich von den Staubflocken kommen kann. Oder doch?! Ausatmen. Erleichterung. Ein überbelichtetes Menschengesicht schiebt sich senkrecht von oben ins Bild. Es ist merkwürdig, wenn der Mund dort ist, wo die Nase sein sollte, und die Zahnreihen vertauscht. Invasion der Stirnmäuler.

»Die Kotze im Klo darfst du selbst wegputzen, das mach ich nicht«, redet das umgedrehte Gesicht weiter. Dann verschwindet es – *wusch!* – und wird von einem Paar glatt rasierter Beine ersetzt.

»Schon mal was von Psychosen gehört?«, fragen die Beine mit vorwurfsvollem Unterton. Der Schall überträgt sich über die Holzdielen, kitzelt die starren Barthaare an meinem Kinn. Lackierte Zehennägel tippeln ungeduldig auf den Dielenboden. Der zweite Zeh ist länger als der große. Ein silberner Ring schnürt ihm die Luft ab.

Ich werde auf keinen Fall mit den Beinen reden! Und auch nicht mit den Zehen. Ich richte meinen Oberkörper auf. Mein Brustkorb tut weh. Schleifender Atem. Leichter Schwindel. Ich schließe die Augen, warte kurz, dann öffne ich sie wieder. Dieses Mal sehe ich hell zuckende Flecken, quallenartige Wesen vor einer schwarzen Leinwand. *20 000 Meilen unter dem Meer.*

»Na, wie fühlt sich der neue Tag an?«, fragt die Stimme. Ich erkenne sie wieder. Sie gehört zu Sun. Für den Bruchteil einer Sekunde bin ich erleichtert, dann erinnere ich mich daran, wie wir gestern auseinandergegangen sind, und antworte mit einem krächzenden: »Läuft.« Mein lädiertes Bewusstsein braucht einen kurzen Reset, bevor ich mit der Außenwelt in Kontakt treten kann. Mein Ich, ein kaputtes Ich, das sich wünscht, keinen Filmriss zu haben. Aber zwischen der Begegnung mit der Dealerin und der Gegenwart klafft eine große Lücke. Das ist mir noch nie passiert. Und es ist alles andere als angenehm, nicht zu wissen, wo, aber vor allem, *wie* man die letzten Stunden verbracht hat.

Nach einer weiteren Minute des Vor-mich-hin-Starrens klappt es wieder mit dem Kontrast und der Helligkeit. Noch ein bisschen am Fokusring drehen. Die Szenerie gewinnt an Schärfe. Die knalligen Farben der gestrigen Nacht sind verschwunden. Leider. Nachdem ich meine Knochen sortiert habe, stehe ich auf und blicke auf ein Schlachtfeld aus Decken, Kissen, Flaschen, Gläsern, Schuhen und Kleidungsstücken. Auf der Stirnseite des Zimmers Papiertüten, aus denen Klamotten herausragen. Manche davon in Folie eingeschweißt. Vermutlich hat Maja die Sachen gestern Abend abgestaubt. Auf den beiden Queensize-Betten liegen mindestens fünf verdrehte Körper, die aussehen, als hätte ein Regisseur sie für eine weitere Fortsetzung von *Hangover* dorthin drapiert. Ein Durcheinander von Armen und Beinen. Ein Hauch 68er im Jahr 2019. Und ich war dabei. Meine Mutter wäre stolz auf mich. Zwar habe ich keine Kopfschmerzen, aber meine Stimmung rutscht blitzartig in den Keller. Zehn Grad unter null. Ohne Vorwarnung. Ich habe das Gefühl, in ein tiefes schwarzes Loch zu blicken, bin umgeben von Antimaterie, die alles Licht aus mir heraussaugt. Der Mief im Zimmer ist kaum auszuhalten, obwohl die Fenster geöffnet sind. Sun, die nur mit Slip und einem T-Shirt bekleidet ist, wirft mir ein Handtuch zu und befiehlt mir zu duschen. »Und danach machst du die Sauerei im Klo weg.«

»Okay«, sage ich und nicke schuldbewusst. Sie muss irgendwann gestern Abend die Kurve gekriegt haben. Sie sieht überhaupt nicht mitgenommen aus. Mich hingegen hat's total verspult.

Als ich beide Aufträge ausgeführt habe, fühle ich mich etwas besser. Meine Pupillen sind immer noch stark geweitet und die Kugelleuchte über dem Spiegel ein glühender Sonnenball in meinem postapokalyptischen Sonnensystem. Dort wo die Metallbügel des Push-up-BHs gegen meine Rippen gedrückt haben, prangen zwei waagerechte, sichelförmige Abdrücke. Die Sichel unter meiner linken Brustwarze hat sich blau verfärbt und sieht wie ein einäugiges Smiley aus. Davon werde ich nachher ein Foto machen. Weil nichts anderes zur Hand ist, ziehe ich wieder den Rock an und schlüpfe in ein nach Kunststoff riechendes T-Shirt, das Sun aus einer silbernen Verpackung reißt. Ich setze mich in den schweren Ledersessel, greife nach dem Mineralwasser und habe das Gefühl, dass die Kohlensäure zuerst meinen Rachen verätzt und anschließend meinen Magen aufpumpt. Ich muss aufstoßen, bevor ich platze. »Sorry.«

»Zum Wohl«, sagt Sun, verdreht missbilligend die Augen und schickt ein Schmunzeln hinterher. Dann wirft sie mir eine andere Tüte rüber. »Sind Hosen drin.« Sie verzieht angeekelt das Gesicht und zeigt mit dem Finger auf meine Mitte. »Und dein Gehänge will auch keiner sehen.«

»Scheiße!« Ich springe vom Sessel auf und verschwinde noch mal im Bad. Keine Spur von meiner Unterhose. Ich frage mich, wo sie abgeblieben ist. Ich werde heute Nacht wohl kaum gestrippt haben.

Bei dem Gedanken an den säuerlichen Gestank meiner Kotze, die ich vorhin im Klo weggeputzt hab, muss ich würgen. Zum Glück ist mein Magen komplett leer. Meine Beine fühlen sich extrem schwer an, als wäre ich die ganze Nacht gerannt. Auch in den Armen habe ich Muskelkater.

»Hast du mich hierhergebracht?«, frage ich Sun, nachdem ich mich für hellbraune Bermudashorts von Tommy Hilfiger entschieden habe. Um frische Unterwäsche werde ich mich später kümmern. Mein Gleichgewichtssinn spielt verrückt. Ich habe das Gefühl, an Bord eines schwankenden Schiffs zu sein. Sun hat sich in der Zwischenzeit ebenfalls umgezogen. Sie trägt Nike-Leggins mit einem verwirrenden Schwarz-Weiß-Strich-Muster. Dazu knallbunte Sneakers von Adidas, die nagelneu aussehen.

»Das war ich nicht alleine«, sagt sie. »Dafür bist du mir dann doch etwas zu schwer.« Sie seufzt vorwurfsvoll. »Ich musste erst mal verhindern, dass einer von den Security-Leuten die Bullen ruft. Du hast total die Kontrolle verloren. Total.«

Mir wird mulmig zumute. »Ich hab die Kontrolle verloren? Hab ich irgendwas Schlimmes gemacht?«

»Wie man's nimmt.« Sie zögert, runzelt die Stirn, scheint sich die wichtigsten Bilder in Erinnerung zu rufen und sagt dann, unterbrochen von tiefen Seufzern: »Zuerst ... zuerst bist du wie ein Irrer durch die Gegend gerannt, hast alle Leute umarmt, abgeknutscht und Selfies mit ihnen gemacht. Dann hast du mit den Armen rumgefuchtelt wie ein Dirigent auf Speed, dich neben den DJ gestellt und ihm Komplimente für seinen Style gemacht. *Das* war noch der angenehmere Teil. Dann hat dich voll die Paranoia gepackt. Du warst sicher, dass du von einer ...«, sie malt Anführungszeichen in die Luft, »*Maschine* verfolgt wirst, die irgendwas mit deinem Vater zu tun hat und nicht zulassen will, dass du mit irgendwelchen Uhren sprichst.

Du warst so was von panisch. Der Höhepunkt war, als du hinter die Bar gekrochen bist, um Hilfe geschrien hast und dich im Kühlschrank verstecken wolltest.«

»Scheiße«, sage ich und durchforste vergeblich den Nebel der Erinnerungen. Als Sun wissen will, was es mit der MASCHINE auf sich hat, markiere ich den Ahnungslosen und zucke mit den Schultern. Die letzte Szene, die ich momentan von meiner Festplatte abrufen kann, zeigt eine fleischfressende Pflanze, die nach mir schnappt. Und den Zeiger einer Uhr, der sich in Zeitlupe vor einer rot glühenden Sonne bewegt. Der Rest ist unlesbar.

»Hat das jemand gefilmt? Gibt es davon Aufnahmen?«, frage ich.

»Ob es von dir Aufnahmen gibt?« Da ist er wieder, der aggressive Blick von gestern Abend. »Dein Ernst?«, schnaubt Sun. »Ist das wirklich das Einzige, was dich interessiert, ob dich jemand gefilmt hat? Ich fass es nicht. Hast du Angst, dein Ruf könnte ruiniert werden? Oder warum ist dir das so wichtig? Ist dir klar, dass du hättest sterben können?«

Ich denke an die MASCHINE. Vielleicht kann sie auch Videos analysieren, mich anhand meiner Biometrie herausfiltern und mein Verhalten beurteilen. Vielleicht kapiert dieses Ding jetzt endlich, dass ich nicht gewöhnlich, nicht berechenbar bin, und korrigiert seine Prognose. Dieser Gedanke beschert mir einen Augenblick des Triumphs. Ich schüttle die Kohlensäure aus dem Wasser, trinke, ohne abzusetzen, bis die Flasche leer ist.

Sun räumt die Beine der schnarchenden Kim und die eines tätowierten Muskelbergs zur Seite und setzt sich auf die Bettkante. »Zum Glück hat sich Maja an das Mädchen erinnert, das dir das Zeug vertickt hat. Ich hab sie zur Rede gestellt. Ihr gesagt, wie beschissen verantwortungslos es ist, was sie da macht. LSD, MDMA und Alkohol. Wie scheiße fühlst du dich jetzt?«

»Geht so«, sage ich wahrheitsgemäß. »Bisschen depri vielleicht.«

»Na, wenn das alles ist, kannst du froh sein. Gibt Leute, bei denen bleibt das so. Die bleiben einfach auf einem Trip hängen. Und das war's. Schluss, aus, vorbei. Dass du dich nicht mehr an alles erinnern kannst, weist darauf hin, dass der Wirkstoff der Pille verunreinigt war.«

»Woher weißt du das?«

»Google.«

Ich blicke mich suchend im Raum um. »Hast du irgendwo mein Handy gesehen?«

Sie schüttelt den Kopf, macht aber keine Anstalten, aufzustehen. Stattdessen tippt sie eine Nachricht in ihr Handy. »Müsste drüben bei der Bar sein.«

Ich starre sie fragend an. Sie streckt mir ihr Handy entgegen. »Die Party-App. Sie zeigt den Standort an.«

Als wir später auf dem großen Parkplatz ankommen, stehen nur noch vereinzelt Autos herum. Wahrscheinlich gab es nicht genügend Zimmer für alle, nur für die Super-VIPs, zu denen uns Maja durch ihre Insta-Bekanntschaften gemacht hat. Bei Tag wirkt dieser Ort, das grau-weiße Märchenschloss mit den beiden Zinnen, deutlich kleiner und weit weniger verheißungsvoll. Wie die Kulisse eines in die Jahre gekommenen Vergnügungsparks. Ich habe das Loch in meinem Magen notdürftig mit einer Handvoll Salzstangen gestopft. Die Luft klebt feuchtwarm auf der Haut. Mücken spielen Kamikaze. Irgendwo in der Ferne läuten die Glocken zur vollen Stunde. Vier plus drei. Fünfzehn Uhr. Mitten am Tag also. Der Himmel ist bedeckt, grau, und die Welt wirkt entsättigt. Blasse, staubige Farben, verwaschene Konturen. Ich hole meine Sachen aus dem Wagen. Ich will alleine weiter. Frische Luft und Bewegung sind nach einer solchen Nacht bestimmt das Beste, um wieder in die Spur zu kommen. Und so, wie mich Sun gestern Abend fertiggemacht hat, ist sie bestimmt froh, wenn sie mich los ist. Auch wenn sie sich im Augenblick bemüht, ihre Abneigung nicht offen zu zeigen.

Kim und Maja lagen noch halb tot im Bett, als wir gegangen sind. Sun überrascht mich, als sie sagt, dass sie keine Lust hat, auf ihre Freundinnen zu warten, und ohne sie loswill. Sie hat sich eine Zigarette angesteckt, steht neben ihrem Auto und zieht hastig den Rauch ein.

»Und wie kommen die beiden von hier weg?«, frage ich.

»Wieso interessiert dich das?«

»Nur so ...« Ich rede nicht weiter. Sun hat recht. Es kann mir egal sein. Ich schultere den Rucksack. Über Nacht ist er zehn Kilo schwerer geworden.

»Majas Eltern wohnen ganz in der Nähe«, sagt Sun einen Tick freundlicher. In ihren Augen genug Anspannung für uns beide. Und Unentschlossenheit. Der Korridor der Sympathie scheint sich wieder zu schließen. »Zur Not nehmen sie ein Taxi zum nächsten Bahnhof oder so. Ich hab noch was zu erledigen. Und die beiden wussten auch, dass ich nicht ewig bleiben kann. Ist nicht mein Problem, wenn sie nicht in die Gänge kommen.«

Ich leere eine Dose von dem lauwarmen Energydrink, die auf dem Parkplatz palettenweise herumstehen. Das Koffein scheint die dunkle Materie in meinem Kopf zurückzudrängen, deshalb stecke ich noch zwei weitere Dosen ein.

»Bist du wirklich sicher, dass du deine Reise zu Fuß fortsetzen willst?«, fragt Sun. »Ich kann dich auch irgendwo rauslassen. An der nächsten Autobahnraststätte? Das ist kein Problem.« Sie wirft die Kippe auf den Boden, twistet sie aus und steckt den zerfetzten Stummel in ihren Tabakbeutel. »Ohne dir nahetreten zu wollen: Für einen Gewaltmarsch siehst du nicht fit genug aus. Und wie du vielleicht bemerkt hast: Es ist sauschwül. Das wird bestimmt noch schlimmer. Also, mein Angebot steht.«

Unentschlossen setze ich Rucksack und Gitarre wieder ab. Die Verbindungen in meinem Kopf sind blockiert. Mein Körper vibriert von innen heraus. Ich kann mich nicht erinnern, jemals einen solchen Kater gehabt zu haben.

»Was ist jetzt?«, fragt Sun – fast wirkt sie besorgt – und steckt sich die nächste Zigarette an. Diesmal keine Selbstgedrehte. »Du sagst mir einfach, wo ich dich rauslassen soll. Entlang der Autobahn findest du auch schneller wieder Anschluss, wenn dir die Kondition ausgeht.«

Mein Handy piept. Der Akku ist fast leer. Ich wundere mich. Ich hab es gestern kaum benutzt. Zumindest kann ich mich nicht mehr daran erinnern. Drei Prozent. »Stromintensive App gefunden!«, sagt eine Warnmeldung. Der Verursacher: die Maschinen-App. Na super. In weiser Voraussicht habe ich eine Powerbank in den Rucksack gepackt. Ich öffne den vorderen Reißverschluss und finde nur Ersatzakkus für meine Videokamera und Ladekabel. Wo ist die Powerbank? Ich bin mir sicher, dass ich sie eingepackt habe.

»Brauchst du Hilfe?«, fragt Sun.

»Ich ... ich hab was zu Hause vergessen.«

»Was Wichtiges?«

»Die Powerbank für mein Handy.« Ich wedle mit dem Handy herum. »Ist fast leer.«

»Noch ein Grund, mein Angebot anzunehmen. Sobald mein Handy wieder halb voll ist, kannst du deins aufladen.« Ihr Handy piepst. Sie blickt auf das Display, wirkt einen Moment überrascht, dann wendet sie sich wieder mir zu.

»Was passiert?«, frage ich.

»Nichts Wichtiges.« Sie schmunzelt undurchsichtig und nimmt einen tiefen Zug von der Zigarette. »Und weißt du jetzt endlich, ob du mitkommen willst?«

»Gib mir noch kurz.« Ich räume die Kabel zurück in den Rucksack. Schlagartig fühle ich mich wieder traurig. Als hätte sich in meinem Kopf ein Schalter umgelegt. Und einsam. Ja, vor allem einsam. Weil es keinen gibt, der mich wirklich kennt. Nicht Yosh, nicht Anne, nicht Martha, nicht meine Mutter. Eigentlich weiß ich selbst nicht genau, wer mir jeden Tag im Spiegel entgegenschaut. Wer ich wirklich bin und wie weit ich es in der Hand habe, Korrekturen vorzunehmen, sollte sich herausstellen, dass ich das Arschloch-Gen meines Vaters in mir trage. Mein Brustkorb wird enger. Vielleicht weiß nur die MASCHINE, wer ich wirklich bin. Mein einziger Vertrauter, eine künstliche Intelligenz.

»War jedenfalls interessant, dich getroffen zu haben.« Sun drückt die halb gerauchte Zigarette an der Alufelge aus und steckt sie ebenfalls in den Tabakbeutel. »Vielleicht solltest du in Zukunft die Hände von Drogen lassen, auch wenn du Künstler bist oder werden willst.«

»Künstler?«, sage ich. »Ja, klar, alle Künstler sind Junkies. So lernt man das doch an der Uni.«

»Sind wir etwas empfindlich? So hab ich das nicht gemeint.« Sie deutet zu meiner Gitarre. »Ich finde es cool, wenn jemand Musik macht und andere Menschen damit berührt. Das verbindet.«

Mein Handy vibriert. Ein Banner erscheint auf dem Display. Eine Nachricht der MASCHINE. Vielleicht haben sie schon wieder die AGB geändert. Oder die Macher wollen jetzt doch Geld verdienen, mich mit den Filmchen der letzten Nacht erpressen, die sie bei den Partygästen abgesaugt haben. Ich tippe auf das Banner. Weiterleitung. Ein neues Fenster öffnet sich – o mein Gott! Mit wie vielen Leuten habe ich mich gestern Abend denn vernetzt? Auf Instagram und der App des Veranstalters, die ohne Vorwarnung eine Diashow der vergangenen Nacht abfeuert, ist die Hölle los. Wie es aussieht, hat die MASCHINE beide Kanäle angezapft. Dopplungen blinken. Ich scrolle die lange Liste mit den Profilfotos nach unten. Die MASCHINE hat fast alle Verbindungen gecheckt. Überall grüne Balken. Das war klar. Einmal Orange, bei einem geschniegelten Typen, an den ich mich nicht erinnern kann. Vielleicht der DJ. Ja, ich glaub, es war der DJ. Ich erinnere mich dunkel an das Charlie-Chaplin-Tattoo auf seinem Unterarm, von dem es eine Großaufnahme auf seinem Profil gibt.

»Ich zieh dann mal weiter«, sagt Sun. »Und du willst wirklich nicht mit?«

Ich blicke vom Display auf. »Nein, ist okay. Ich glaub, Bewegung ist gut, um wieder nüchtern zu werden.«

»Wenn du meinst.« Sie umarmt mich länger als erwartet und löst einen Moment der Geborgenheit aus. Dann wird mir schummrig. Kalter Schweiß tritt auf meine Stirn, der Boden unter meinen Füßen schwankt. Sun zieht die Fahrertür auf, steigt aber nicht ein. »Letzte Chance.«

Mein Handy piepst erneut. Ich entsperre das Display. Als ich das Nachrichten-Banner der MASCHINE antippe, bin ich plötzlich hellwach.

»Alles okay?«, fragt Sun. »Irgendwas passiert?«

»Ich ...«, setze ich an und beschirme das schmutzige Display mit der freien Hand. Ich will sichergehen, dass ich mich nicht täusche. Es dauert einen Moment, bis ich kapiere, was die Maschinen-App anzeigt. Kein Zweifel. Der schmale Balken leuchtet rot. Dahinter: das Profilbild von Sun.

»Was jetzt?«, drängt Sun.

»Ich komme mit.«

ZEHN

Ich will wissen, warum die MASCHINE unsere Begegnung als bedeutend einstuft. An Suns waghalsigem Fahrstil wird es wohl kaum liegen, dass die App gewissermaßen Alarm schlägt. Das ist bestimmt zu wenig für so eine Einschätzung. Sun will weiter zu einer Hütte, die mitten in der Natur, auf einem Berg liegt. Im Taunus. Ich wusste nicht, dass es nördlich von Frankfurt Berge gibt, *richtige* Berge. Schwarzwald, Schwäbische Alb, Bayrischer Wald, Erzgebirge, Harz, Thüringer Wald. Das sind deutsche Mittelgebirge, die ich irgendwann mal auswendig lernen musste. Auf die Suchanfrage »Taunus« präsentiert mir mein Gehirn nur Aufnahmen dicht bewaldeter Hügellandschaften. Die Hütte gehört ihren Eltern. Zusätzlich zur Finca auf Mallorca wahrscheinlich und dem Chalet in der Schweiz.

»Was ist da in der Hütte?«, frage ich. »Willst du länger dort bleiben?«

»Keine Angst. Ist nur ein Zwischenstopp. Mein Vater hat dort irgendwelche Unterlagen vergessen.«

»Unterlagen?«

Mein Gehirn sucht fieberhaft nach einer Erklärung für die Farbe Rot. Auch wenn Sun gut aussieht, ungewöhnlich, bin ich definitiv nicht scharf auf sie. Daran kann es also auch nicht liegen.

»Manchmal nimmt mein Vater seine Arbeit mit nach oben«, redet Sun weiter. »Spätestens um acht sollten wir aber wieder zurück in der Zivilisation – in Köln – sein.« Sie hebt einen Mundwinkel. »Du musst mich jetzt nicht so panisch anschauen. Ich will dich nicht entführen.«

»Was? Nein. Nein. Das passt. Köln ist gut.« Ich muss gähnen.

»Hand vor den Mund!«

»Sorry.«

»Du bist merkwürdig.«

»Du auch.«

Sie reibt sich das rechte Auge, in dem ein Äderchen geplatzt ist. Überreste von Wimperntusche kleben an ihrer Schläfe. Jetzt sieht sie doch müde aus. Wahrscheinlich hat sie die ganze Nacht neben mir gesessen. Nach dem, wie wir an der Bar auseinandergegangen sind, rechne ich ihr das hoch an.

»Oder hast du was gegen Großstädte?«, fragt sie, als wir an einer roten Baustellenampel anhalten müssen, die ohne erkennbaren Grund im Niemandsland zwischen zwei Ortschaften steht. »Soll dein Trip nur über Land gehen? Ist das der Plan?« Sie wirft einen Blick auf die Rückbank, wo mein Rucksack liegt. »Isomatte und Schlafsack hast du ja dabei.«

»Dafür gibt es keine Regel«, sage ich und beiße mir auf die Zunge.

»Da schau her.« Sun blickt mich mit einem selbstzufriedenen Lächeln an, als habe sie mich einer Lüge überführt. »Es gibt also keinen Plan, aber Regeln für deinen Trip? Das hört sich vielversprechend an. Was sind das für Regeln? Nicht zu Fremden ins Auto zu steigen? Nur mit reifen Frauen ins Bett zu gehen? Alle Drogen auszuprobieren, die man gratis angeboten bekommt?«

»Die Pille gestern war nicht gratis. Nur das LSD.«

Sun grinst. »Das ändert natürlich alles.« Sie wirft einen Blick in den Rückspiegel und fährt los.

»Die Ampel war rot.«

»Und wenn schon. Du bist der einzige Zeuge.« Sie beschleunigt. »Die Regeln, *deine* Regeln sind also geheim? *Das Manifest des Trampers*«, sagt sie mit tiefer Stimme. »Klingt nach Arthouse. Was sind die weiteren Zutaten für deine Geschichte? Was willst du tun, damit sie nicht nur so dahinplätschert? Was steht am Ende der Reise? Welche Erkenntnis? Wer kommt noch darin vor? Ich? Maja und Kim? Deine Lehrerin? An welcher Stelle wirst du den Zuschauer überraschen? Wer ist der Gegner? Du selbst?«

»Vielleicht.«

Warnschilder kündigen eine enge Kurve an. Sun macht nicht den Eindruck, als wolle sie vom Gas gehen.

»Wenn du willst, dass ich dein Auto vollkotze, dann fahr ruhig weiter in dem Stil.«

»Stell dich nicht so an. Ich hätte nur gerne gewusst, mit wem ich es zu tun habe. Mit kryptischen Andeutungen hab ich's nicht so. Ich mag es mehr so direkt.« Ihre Laune trübt sich schon wieder ein. Ich würde gerne wissen, ob es dafür einen Grund gibt oder ob Stimmungsschwankungen zu ihrem Charakter gehören.

Kurz bevor wir in die Kurve einfahren, geht Sun vom Gas, schaltet ruckartig in den dritten Gang, um knapp hinter dem Scheitelpunkt zu beschleunigen. Die Reifen quietschen, als würden sie gleich die Haftung verlieren und mit uns durch die Leitplanke brechen. Fliehkräfte zerren an meinen Eingeweiden.

»Du vertraust mir nicht«, sagt Sun. »Das ist schade. Wirklich schade. Mir kann man nämlich vertrauen. Das gestern Abend war nicht so gemeint. Tut mir leid, wenn ich dich etwas hart angegangen bin. Mich hat die Party gelangweilt, und du warst nicht ehrlich, das fand ich schade. Ich finde es immer schade, wenn Menschen, die auf den ersten Blick sympathisch erscheinen, nicht das sagen, was sie wirklich denken. Das ist verschwendete Zeit. Gibt schon genügend

Fake in der Welt. Man muss da nicht mitmachen, nur weil man auf der Suche ist.«

»Ich bin nicht auf der Suche.«

»Doch, das bist du. Das sind wir alle.«

Der Wagen schießt durch eine lang gezogene Allee auf eine Kuppe zu. Durch mein halb geöffnetes Fenster tönt der ungleichmäßige Windschlag der Bäume. Schatten huschen im Offbeat über die Windschutzscheibe. Sun geht vom Gas, dennoch genügt die Geschwindigkeit, um unsere Körper für einen unangenehm langen Moment der Gravitation zu entreißen.

»Danke«, sage ich. »Jetzt ist mir schlecht.«

»Selbst schuld«, sagt Sun eingeschnappt und steigt auf die Bremse, als vor uns eine Gruppe Radfahrer auftaucht. »Aber vielleicht hast du recht. Vielleicht ist es besser, wenn wir nicht alles voneinander wissen. Genügt ja, wenn wir für den Moment dasselbe Ziel haben.«

Unwirsch steckt sie ihr Handy in die Halterung, verbindet es mit dem Ladekabel und diktiert Google im Befehlston die Zieladresse. Die Straße heißt tatsächlich »Im Dammwald«. Mein Gehirn versucht, die beiden Wörter »Damm« und »Wald« mit einer bergigen Landschaft in Verbindung zu bringen. Vor meinem inneren Auge sehe ich steil aufragende Felswände, an denen sich Nadelbäume festklammern. Sträucher, Schotterfelder. Dazwischen ein glitzernder Bergsee, der von einem Damm gehalten wird, auf dem seltsamerweise knorrige Ölbäume wachsen. Bei genauer Betrachtung könnte es ein biblisches Motiv sein.

Ich bin froh, dass Sun auf der Autobahn zivilisierter fährt. Sie lässt sich sogar von Lastwagen überholen, wirkt nachdenklich. Je länger wir unterwegs sind, fast traurig. Vielleicht hat sie doch einen Kater und ist gut darin, es nicht zu zeigen. Gestern an der Bar hat sie ja auch nicht gerade wenig getrunken. Sie beißt von einem Proteinsnack ab, den sie im Hotel eingesteckt haben muss. Die Sorte »Sweet & Spicy« riecht nach Katzenfutter, und ich lehne ab, als sie einen zweiten Riegel aus einer Papiertüte zieht. Auf der silbernen Verpackung sind Algen abgebildet. Algen riechen nach Fisch, und die Vorstellung von Fischgeschmack auf der Zunge lässt mich Magensäure aufstoßen.

»Warst du schon mal in Köln?«, fragt Sun nach einer längeren Pause.

»Ich glaub nicht. Zumindest nicht bewusst.« Ich muss gähnen. Nur mit Mühe kann ich die Augen aufhalten. Aber schlafen kann ich auch nicht, weil mir übel wird, sobald ich die Augen schließe.

»Nicht bewusst.« Sie kräuselt die Stirn. »Kann man auch *unbewusst* in einer Stadt sein?«

»Wenn man ein Kind ist?«, sage ich bissiger als beabsichtigt. »Kannst du dich noch an jeden Ort erinnern, an dem du gewesen bist, als du klein warst?«

»Vermutlich nicht. Aber das ist kein Grund, unfreundlich zu sein. Das war nur eine ganz normale Frage. Vielleicht sollten wir so lange schweigen, bis der Herr wieder bessere Laune hat. Schlaf doch einfach. Wegen mir musst du nicht wach bleiben. Ich halte mich ab jetzt auch an die Verkehrsregeln.«

»Danke.«

Mein Mund ist ständig trocken. Das lauwarme Wasser aus der Flasche schafft immer nur kurz Abhilfe. Hinter meinen Schläfen spüre ich einen unangenehmen Druck. Als würde mein Kopf in einem Schraubstock feststecken, den jemand immer weiter zudreht. Ich trinke den letzten Energydrink. Der Druck wird weniger, aber meine Gedanken beschleunigen. Alles geht durcheinander. Anne, vergangene Nacht, das Rot der MASCHINE, der Schutzgöttin meiner Entscheidungen.

Ein Dauerfeuer an Bildern, Beobachtungen und Erinnerungsfetzen. Ich war in einer Fabrikhalle. Ich wurde erschossen. Ins Herz getroffen. Dorthin, wo der Metallbügel des BHs mich gezeichnet hat. Das Bild einer glänzenden Blutlache, in dem sich das ausgezehrte Gesicht meines Maschinen-Avatars spiegelt, verstärkt die Übelkeit. Ich brauche ein paar Sekunden, um es wieder loszuwerden, und benutze dafür die Vorstellung, mit Anne zu schlafen. Und wenn ich doch in sie verliebt bin? Vielleicht hat die MASCHINE darauf die Antwort. Vielleicht kann sie zwischen Verlangen und Liebe unterscheiden.

Meine Gedanken wandern weiter, springen wie zufällig durch meine Biografie. Vielleicht war ich schon mal in Köln. Ich weiß es nicht. Erinnerungen an die Stationen meiner Kindheit lösen sich immer mehr auf, werden unscharf. Auch die Gefühle, die damit verbunden sind, verändern sich. Details gehen verloren, als würde der Speicher in meinem Kopf sonst überlaufen. Defragmentieren heißt ja auch löschen. Wichtiges von Unwichtigem trennen. Die Lücken schließen. Abfall entsorgen, damit der Datenzugriff schneller geht.

Meine Mutter hat unser Leben, die Orte, die wir gesehen, die Menschen, die wir getroffen haben, nur selten fotografiert. So etwas wie ein Familienalbum existiert nicht. Stattdessen hat sie sich regelmäßig Notizen gemacht, eine Art Logbuch geführt, in dem auch wir Kinder lesen durften. Sprache sei ehrlicher als Fotos, hat sie mir und meiner Schwester eingebläut und uns ab der vierten Klasse erlaubt, selbst Einträge zu verfassen und mit eigenen Logbüchern zu beginnen. Mein Vater war in Sachen Bilddokumentation auch nicht besser. Vielleicht war es Absicht, vielleicht Intuition, weil er gespürt hat, dass er es nicht ewig mit uns in der engen Zweizimmerwohnung aushalten würde.

Nachdem er abgehauen war, hat meine Mutter saisonweise Theater gespielt, um über die Runden zu kommen. Auch mal ein paar Monate in Berlin, Hamburg, Lissabon, Paris und Salzburg. Das sind die Großstädte, von denen ich weiß. Vielleicht hat die MASCHINE bei ihrer Suche noch mehr Orte ausgegraben, an denen ich gewesen bin und die Erinnerungen wachrütteln. Ich habe noch nicht alle Links angeschaut, die das Programm auf meine Timeline gesetzt hat. Es sind zu viele. Dass die MASCHINE die Spur zu meinem Vater finden würde, zu seinem neuen Leben, mit Adresse und allem Drum und Dran, habe ich nicht erwartet. Etwas mehr als sechs Jahre hat er es mit uns ausgehalten. Dann ist er abgetaucht. Hat sich aufgelöst. Wie ein Geist. Ohne Abschiedsbrief, ohne Erklärung.

Wenn meine Mutter ein Engagement in einer anderen Stadt hatte, haben wir meist mit anderen Frauen und Männern, Verrückten, Schauspielern, Künstlern, Schriftstellern, Tänzern und Träumern, in WGs gewohnt. Das war nur halb so chaotisch, wie es sich anhört. Und mir hat es gefallen. Oft nur für ein paar Wochen waren diese Menschen meine neue Familie. Wir haben zusammen gekocht und gesungen, Filme geguckt, für die ich zu jung war, und auf Betten getobt. Martha hat versucht, mich zu erziehen, während meine Mutter geprobt hat. Asozial, wenn ich das Wort richtig verstehe, war es nur einmal, als wir über die Sommerferien in einem besetzten Haus ohne Heizung und fließend Warmwasser, dafür mit verlassenen Büros und ausgemusterten Computern gewohnt haben. Meine Mutter hatte sich in einen schlaksigen Typen namens Max verguckt, der sie an Rio Reiser, eines ihrer musikalischen Idole, erinnerte. Geschadet hat mir die Hausbesetzer-Episode nicht. Im Gegenteil. Max hat mir die ersten Akkorde auf der Gitarre und dem Klavier beigebracht und mich damit über den Verlust meines Vaters hinweggetröstet. Durch Max habe ich gelernt, dass echte Musik mehr sein kann als Unterhaltung und Hintergrundgedudel im Einkaufszentrum. Dass man damit Inseln bauen kann. Für sich und für andere. Städte und Häuser. Und dass es nicht darauf ankommt, ein Instrument perfekt zu beherrschen, sondern mit dem, was man hat, zu experimentieren. Zwei Akkorde. Ein paar gezupfte Töne. Mit drei Fingern ins Keyboard gehämmerte Harmonien. Aus allem kann ein Lied werden, das die Menschen berührt.

Damals habe ich die ersten kleinen Songs geschrieben. Ich war ungeduldig, bin es immer noch. Deshalb mussten die Einträge aus meinem Logbuch bruchstückhaft als Text herhalten. Ich habe gerne und viel gereimt. Es dauerte eine Weile, bis ich mich mit dem glockenklaren, aber völlig uncoolen Klang meiner Sopranstimme anfreundete. Bis es so weit war, habe ich es mit holprigem Sprechgesang versucht und meine Zwei-Minuten-Schnipsel mit einem uralten Diktiergerät aufgenommen, das mir Max zu meinem zehnten Geburtstag geschenkt hat. Ein halbes Dutzend Minikassetten sind es geworden. Gesungene Tagebücher.

Leider ging die Zeit in der Farbstraße viel zu früh zu Ende. Eines Morgens wurde der Bürokomplex von einer Hundertschaft bewaffneter Polizisten gestürmt. Sie kamen sogar übers Dach. Nach einer filmreifen Verfolgungsjagd durch Großraumbüros, Treppenhäuser, über umgekippte Schreibtische und Drehstühle hatten sie den durch ein Megafon brüllenden Max eingekreist und mit einem Spielzug aus dem American Football zu Fall gebracht. Schließlich trugen sie ihn an Händen und Füßen aus dem Haus, während er heiser und atemlos »Heute hier, morgen dort« sang. Die Gitarre und das Diktiergerät durfte ich behalten.

Sun schaltet das Radio ein und setzt die Sonnenbrille auf. Alle paar Minuten wechselt sie den Sender. Nach einer Runde Dancefloor bekommt ein Jazz-Kanal die Chance, ihr zu gefallen. »This Masquerade«. Ein Standard, den ich auf dem Klavier spielen kann. Meine Finger finden in Gedanken den ersten Akkord. F-Moll. Ich kann mich nicht gegen die Melodie wehren. Der Song passt perfekt zu dem Moment, zu meinen Gefühlen, zu diesem Down, das mich ohne Vorwarnung in die Tiefe reißt. Nach ein paar Minuten hat mich die Traurigkeit fest im Griff. Ich mache mir Sorgen um meine Mutter, wie ich mir immer Sorgen um meine Mutter mache, wenn ich zu weit weg bin. Ich lasse sie alleine. Zum ersten Mal für so lange Zeit. Hoffentlich vergisst sie nicht, ihre Tabletten zu nehmen. Auch um meine Schwester kreisen meine Gedanken. Sie kriegt bald ihr erstes Kind. Sie will es zu Hause bekommen. Wieso will man ein Kind zu Hause bekommen, wo es überall Krankenhäuser und Ärzte und lebensrettende Apparate gibt? Sie arbeitet in einem Waldkindergarten als Erzieherin. Wahrscheinlich ist das der Grund. Und welche Pflichten hat man denn so als Onkel? Windeln wechseln? Geschenke kaufen? Vorbild sein? In dem Punkt werde ich mich auf jeden Fall verweigern.

Begleitet werden Angst, Traurigkeit und Gedankenkarussell von einem Kribbeln, einer unangenehmen inneren Unruhe. Dahinter schreckliche Müdigkeit, Erschöpfung. Nach einer halben Stunde auf der Autobahn bin ich mir nicht mehr sicher, ob ich mir den roten Balken vor Suns Profilbild nicht nur eingebildet habe. Oder die MASCHINE, der Zukunftsalgorithmus, hat den Streit mit Sun und mein anschließendes Drogenexperiment vorhergesehen, und das Rot war schon vor der Party da gewesen. Auch das ist eine Möglichkeit.

Weil mein Akku komplett leer ist und Sun gerade ihr Handy am Zigarettenanzünder auflädt, kann ich meine Vermutung nicht überprüfen. Aber eigentlich ist es auch egal. Ich muss endlich schlafen. *Schlaf endlich!*, ermahne ich mich in Gedanken und versuche, ruhig und tief zu atmen. Auf keinen Fall will ich vor Sun weinen, aber das Brennen in den Augen wird immer stärker, mein Zwerchfell spannt sich an.

»Wie weit ist es bis zu der Hütte?«, frage ich kraftlos. Das Sprechen fällt mir schwer, weil ich gerade ans Sterben denke. Ich bereue meinen Absturz. Wenigstens ist mir nicht schlecht. Ich würde gerne auf Google nachsehen, will lange so ein LSD-MDMA-Kater für gewöhnlich dauert. Aber eigentlich spielt es keine Rolle. Ich muss da jetzt irgendwie durch. Ich bilde mir ein, dass mein Herz stolpert, und fühle unauffällig meinen Puls. Er ist schnell, zu schnell, aber nicht ungleichmäßig.

»Zwei, drei Stunden, je nach Verkehr, geht nachher noch ein längeres Stück über Land.« Sun antwortet, ohne den Kopf zu drehen. »Sieht nach Gewitter aus.« Sie deutet nach vorne, holt tief Luft, als läge da vor uns das Ende der Welt. Der Himmel hat sich verdunkelt. Im Norden eine dichte Wand, die im Sonnenlicht lila schimmert.

»Du musst viel trinken«, sagt sie und deutete auf die Wasserflasche zwischen meinen Füßen. »Das Gift muss raus.«

Ich folge ihrem Rat. »Ist es wirklich okay, wenn ich ein paar Minuten die Augen schließe? Wenn du willst, kann ich nachher auch ein Stück fahren.«

»Sicher nicht. Du bist noch voll auf Droge, und ich würde gerne lebend ankommen.« Sie seufzt. »Warte erst mal, bis sich die Flashbacks melden. Das kann richtig scheiße werden. Richtig scheiße, sage ich dir.«

»Sprichst du aus Erfahrung?«

»Auch.«

»LSD?«

»Kein LSD. Ich ...« Sie unterbricht sich, schielt zu ihrem Handy, das den Eingang einer Nachricht verkündet. Der Bildschirm flackert einmal kurz auf. Zu kurz, um von der Seite aus etwas zu erkennen. Vielleicht hat Sun jetzt doch ein schlechtes Gewissen wegen ihrer Freundinnen. Kim und Maja sind bestimmt sauer, dass sie gegangen ist, ohne sich zu verabschieden. Oder sie sind schon daran gewöhnt, dass Sun ihren eigenen Kopf hat. »War ... war damals synthetisches Drecksszeug«, redet sie, mit den Gedanken woanders, weiter. »Hat Tage gedauert, bis ich wieder einigermaßen normal denken konnte. Und der Sex war wirklich mies. Seither bin ich mit Drogen durch.«

»Außer mit Alkohol.«

Sie nickt. »Außer mit Alkohol.«

Nach ein paar Minuten wechselt sie wieder den Sender, mitten im Lied. Jetzt ist Reggae an der Reihe, Bob Marley.

»I shot the Sheriff ...«

Ich ziehe meinen Fleecepulli aus dem Rucksack und knülle ihn zwischen Kopf und Seitenscheibe. Jedes Mal, wenn ich die Augen schließe, habe ich das Gefühl, dass etwas Schreckliches passieren könnte. Das geht eine ganze Weile so. Immer wieder zuckt mein Körper zusammen, als wäre der Weg zum Schlaf eine Klippe, hinter der ein tiefer Abgrund lauert. Doch dann entdeckt Sun einen Kultursender. Ein Hörspiel. Eine angenehm tiefe Stimme erzählt von einem Mann, der sich Sorgen darüber macht, wie seine Frau mit der Nachricht seiner Versetzung nach Übersee umgehen wird. Ein ewiger Monolog. Ein Abklopfen der möglichen Reaktionen, das in der Frage mündet, was es eigentlich heißt zu lieben.

»Vielleicht haben wir es uns in all den Jahren nur gewünscht, eine Seite am anderen zu entdecken, die eine dauerhafte Verbindung rechtfertigt.«

ELF

»Wir sind da«, sagt eine Stimme, dumpf und weit entfernt. In meinen Ohren stotterndes Rauschen und Pfeifen. Etwas rüttelt an meiner Schulter. Eine Hand. »Zeit, aufzuwachen.« Es ist Sun. Suns Stimme.

Für einen Moment fehlt mir die Orientierung im Jetzt und Hier. Ich öffne schwerfällig die Augen und wische mir unauffällig den Sabber aus dem Mundwinkel. Dann schüttle ich den Kopf, wie ein Hund nach einem Regenspaziergang, und bin erleichtert, als ich feststelle, dass die Störgeräusche wirklich existieren und nicht von meinem lädierten Gehirn erzeugt werden. Sturmwind keift uns von allen Seiten an. Regentropfen nehmen uns unter Beschuss, schlagen wie Schrotkugeln gegen das Dach und die Scheiben. So düster, wie es draußen ist, muss das Unwetter direkt über uns sein.

»Ich ... ich bin ziemlich im Eimer«, presse ich hervor und muss gähnen. In meinen Ohren knackt es. Jetzt kann ich auch die höheren Frequenzen wieder hören.

»Selber schuld«, sagt Sun. Offensichtlich ist die Zeit des Mitgefühls wieder vorbei. Im Licht der Scheinwerfer sehen die dicken Regentropfen wie Insekten aus, die vom Himmel fallen. Vorboten der Apokalypse. In etwa zehn Metern Entfernung eine schroffe Felswand, darüber Bäume. Schwankende Bäume. Nadelbäume. Vor allem Nadelbäume. Tannen. Auf meiner Seite ein Schild, das vor Steinschlag warnt.

Sun schaltet die Zündung aus, der Scheibenwischer bleibt stehen. Alles verschwimmt zu einem braun-dunkelgrünen Aquarell.

»Fühlst du dich wenigstens ein bisschen besser?«

»Geht so.« Ich strecke mich und bewege meinen steifen Nacken. Das hier könnte auch ein Traum sein. Ein sehr realistischer Traum mit fiesen Kopfschmerzen.

»Am fehlenden Schlaf kann es jedenfalls nicht liegen. Du hast fast vier Stunden gepennt. Hast du überhaupt mitbekommen, dass wir eine Pause gemacht haben?«

»Wir ... wir haben eine Pause gemacht?« Das erklärt den unangenehmen Druck auf meiner Blase. »Warum hast du mich nicht geweckt?«

Sie grinst halb. »Du hast so friedlich ausgesehen.«

»Klar.«

»War nicht ganz freiwillig, die Pause. Ein Unfall. Vollsperrung. Drei Stunden Stillstand. Übrigens: Du schnarchst.«

»Sorry.«

Windböen treiben den Regen über die Windschutzscheibe. Im Dämmerlicht sehe ich Blätter, Zweige und Äste durch die Luft wirbeln.

»Wie spät ist es?«, frage ich. Meine Stimme klingt heiser.

»Kurz nach acht.«

»Krass, wie dämmrig es draußen ist.«

»Ja. Heute geht die Welt unter.«

Ich kneife die Augen zusammen, suche vergeblich die Umgebung nach einer Hütte ab. Bäume. Nichts als schwankende Bäume, die sich verschwommen hinter der Windschutzscheibe biegen. »Sind wir im Wald?«

»Gut erkannt. Was ist mit dir? Hast du einen Flashback?«

»Nein. Ich ... Ich muss nur dringend aufs Klo.«

»Dann musst du wohl aussteigen.« Sun nimmt ihr Handy aus der Halterung. »Bei dem Wetter ist es das Beste, wenn wir die Nacht über in der Hütte bleiben. Die Straße hier hoch ist eng und schlammig, und ich bin tierisch müde.« Ein Blitz zerreißt das Zwielicht. »Ist das okay für dich?«

»Ja, klar. Lass uns hierbleiben.« Der Geschmack in meinem Mund ist widerlich süß, mein Speichel klebrig von den Energydrinks. »Soll ich meinen Schlafsack mitnehmen?«

»Nein. Ist alles da. Wir müssen das letzte Stück zu Fuß gehen.« Sie beugt sich nach vorne, als könne sie im Scheinwerferlicht irgendwas ausmachen, das nicht nach Bäumen aussieht.

»Gut.« Ich greife nach meinem Handy. Vielleicht zeigt die Wetter-App, wie lange das Gewitter noch direkt über uns steht. Das Display bleibt schwarz – natürlich. Der Akku war ja leer.

»Kannst du oben in der Hütte aufladen. Oder hast du Angst vor Gewittern?«

Ich zeige zum Dachhimmel. »Nur wenn sie direkt über uns sind.«

»Ich dachte, du musst pinkeln?«

»Ja, aber ...«

»Ich werde jedenfalls nicht länger warten.« Sie schnallt sich ab. »Hast du eine Regenjacke dabei?«

»Ja.«

»Dann wäre jetzt der passende Zeitpunkt, sie anzuziehen.«

Ich hole meine Regenjacke aus dem Rucksack und strecke sie Sun entgegen. »Du kannst die Jacke haben. Ich nehme den Fleecepulli.«

Sie schmunzelt, dann schüttelt sie den Kopf. »Danke, aber ich bin nicht aus Zucker.«

»Wie du meinst.«

»Die restlichen Sachen können wir später holen. Der Weg hoch ist auch ohne Gepäck ziemlich rutschig.«

»Sollen wir nicht doch besser warten? Solange es blitzt, ist es im Auto am sichersten. Faraday –«

»– liebte zweifellos das Risiko«, ergänzt Sun. »Los jetzt. Heute ist kein Tag zum Sterben.«

Der letzte Satz hängt in der Luft wie eine dunkle Prophezeiung. Sun springt aus dem Wagen und knallt die Tür hinter sich zu. Ich erwarte, dass sie lospurtet, aber sie bleibt mit ausgestreckten Armen im Regen stehen, als könne sie Naturgewalten bändigen, bevor sie sich zu mir umdreht.

»Worauf wartest du?«, brüllt sie dumpf durch die Scheibe. Ihr Haar wird vom Wind zerzaust. Ihr Gesicht glänzend nass vom Regen. »Los jetzt!« Sie poltert auf die Motorhaube.

Ein Donnerschlag begleitet meinen Weg ins Freie. Instinktiv ducke ich mich, spüre die Vibration am ganzen Körper und sehe die Schlagzeilen vor mir. »Teenager vom Blitz getroffen«. Darunter das letzte offizielle Foto von mir als Dragqueen auf der Party. Was für ein Abschied.

Der achtzehnjährige Jonas A. kam gerade von einer Party, die der Auftakt zu einer dreimonatigen Reise sein sollte. Nach letzten Erkenntnissen wollten er und seine neunzehnjährige Begleiterin zu einer Hütte in den Bergen. Auf dem Weg dorthin wurden sie von einem Unwetter überrascht.

Das genügt nicht für eine Legende.

Regentropfen peitschen mir in den Nacken. Baumwipfel biegen sich im Sturm. Irgendwo brechen Äste.

Sun schlüpft aus ihren Schuhen, reißt die Fahrertür auf und schmeißt sie in den Wagen. Ich zögere kurz, dann folge ich ihrem Beispiel. Der schlammige Untergrund bietet kaum Halt. Wir bewegen uns von einer Grasnarbe zur nächsten, in einem Gewirr kleiner Bachläufe, die sich bei steigendem Pegel zu einem reißenden Fluss vereinen werden. Ich beschirme meine Augen, rechne jeden Moment damit, von einem umstürzenden Baum oder einem Felsbrocken erschlagen zu werden, und folge Sun, die zielstrebig durch die Strömung watet. Der Wind macht einen ohrenbetäubenden Lärm. Wir balancieren über einen schmalen, glitschigen Pfad aus Holzbohlen, der von kaltem Wasser überspült wird. Sun bleibt stehen, um sich zu vergewissern, dass ich noch da bin. Ich mache das Okay-Zeichen aus der Tauchersprache. Sie geht weiter. Der Weg wird schmaler. Die Holzbohlen enden vor einer steilen Böschung. Erst im Näherkommen erkenne ich die ausgewaschene Naturtreppe. Hohe Stufen aus Wurzeln und Holzbrettern, die mit riesigen Nägeln befestigt sind, schlängeln sich in einem schmalen Pfad zwischen Bäumen und Fels und Wurzelwerk nach oben. Wasser schießt in Sturzbächen herunter, umspült unsere Füße, droht sie wegzureißen. Ich gehe am äußeren rechten Rand, auf einem fußbreiten Streifen, wo das Wasser nicht hinkommt, und hangle mich Meter für Meter am Metallgeländer entlang nach oben, als wäre es die Reling eines Schiffs. Sun kriegt davon nichts mit. Sie macht plötzlich Tempo, als hätte sie mich vergessen. Bewegt sich trittsicher, fast elegant zwischen Wurzeln, Steinen und halb zerfallenen Stufen. Sie erwartet mich auf einem Absatz, der wie ein Aussichtspunkt aussieht, die Hände in die Hüften gestützt und mit einem Gesicht, als könne sie nicht glauben, wie langsam ich bin. Sie fragt, ob alles okay ist. Ich nicke außer Atem, und wir gehen weiter. Der Weg wird flacher, bis er hinter einer Kehre leicht nach unten abfällt. Der schlammige Untergrund saugt an meinen Füßen. Wir folgen einer wuchernden Buchenhecke bis zu einem Gartentor, das von einer Sandsteinmauer gehalten wird. Sun löst einen lockeren Stein aus der Mauer – ein ziemlich schlechtes Geheimversteck –, holt einen Schlüssel heraus und öffnet das Tor. Dahinter ein Garten, dessen Ausmaße sich nur erahnen lassen. Der Wind verfängt sich in Sträuchern, Rosenhecken und hüfthohem Gras. Die letzte Etappe führt über einen schmalen Kiesweg, der sich mit spitzen Steinen in die Fußsohlen bohrt und mit Nacktschnecken gepflastert ist. Der Sturm schleudert uns mit Graupel vermischten Regen entgegen. Mein Gesicht brennt. Halb blind folge ich Sun zum Eingang der Hütte, die von einem Kokon aus Efeu und wildem Wein eingewoben ist. Unter einem Blumentopf liegt der nächste Schlüssel. Anstatt augenblicklich die Haustür aufzusperren, bleibt Sun unentschlossen im gläsernen Windfang stehen und starrt auf den Schlüssel in ihrer Hand.

»Falscher Schlüssel?«, frage ich atemlos.

Ihr Blick zuckt zur Tür, dann wieder zum Schlüssel. »Nein. Ich ...«

»Worauf wartest du dann?«

Sie antwortet nicht. Sie holt tief Luft. Dann schiebt sie den Schlüssel in den Zylinder, während sie mit der anderen Hand den Knauf zu sich heranzieht. Das Schloss klemmt. Sie rüttelt an der Tür. Sie flucht. Dann der zweite Versuch. Die Tür schwingt jammernd nach innen.

ZWÖLF

Hinter uns kracht die Eingangstür ins Schloss. Dann ist es still, als würde der Sturm den Atem anhalten. Warme, abgestandene Luft schlägt uns entgegen. Meine Augen brauchen einen Moment, um sich an die Dunkelheit zu gewöhnen. Der Glaseinsatz der Haustür verbreitet ein kaum wahrnehmbares, gelbes Schimmern. Ich bin froh, dass wir es geschafft haben, dass wir in Sicherheit sind. Mein Puls kommt zur Ruhe. Unter meinen Fußsohlen Steinchen und Schlamm. Meine Zehen ertasten Dielenboden. Sun steht reglos neben mir. Ein leicht gebeugter, keuchender Schatten.

»Was ist?«, frage ich, nachdem der lange Nachhall eines Donnerschlags verklungen ist. »Gibt es hier kein Licht?«

Statt zu antworten, schaltet Sun die Handytaschenlampe an und leuchtet ziellos umher. Der Schein des zitternden Lichtkegels genügt, um zu erkennen, dass die Hütte wenig mit den Hütten gemein hat, die ich unter diesem Wort abgespeichert habe. Im großzügigen Eingangsbereich stehen hüfthohe Vasen, aus denen Trockenblumen ragen. Links von mir eine schmiedeeiserne Garderobe und ein Einbauschrank. Ein breiter Flur erstreckt sich nach hinten. Auf der rechten Seite schält sich ein Geländer aus der Dunkelheit, eine Treppe, die nach unten führt.

»Vielleicht«, setzt Sun an, »vielleicht ... Ich ... Gib mir kurz.« Sie redet nicht weiter. Sie atmet schwer und ungleichmäßig.

»Kriegst du keine Luft?«, frage ich. »Im Auto hab ich ein Asthmaspray.« Ich drücke die Türklinke hinunter. Sofort bläst der Sturm Blätter in den Vorraum.

»Bleib hier«, sagt Sun und schiebt die Tür wieder zu. »Das ist kein Asthma.« Sie hustet. Ich sehe, wie sich ihr schmaler Brustkorb hebt und senkt. Sie gibt mir ihr Feuerzeug und zeigt nach vorne. »Geh ... geh schon mal vor ins Wohnzimmer.« Sie räuspert sich mehrmals hintereinander. »Ich komm gleich nach. Hab mich nur an einer Mücke verschluckt.« Sie ringt sich ein Lächeln ab. »Du musst mich nicht so anschauen. Ich bin kein Notfall.« Der Ausdruck in ihrem Gesicht verrät, dass es ihr nicht gut geht. Sie hat Angst. Vor irgendwas hat sie Angst. Sie wischt sich eine tropfende Haarsträhne aus der Stirn und starrt mich eine Sekunde aus leeren Augen an, als hätte sie den Anschluss an die letzte Szene verloren. Das Handylicht geht aus, und es ist wieder dunkel. Ein lautes Quietschen lässt mich zusammenfahren. Dann ein Geräusch wie ein Flügelschlag. Ein Schatten, der auf mich zufliegt. *Eine Fledermaus*, denke ich, weiche instinktiv zurück und knalle mit dem Ellenbogen gegen die Garderobe. Das metallische Klappern von Kleiderbügeln übertönt mein Aufstöhnen.

»Keine Panik.« Sun richtet den Lichtstrahl auf einen Putzlappen in ihrer Hand, dann auf unsere schlammigen Füße. »Ist vielleicht besser, wenn wir nicht den ganzen Dreck mit reinschleppen.«

Wir putzen uns notdürftig die Füße ab.

»Gibt es hier Strom?«, frage ich.

»Gibt es«, sagt sie. Ihre Stimme wieder fester. »Ich ... ich kümmere mich gleich drum. Die zweite Tür auf der linken Seite. Dort ist das Wohnzimmer. Ich ...« Sie stockt, bewegt sich nicht vom Fleck. Ich habe den Eindruck, dass sie schwankt – vielleicht der Kreislauf –, und halte sie an der Hüfte fest.

»Was soll das?« Sie drückt meine Hände weg.

»Du hast geschwankt.«

»Sicher«, schnappt sie. »Worauf wartest du? Husch, husch. Ich komm gleich nach. Ich muss nur kurz den Generator anschmeißen.«

»Soll ich dir helfen?«

»Nein, danke. Das schaffe ich gerade noch alleine.«

Sie verschwindet in den Keller. Ich mache das Feuerzeug an. An der Garderobe hängen zehn, fünfzehn Jacken. Für jede Jahreszeit eine. Auch mehrere Sakkos. Auf der Ablage darunter ein halbes Dutzend Schuhpaare. Joggingschuhe. Wanderschuhe und ein staubiges, aber recht neu aussehendes Paar Business-Slipper, in dem ein hölzerner Schuhspanner klemmt.

Ich folge dem langen Korridor, der einen Knick nach links macht, begleitet vom Knarzen der Dielen. Im hinteren Teil, der eine Art kurzer Seitenflügel ist, gibt es eine schmale Treppe, die nach oben führt. Zwei Stockwerke plus Keller also. Nicht schlecht für ein Wochenenddomizil. Fünfzehn, zwanzig Meter lang, wenn ich mich nicht verschätze. Die Dimensionen dieser »Hütte« waren von der Frontseite nicht zu erkennen. Ist bestimmt so gewollt. Getarnter Luxus. Die Wände sind mit hellem Holz verkleidet. Wenige, ausgewählte Möbelstücke, Spiegel und Bilder, die nach moderner Kunst aussehen.

Aus dem Keller höre ich ein elektronisches Klicken, dann ein gleichmäßiges dumpfes Rattern, das im nächsten Moment vom brachialen Geräusch eines Donners übertönt wird und danach nicht mehr zu hören ist. Wahrscheinlich hat Sun eine Tür geschlossen. Der Generator läuft. Überall flackern Lichter auf. Ich bin erleichtert. Ich gehe weiter und komme an einem wandhohen Bücherregal vorbei, bei dem ein ganzes Brett nur Astrid-Lindgren-Geschichten vorbehalten ist. Die Buchrücken sehen alt aus. Vielleicht sind es Erstausgaben. Ich komme zur ersten Tür. Sie ist angelehnt. Durch den Spalt blicke ich in ein schmales Zimmer, in dem ein alter Holzschreibtisch vor einem Fenster steht. Eine antiquiert aussehende Schreibtischlampe mit einem Lampenschirm aus grünem Glas ist angeschaltet und verbreitet ein schwaches Licht. Der hölzerne Drehstuhl davor ist zu einem Aktenschrank gedreht. Auf der weißen Front klebt ein einziges Post-it. *Weidmann benachrichtigen!*

Das muss das Arbeitszimmer von Suns Vater sein. Es sieht aus, als wäre er bis vor wenigen Minuten noch hier gewesen. Ich schalte das Schreibtischlicht aus und betrete den nächsten Raum, das Wohnzimmer. Es ist in warmweißes, indirektes Licht getaucht und noch größer als erwartet. Mein Blick fällt zuerst auf das Klavier, dann auf die edle Stereoanlage mit dem gläsernen Plattenspieler, die auf einem Sideboard steht. Mit Sicherheit das Werk eines berühmten Designers. Auf dem geschwungenen Plexiglasregal darüber drängt sich eine umfangreiche Plattensammlung. Die gegenüberliegende Seite des Wohnzimmers wird von einem großzügigen Ecksofa eingenommen, auf dem mit Tier- und Jagdmotiven bedruckte Kissen liegen. Am Kopfende ein Stapel beigefarbener Wolldecken. An der Wand finde ich einen Schalter, mit dem sich die Jalousien nach oben fahren lassen. Hinter der Panorama-Fensterfront schiebt sich die beleuchtete Terrasse wie eine Landebahn für Raumschiffe in den Sturmhimmel. Was für ein Ausblick. Als könnte man direkt in die Wolken hineinspazieren. Ich will mich nicht wohlfühlen in all dem Luxus, aber ich tue es. Das hier ist ein Fünf-Sterne-Resort. Nur der muffige Geruch verhindert, dass ich sofort einziehen will. Ich bin der MASCHINE dankbar, dass sie mich hierhergeführt hat. Vielleicht wurde die Begegnung mit Sun deshalb der Kategorie Rot zugeordnet, weil sie im Gegensatz zu mir im Überfluss aufgewachsen ist. Aber wenn das der einzige Grund ist, hätte das Programm bei ihren Freundinnen zumindest mit Orange antworten müssen.

Die Hitze der letzten Tage hat sich im Haus gestaut. Ich greife nach einer Decke, weil mir trotzdem kalt ist, und schlinge sie fest um meinen Oberkörper. Holz liegt sauber aufgeschichtet im offenen Kamin. Bewacht von einem wuchtigen – *Elchkopf*? Auf dem breiten Kaminsims stehen eine Handvoll Bilderrahmen in unterschiedlichen Größen und Formen. Die Geschichte einer glücklichen Familie in Schnappschüssen und künstlerisch angehauchten Fotos, verknüpft durch eine unsichtbare Timeline. Sun und ihre Eltern vor der Hütte. Sun als vielleicht zehnjähriges Kind beim Herumtollen mit einem Riesenschnauzer. Sun beim Schwimmen im Fluss. Im Gegensatz zu ihren Insta-Bildern immer lachend, ausgelassen. Offensichtlich ist sie ein Einzelkind. Mehrere Fotos zeigen sie zusammen mit ihrem sportlich und jung aussehenden Vater beim Wandern und Radfahren. Die beiden scheinen sich gut zu verstehen. Die Momentaufnahmen perfekter Tage, Bild an Bild. Mein persönlicher Favorit ist eine Aufnahme von Sun auf einem Aussichtspunkt vor dem Grand Canyon. Sollte ich eines Tages doch in ein Flugzeug steigen, dann um den Westen der USA zu erkunden und den Colorado River mit einem Kajak runterzufahren, falls das geht, ohne sein Leben zu riskieren.

»Der Generator läuft«, verkündet Sun nach ihrer Rückkehr. Sie ist nass bis auf die Knochen. Ihre Füße hinterlassen Abdrücke auf den glänzenden Eichendielen. Sie zieht die Terrassentür auf und stellt sich in den Luftstrom. Ein angenehm kühler Wind fegt durch das Wohnzimmer. Blätter und Nadeln wehen herein. Auch ein Falter, der unter den Lampenschirm neben dem Sofa schlüpft und wie verrückt herumflattert. Innerhalb weniger Minuten stürzt die Zimmertemperatur um mindestens zehn Grad. Sun schließt die Augen und atmet mehrmals hintereinander tief ein und aus. Es scheint ihr besser zu gehen. Mein Magen knurrt wie verrückt.

»Du musst mich nicht so anschauen«, sagt Sun und zieht die Terrassentür hinter sich zu. »Mir geht es gut.« Ihre Augen sehen glasig aus. Ihr Blick tastet sich unruhig durch den Raum, als würde sie nach Veränderungen suchen.

»Ist schön hier«, sage ich. »Sehr schön.«

»Ja«, sagt sie gedankenverloren. »Okay für dich, wenn ich zuerst dusche?« Sie streckt mir ihre schmutzigen Hände entgegen. Sie riechen nach Diesel. »Mein neues Parfum ist ziemlich penetrant.« Sie lächelt kurz auf, dann verfinstert sich ihr Blick, als wäre es der falsche Zeitpunkt für einen Scherz.

»Klar«, sage ich. »Gibt es hier oben eigentlich Internet?«

»Keine Chance. Selbst telefonieren geht nur draußen am Gartenzaun und mit viel Glück.« Sie macht eine Handbewegung zum Fenster. In der Ferne Blitze im Sekundentakt. »Drüben auf dem Altkönig – dem Berg hinter dem Berg, den man gerade nicht sehen kann – geht es besser. Ist aber ein längerer Fußmarsch. Und bei dem Sauwetter nur zu empfehlen, wenn man lebensmüde ist oder verliebt.« Wieder ein Lächeln, das schlagartig verschwindet. Dann greift sie nach einer angebrochenen Schachtel Zigarillos, die auf dem Couchtisch liegt, klappt den Verschluss zu und legt sie auf einen Stapel Zeitschriften unter den Tisch. »Wirst du schon von deiner Lehrerin vermisst?«

»Nein, wollte nur was checken.«

»Das muss dann wohl bis morgen warten.«

Sie öffnet einen der Einbauschränke und zieht eine Ladung einfarbiger Handtücher heraus. Der Duft von Lavendel-Waschmittel weht zu mir herüber. »Fühl dich wie zu Hause.« Sie reicht mir eines. Es ist dick und extrem weich. »In der Küche müsste es noch Tee und Kaffee geben. Ich dusch dann mal. Nachher kann ich uns was kochen.«

Ich rubble mein Haar trocken und lege mich auf das Sofa, damit ich den jetzt wieder heller wirkenden Himmel beobachten kann. Ich bin immer noch müde, aber wenigstens lichtet sich die Traurigkeit in meinem Kopf. Das Geräusch der Dusche verbindet sich mit Regenprasseln und abnehmendem Sturmwind. Der Blick durch das große Fenster auf vorbeiziehende Wolkenfetzen wirkt beruhigend. Wie ein Gegengift zur letzten Nacht.

Sun trägt einen weißen Bademantel, als sie zurückkommt, und graue Filzpantoffeln, die mit roten Herzen bestickt sind. Sie riecht nach Vanille. Nicht übertrieben künstlich, sondern angenehm. Sie besteht darauf, alleine zu kochen. Ich wehre mich nicht gegen ihr Angebot, weil ich mich schwach fühle, wie bei einer Grippe. Zu schwach, um zu duschen.

»Du kannst dich um das Feuer kümmern«, sagt sie. »Streichhölzer liegen unter dem Couchtisch. Geht besser als mit dem Feuerzeug.«

»Benutzt man dafür keine Grillanzünder?«

»Papier ist angenehmer, zumindest in geschlossenen Räumen.« Sie nimmt alte Zeitungen von einem Stapel und drückt sie mir in die Hand. »Späne zum Anzünden sind in dem kleineren Korb. Brauchst du Hilfe?«

»Nein, danke, das kriege ich alleine hin.«

Nach mehreren Fehlversuchen und einer halben Rauchvergiftung züngeln die Flammen brav an den Innenseiten der Holzscheite nach oben. Vielleicht etwas zu doll, aber nicht schlecht für mein erstes Kaminfeuer. Ich habe einen weiteren Glücksmoment, als ich den Schiebemechanismus finde, mit dem sich die Luftzufuhr regulieren lässt.

Eine halbe Stunde später sitzen wir auf dem Sofa und essen Spaghetti mit versalzener Tomatensoße. Ich bin doch noch kurz unter die Dusche gesprungen. Jetzt trage ich alte Sachen von Suns Vater.

Einen glänzenden Adidas-Trainingsanzug und ein T-Shirt mit dem mittelalterlich anmutenden Schwert-Logo einer Versicherung auf der Brust, das im Gegensatz zu den Handtüchern etwas muffig riecht. Ich kann Sun mittlerweile gut genug einschätzen, um mir einen Kommentar zu ihren Kochkünsten zu verkneifen. Stattdessen tue ich so, als würde mir die Pasta schmecken, und spüle nach jedem zweiten Bissen mit Wasser nach.

»Du brauchst die Mineralien«, sagt Sun. »Ist wichtig.«

»Was?«

»Das Salz.« Sun zieht ein Bein aus dem Schneidersitz und stellt ihren Teller auf den Boden. Sie hat ganz aufgegessen. »Bei den Temperaturen der letzten Tage schwemmt der Schweiß alles aus dem Körper. Das ist nicht gut für den Hirnstoffwechsel. Den muss man von außen regulieren, sonst kann es gefährlich werden. Dehydration, verstehst du? Das trocknet die Organe aus. Alle.«

»Sicher.« Nickend weiche ich ihrem Blick aus, bevor ich todesmutig eine weitere Portion Spaghetti um die Gabel wickle und warte, bis die Soße abgetropft ist. Sun hält meine Hand fest. »Das war ein Witz. Ich hab's versalzen. Sorry, du musst es nicht aufessen. Ich fühle mich nicht in meiner Ehre als Köchin gekränkt. In der Küche gibt es Knäckebrot, wenn du noch Hunger hast. Im Vorratsschrank neben dem Kühlschrank stehen jede Menge Konserven.«

Erleichtert lasse ich die Gabel sinken. »So ... so schlimm ist es gar nicht.«

»Klar. Deshalb hast du in den letzten zehn Minuten einen Liter Wasser getrunken, weil die Soße so lecker ist?« Sie stöhnt. »Deine Rücksichtnahme in allen Ehren, aber ich kann mit der Wahrheit umgehen.« Sie nimmt mir den Teller aus der Hand und stellt ihn auf ihren. »Nächstes Mal bist du dran mit Kochen.«

Ich lächle. »Okay.«

Nachdem ich den Salzgeschmack in meinem Mund mit einem weiteren Glas Wasser neutralisiert habe, deute ich hinüber zur Stereoanlage. Die weiß lackierten Lautsprecher sehen futuristisch aus und sehr teuer. Bestimmt klingen sie unglaublich.

»Sollen wir Musik hören?«, frage ich. »Sieht nach einer großen Sammlung aus, die deine Eltern da haben. Sind bestimmt gute Sachen dabei.« Ich entdecke das psychedelisch anmutende Cover einer Jimi-Hendrix-Platte und will aufstehen. Sun hält mich am Arm fest. »Bitte keine Musik. Naturgeräusche sind mir gerade lieber. War gestern doch ein bisschen laut. Mir klingeln jetzt noch die Ohren.«

»Wie du willst.«

Am Horizont reißt die Wolkendecke auf. Ein schmales Band zeigt einen rot leuchtenden Abendhimmel.

»Da ist er, der Silberstreif am Horizont«, murmelt Sun mit ausdrucksloser Miene. »Obwohl er gar nicht silbern aussieht, sondern eher pink.« Sie blickt mich an. »Hast du schon mal einen silbernen Himmel gesehen? Gibt es so was überhaupt? Oder ist das poetischer Blödsinn?«

»Weiß nicht.«

»Also ich sehe da wenig Hoffnung für besseres Wetter. Und die Metapher bedeutet doch, dass es Hoffnung auf Verbesserung gibt? So kann man sich täuschen.«

Ich bin zu schlapp, um darauf einzugehen. Der Drogenrausch hat mein Gehirn langsam gemacht. Oder es ist die Traurigkeit. Auch die macht das Denken zäh.

Die nächsten Minuten verbringen wir schweigend. Keiner weiß, was der andere in der Stille denkt, ob er hier ist, in dieser Wirklichkeit, oder an einem anderen Ort, Hunderte oder Tausende Kilometer entfernt. Vielleicht am anderen Ende der Welt, auf dem Mars oder dem Mond. Ich frage mich, wie gut man einen Menschen kennen muss, um neben ihm zu liegen und sich beim Anblick der dunklen regennassen Wälder nicht alleine zu fühlen. Bei Sun sind es kaum mehr als vierundzwanzig Stunden. Auch wenn wir kaum etwas vom anderen wissen und Sun schroff und überheblich sein kann, fühle ich mich auf irgendeine Weise mit ihr verbunden. Vielleicht kennt die MASCHINE den Grund. Vielleicht weiß das Programm, wo bei all den Gegensätzen die Übereinstimmung liegt. Aber das werde ich erst wissen, wenn ich wieder Netz habe. Und irgendwie würde das auch meine Theorie ins Wanken bringen. Schließlich bin ich davon ausgegangen, dass die Farbe Rot vor allem dann ins Spiel kommt, wenn zwei Menschen überdurchschnittlich viele Gegensätze haben. Aber vielleicht habe ich mir das falsch hergeleitet, vielleicht irre ich mich, und die App handelt nach dem Zufallsprinzip. Mein geistiger Zustand, der stotternde Takt meiner Gedanken, verhindert eine genauere Analyse.

Ich bringe das Geschirr in die Küche. Als ich zurückkomme, ist die Beleuchtung im Wohnzimmer so weit heruntergedimmt, dass man den Eindruck hat, auf ein vergilbtes Schwarz-Weiß-Foto zu blicken. Ich bleibe in der Tür stehen, will das Bild nicht zerstören. Sun liegt bäuchlings, die Beine angewinkelt, das Kinn in die Hände gestützt, auf dem Sofa und starrt noch immer nach draußen. An Armen und Beinen ist ihre Haut nicht so blass wie im Gesicht. Ein leichter Bronzeschimmer, ein schwaches Glimmen. Sie trägt Socken mit weihnachtlich anmutendem Schneeflocken-Aufdruck. Ihr Kopf verschwindet unter der Kapuze des Bademantels. Nur die Nasenspitze ist zu sehen.

Ich folge ihrem Blick. In einigen Kilometern Entfernung Regenfäden, die sich wie gigantische Netze zwischen Himmel und Erde spannen. Und Vögel. Schwarze Flecken, die auf dem böigen Sturmwind dahingleiten, als wäre er ihr unsichtbarer Freund.

»Es gibt also Regeln, aber keinen Plan, wo du hinwillst?«, fragt Sun plötzlich, ohne den Kopf zu drehen. Das Knarren der Dielen muss mich verraten haben. »Das war also nicht bloß Geschwätz, um uns zu beeindrucken. Und weil diese Regeln Rückschlüsse auf deine Persönlichkeit zulassen und es vielleicht doch ein übergeordnetes Ziel gibt, willst du keinem davon erzählen? Korrigier mich, wenn ich mit meiner Vermutung falschliege.« Sie streift die Kapuze nach hinten und schwenkt den Blick betont langsam zu mir. Wie anders ihr Gesicht aussehen kann, wenn sie entspannt ist. Die graublauen Augen wirken dann noch größer.

Ich antworte mit einem Schulterzucken, gehe ans Fenster und denke an Punkt 9 meines Manifests: Rede mit keinem über die MASCHINE. Mit keinem! Wenn ich schon am zweiten Tag damit anfange, meine Regeln zu brechen, kann ich es auch gleich bleiben lassen. Meine Mutter lässt sich nie von ihren Plänen abbringen. Egal, was passiert. Egal, ob die Welt um sie herum ins Chaos stürzt. Wenn sie ein Ziel vor Augen hat, ist sie wie in einem Tunnel.

»So ähnlich«, sage ich unentschlossen. Vielleicht ist es auch ein Fehler, zu dogmatisch an die Sache heranzugehen. Schließlich hat mir Sun bisher Glück gebracht. Ich bin an einem Ort, der unvorhersehbarer nicht sein könnte. Das wirbelt die Prognose der MASCHINE bestimmt durcheinander.

Sun hat sich aufgesetzt. In den Schneidersitz. Sie schaut weiter aus dem Fenster. Sieht aus wie bei einem als Schnappschuss inszenierten Hochglanzfoto, wenn es um Yoga, Wellness oder Achtsamkeit geht und der Betrachter zum Tiefluftholen gezwungen wird. Vielleicht eine Spur zu sexy für ein Luxus-Familienresort mit Bergpanorama. Der Bademantel ist verrutscht und legt das spitze Profil ihrer Brüste frei. Entweder Sun bemerkt es nicht, oder es ist ihr egal. Sie schenkt dem Umstand, schön zu sein, *symmetrisch*, Augen, Nase, Mund, alles da-Vinci-mäßig perfekt arrangiert, keine Beachtung. Zumindest glaube ich das. Sie kaut auf ihrer Unterlippe herum und beginnt damit, ihr feuchtes Haar zu kneten. Tropfen lösen sich von den Haarspitzen und zerspringen auf ihren flachen Waden.

»Weißt du«, seufzt sie, »ist wirklich anstrengend, dich besser kennenzulernen. Ist es generell so, oder muss ich es persönlich nehmen, dass du mir nicht vertraust?«

Ich erkenne an Suns leicht zusammengekniffenen Augen, dass die Stimmung kurz davor steht zu kippen. Ich muss ihr etwas Futter geben.

»Regel Nummer sieben«, sage ich ruhig und überbetont. Verschwiegenheit hin oder her. Bei Sun halte ich es für ratsam, eine Ausnahme zu machen. Schließlich werden wir noch bis Köln zusammen sein. Wenn sie schlecht drauf ist, könnte das ziemlich anstrengend werden. »Nicht zurücksehen.«

»Danke.« Suns Miene erhellt sich. Sie nickt. »Eigentlich ein guter Vorsatz, aber nur schwer umzusetzen, wenn du mich fragst. Schließlich hat die Vergangenheit auch immer Auswirkungen auf die Zukunft. Im Positiven wie im Negativen. Ursache und Wirkung. Deshalb sitzen wir jetzt hier. Deshalb spielst du in Gedanken durch, wie das hier weitergeht mit uns beiden. Auf dem Berg der Erkenntnis.« Sie streicht sich eine dicke Haarsträhne aus dem Gesicht und sucht meinen Blick.

»Das mache ich gar nicht.«

»Jetzt tu nicht so unschuldig. Du hast natürlich nur die Ästhetik des Raums bewundert. Deshalb bist du so lange in der Tür stehen geblieben und hast mich angestarrt.« Sie deutet zur Fensterfront. »Optik, verstehst du. Einfallswinkel gleich Ausfallswinkel.« Sie strafft den Rücken. »Gibt es noch eine Zugabe? Eine weitere Regel? Oder ist der kurze Moment des Vertrauens schon wieder vorbei? Das fände ich wirklich schade. Jetzt, wo du langsam auftaust.«

»Kommst du oft alleine her?«

Sie seufzt schwer. »Okay. Verstanden. Themenwechsel. Schade. Aber gut ... Seit ich in München studiere, nicht mehr, nein. Ich tauge nur bedingt zum Eremiten. Nach ein, zwei Tagen finde ich die Stille und den Blick in den dunklen Wald unerträglich. Natur ist schön, wenn man sich gut fühlt. Sie kann aber auch brutal sein, wenn man zu viele Fragen hat.«

»Was sind das für Fragen?«

»Fragen halt. Liebe, Zukunft, Erwartungen und so. Wo das alles hinführt. Der typische Sinn-des-Lebens-Quatsch.«

»Sind Kim und Maja schon mal hier gewesen?«

»Machst du Witze? Maja ohne Internet? Das würde keine zwei Stunden gut gehen. Und sie würde die ganze Zeit nur rumknipsen. Wahrscheinlich müsste man sie anbinden, damit sie bei der Motivsuche nicht irgendwann hopsgeht.«

»Und deine Eltern? Sind deine Eltern oft hier?«

»Wieso willst du das wissen?«

»Wieso nicht?«

»Weil das jetzt wie ein Verhör klingt.«

»Ich dachte, wir wollten uns besser kennenlernen.«

»Okay.« Sie zieht den Bademantel zu. Vielleicht hat sie meinen Spannerblick bemerkt. »Meine Eltern kommen vor allem im Herbst länger in die Hütte. Wenn sich die Blätter bunt färben. Indian Summer. Kitsch, verstehst du? Mir sind Schnee und Kälte lieber.«

Der letzte Satz hätte auch von mir stammen können. »Ich mag die Hitze auch nicht«, sage ich verzögert. Ich habe das Gefühl, dass mich der Elch beobachtet. Der Elch über dem Kamin. Der Deko-Elch.

Gänsehaut legt sich über meine Unterarme. Ein leichtes Ziehen in der Herzgegend, als würde mein Brustkorb sich zusammenziehen. Wahrscheinlich sind es die Nachwirkungen meines Trips, die das Wildtier zum Leben erwecken. Ich bilde mir ein, dass mich die dunklen Glasaugen mit ihrem Blick verfolgen. Gleich wird der Kopf reden und sich über sein eintöniges Leben als Wandschmuck reicher Leute beklagen.

»Willst du auf deiner Reise auch zu deiner Schwester?«, fragt Sun. »Lassen das deine Regeln zu?«

»Meine Schwester?«, frage ich überrascht. Ich kann mich nicht erinnern, von Martha erzählt zu haben.

»Du hast im Delirium von ihr gesprochen.«

»Hab ich?«

»Sie heißt doch Martha, oder?«

»Ja.« Ich nicke zögerlich. »Aber woher weißt du, dass sie meine Schwester ist?«

»Weil du Kim für deine Schwester gehalten hast, deshalb. Du hast zu ihr gesagt, dass ihr den Geburtstag eurer Mutter nicht vergessen dürft. Daraus habe ich geschlossen, dass Martha nicht *noch* eine Lehrerin ist, der du das Herz gebrochen hast, sondern deine Schwester. Klingt das plausibel genug für Sherlock Holmes?«

Ich nicke. »Martha ist meine Schwester.« Mein Kopf fühlt sich an, als würde er auf einer Sprungfeder tanzen.

»Und? Was ist mit ihr? Willst du sie besuchen, oder lassen das deine Regeln nicht zu?«

»Martha ist schwanger. Im achten Monat. Sie lebt in Berlin. Aber eigentlich will ich alles dem Zufall überlassen. Und nicht länger als drei Tage am selben Ort bleiben.«

»Welche Regel ist das?«

»Nummer zwei.«

»Das Wenigste im Leben ist zufällig. Das bilden wir uns nur ein. Man muss sich ziemlich anstrengen, um herauszufinden, was der ureigene Plan ist. Und ob man ihn dann umsetzt, wenn man ihn entschlüsselt hat, steht auf einem anderen Blatt. Den meisten Leuten ist das zu anstrengend. Die wollen es lieber gemütlich. Haben deine Regeln irgendeinen übergeordneten Sinn? Bist du religiös? Gehörst du vielleicht doch einer Sekte an?«

»Nein.«

»Aber was ist dann der Sinn deiner *weltlichen* Pilgerreise? Wozu braucht es Regeln, wenn ein Verstoß keine Konsequenzen hat? Was soll das bringen?«

»Ich will nicht berechenbar sein«, sage ich. »Dabei sollen die Regeln helfen.«

»Aha. Und für wen willst du nicht berechenbar sein? Für dich, für die Welt, für Freunde und Familie?«

Ich zögere. »Vor allem für mich. Ja, für mich.«

»Schade.«

»Warum ist das schade?«

»Weil es dabei einzig und allein um dich selbst geht. Und berechenbar zu sein, was heißt das schon? Jeder ist irgendwie berechenbar. Wenn du stattdessen gesagt hättest, dass du nicht langweilig sein willst und dich danach sehnst, etwas Besonderes aus deinem Leben zu machen, könnte ich das eher nachvollziehen. Auch wenn es am Ende eine ziemlich egoistische Angelegenheit ist und ich Egoisten eigentlich scheiße finde.«

»Wieso?«

»Weil sie nichts oder nur wenig verändern und sich selbst zu wichtig nehmen. Deshalb.«

»Aber ...« Ich rede nicht weiter. Jetzt bin ich mir sicher, dass sich die Elchaugen bewegt haben.

»Alles okay?«, fragt Sun. »Siehst du irgendwas, was ich nicht sehe?«

»Ja ... ähm ... nein«, stammle ich, blinzle mehrmals hintereinander und muss schlucken. Ein stechender Schmerz durchzuckt meine Schläfen. Reflexartig schließe ich die Augen.

»Wenn dir schlecht ist, gib Bescheid, dann steck ich dir wieder den Finger in den Mund.«

»Du hast mir ...« Ich öffne die Augen wieder und schiele an Sun vorbei. Der Elch stiert mich immer noch an.

»Wäre es dir lieber gewesen, wenn das Zeug drinnen geblieben wäre?«

»Nein, nein, schon okay«, sage ich abwesend.

Sun folgt meinem Blick. »Darf ich vorstellen, das ist Rainer. Rainer mit ›a‹. Rainer, das ist Jonas, der Unberechenbare.«

»Witzig.«

»Gibt keinen Grund, sich vor Rainer zu fürchten. Er ist gezwungenermaßen friedlich.«

»Wieso ein Elch?«, frage ich. »Hier gibt es doch keine Elche, oder?«

»Richtig erkannt, hier gibt es keine Elche. Rainer kommt aus Schweden wie meine Mutter und somit auch ein Teil von mir.«

Sun erzählt, dass ihre Eltern sich während des Studiums in Stockholm kennengelernt haben. Der Elchkopf ist ein Erbstück ihres schwedischen Uropas, der das Tier geschossen hat.

»Ist Sun ein schwedischer Name?«

»Gut kombiniert. Ist die Kurzversion von Sunniva.« Sie breitet die Arme aus, dreht die Handflächen nach oben, formt mit Daumen und Zeigefinger ein O, die heilige Silbe, streckt die anderen Finger und lächelt übertrieben. »Wo ich bin, scheint die Sonne.« Das Lächeln löst sich auf. Sie greift zum Wasserglas, nimmt einen schnellen Schluck und steht abrupt auf. »Bin gleich wieder da.«

Sie verschwindet im Bad, wo sie ewig das Wasser laufen lässt, dann den Föhn benutzt und mehrmals die Klospülung. Nach einer halben Stunde kehrt sie mit hochgeknoteten Haaren zurück. Ihr Gesicht ist rot, ihre Augen glänzen, als hätte sie ein zweites Mal geduscht. Diesmal viel zu heiß, oder sie hat Fieber.

Ohne zu fragen, zieht sie eine Alka-Seltzer-Tablette aus einer Aluverpackung und lässt sie in mein halb volles Glas fallen. Das Wasser schäumt und sprudelt und wirft Bläschen, die zäh wie Hundespeichel aussehen. Ich frage nach dem Beipackzettel, hole die Verpackung aus dem Bad und suche nach dem Haltbarkeitsdatum, was Sun zum Lachen bringt. Zum ersten Mal, seit ich sie kenne, höre ich sie lachen. Aus voller Kehle. Sie hat ein ansteckendes Lachen.

»Glaub mir«, sagt sie glucksend. »Ich will dich nicht vergiften. Das hilft bei jeder Form von Kater.« Sie hält mir das Glas hin. Ich brauche mehrere Anläufe, um es zu leeren. Der Geschmack ist widerlich.

»Ist das mit deiner Lehrerin eigentlich was Ernstes?«, fragt Sun, nachdem wir uns wieder beruhigt haben.

»Das ist kompliziert.«

»Kompliziert? Was heißt das: *kompliziert*?« Ihre Stimme wechselt in eine höhere Tonlage. Jetzt ist wieder Vorsicht angebracht. »Dass es für dich nur ein Experiment war, wie der Drogentrip heute Nacht? Um zu sehen, was passiert? Um sich die Hörner abzustoßen? Sieht das deine Lehrerin genauso? Oder ist das nur deine Sicht der Dinge? Weil du noch nicht erwachsen bist und es einfach cool findest, einer gestandenen Frau den Kopf zu verdrehen?«

»Ich bin erwachsen.«

»Du weißt, was ich meine.«

»Warum regst du dich darüber auf? Ist doch meine Sache, oder nicht?«

»Ich würde nur gerne kapieren, warum Menschen Dinge tun, bei denen sie andere verletzen.«

»Verletzen?« Ich schüttle den Kopf. »Du kennst doch gar nicht die ganze Geschichte.«

»Dann erzähl sie mir aus *deiner* Perspektive.«

Ich hole tief Luft. »Anne ... sie ... sie weiß nicht, was sie will. Sie ändert ständig ihre Meinung.«

»Und du? Du weißt also, was du willst? Von *ihr* willst? Bist du denn in sie verliebt? Oder nur stolz darauf, dass es jemanden gibt – eine reife Frau –, die dich anhimmelt?«

»Bist du dir bei allem sicher, was du anfängst? Weißt du immer schon vorher, wo es hinführt, wenn du etwas tust?« Meine Stimme wird lauter. »Ist das bei dir so? Glückwunsch!«

Sie weicht mit dem Oberkörper zurück. »Zumindest versuche ich, an die Konsequenzen zu denken. Vor allem, wenn es um Gefühle geht. Wenn du nichts von ihr willst, wäre es gut, ihr das zu sagen, bevor sie sich Hoffnungen macht. Ist bestimmt nicht leicht, sich einzugestehen, in einen Schüler ...«

»Ex-Schüler!«

»... Ex-Schüler verknallt zu sein. Das ist verdammt mutig. Auch wenn du jetzt vielleicht mit der Schule fertig bist und ihr so gesehen nichts mehr passieren kann, werden die Leute tuscheln. Das tun sie immer, wenn etwas passiert, was nicht in ihre kleine Welt passt. Das lenkt sie von ihren eigenen Problemen ab.«

Sun hat es tatsächlich geschafft, mir ein schlechtes Gewissen zu machen. Ich muss so bald wie möglich mit Anne reden. Ich muss ihre Stimme hören. Ich muss sie sehen. Vielleicht per Videoanruf. MASCHINE hin oder her. Ich muss wissen, was das mit uns ist.

»Gestern Abend an der Bar hast du gesagt, dass du mich durchschaut hast«, sage ich. »Wie hast du das gemeint? Auch wenn du betrunken warst, hat es sich für mich ziemlich ehrlich angehört.«

»Wie ich das gemeint habe?« Sun blickt mir direkt in die Augen. »Na ja, ich hatte den Eindruck, dass du dich uns, vor allem Maja und Kim, überlegen fühlst, dass du sie verarschst. Dein ganzer Aufzug, die Art, wie du über deinen Trip gesprochen hast, dieses übertriebene Alles-easy-Getue. Das war ein bisschen *too much* für meinen Geschmack. Und dann deine aufgesetzte Bewunderung für unsere bekackte Uni. Die hab ich dir am wenigsten abgenommen.«

»Und was hat sich über Nacht geändert? Warum hast du mich nicht einfach nach der Party stehen lassen, wenn du mich so scheiße findest?«

»Weil *du* mitkommen wolltest, falls du das vergessen hast.«

»Nachdem du mich mehrmals gefragt hast.«

»Ich denke, ich wollte wissen, wer du wirklich bist. Und ich fand dich interessant und auch irgendwie bemitleidenswert, wie du da mit Rucksack und Gitarre auf dem Rastplatz gestanden hast. Wirkte wie aus der Zeit gefallen. Fehlte nur noch ein Pappschild, wo BERLIN draufsteht. Alle, die was mit Kunst machen, landen früher oder später in Berlin.«

»Ich nicht«, sage ich. »Ich will nicht nach Berlin. Nur wenn mich der Zufall dorthin führt.« Ich grinse. »Ein Pappschild habe ich übrigens auch.«

»Und was steht da drauf?«

»Norden.«

»Ans Meer?«

»Vielleicht.« Ich stehe auf, schließe die gekippte Balkontür und setze mich wieder hin. Ich will mir keine Erkältung einfangen. »Wie ist eigentlich der Zwischenstand?«

»Wovon sprichst du?«

»Na, habe ich deine Erwartungen bisher erfüllt? Bin ich so wie vermutet, wenn ich *authentisch* bin? Wie viele Sterne würdest du mir geben?«

»Für ein abschließendes Urteil ist es noch zu früh.« Suns Lippen bilden einen waagerechten Strich. »Wenn du es mit mir so schlimm findest, können wir auch heute Nacht noch weiterfahren. Der Sturm hat nachgelassen. Ich muss nur kurz die Unterlagen zusammensuchen.« Sie will aufstehen. Ich halte sie am Arm fest. »So hab ich das nicht gemeint. Mir gefällt es hier, in ... in eurer *Hütte*. Und ich finde es auch cool, dass wir uns getroffen haben. Das meine ich ernst.«

»Dann ist ja gut.«

Die Kopfschmerzen haben nachgelassen. Jetzt spüre ich die Müdigkeit in meinen Körper kriechen und muss gähnen. »Wo schlafen wir eigentlich?«

»Hier unten«, sagt Sun. »Wir müssten sonst erst noch Betten beziehen. Ist das okay? Du darfst auch die Seite wählen.«

DREIZEHN

Der Übergang vom Tag in die Nacht geschieht unbeobachtet, während wir über das Trampen reden. Ich gebe zu, dass das gestern an der Raststätte meine Premiere war. Zwar hatte ich als Siebenjähriger auch schon mal einen Versuch gestartet, per Anhalter zu verreisen, aber der zählt nicht. Martha hatte mich auf die Idee gebracht. Sie hatte behauptet, dass man nur den Daumen raushalten müsse, um ohne Geld an jeden Ort der Welt zu kommen. Und ich wollte weg, ans Meer. Auf meinem Leuchtglobus war Hellblau die dominierende Farbe. Überall Wasser, überall Schifffahrtslinien. Man musste nur lange genug in eine Richtung ziehen, dann erreichte man irgendwann einen Hafen.

So weit der Teil meiner Kindheitserzählung, den ich ungefiltert an Sun weitergebe. Dass der Auslöser für meinen nächtlichen Ausflug damals mein Vater war, der sich drei Monate zuvor ohne Abschiedsbrief, ohne eine letzte Umarmung, aus damaliger Sicht ohne eine Andeutung aus dem Staub gemacht hatte, behalte ich für mich. Das ist zu persönlich für jemanden, den man gerade erst kennengelernt hat.

Wenn sich mein Vater mal nicht darüber aufregte, dass meine Mutter das Wohnzimmer in eine Probebühne verwandelte und in Küchentöpfen Pappmaschee eintrocknen ließ, las er uns vor dem Einschlafen aus *Moby Dick* vor, mit verstellten Stimmen, bis wir Albträume bekamen. Er liebte Abenteuergeschichten, Marvel-Comics und Piratenfilme, die auf stürmischer See, zwischen Riesenwellen und *zu* schönen Frauen, wie er sie nannte, spielten. Damit konnte unser Leben im Wohnblock, in der Budapester Straße, nicht mithalten. Mit Mitte zwanzig zwei Kinder zu haben, muss sich für ihn, der gerne die Nächte durchfeierte, als krasse Fehlentscheidung entpuppt haben. Freiheit, hat er immer gesagt, gibt es nur dort, wo die Luft nach Salz riecht.

Ich vermisste meinen Vater. Jedes Kind vermisst seinen Vater. Auch wenn er und meine Mutter sich oft gestritten haben, wenn Türen knallten und Geschirr an den Wänden zerschellte. In guten Phasen machten sie zusammen Musik. Meine Mutter kann ein bisschen Klavier spielen, mein Vater sang wie Tom Waits. Aber das passierte nur selten.

Die Stille nach seinem Weggang war kaum auszuhalten. Als meiner Mutter klar wurde, dass er nicht mehr zu uns zurückkommen würde, machte sie sich daran, alle Spuren zu beseitigen. Nur eines seiner Notizbücher konnte ich unauffällig zur Seite schaffen. Sie ließ sogar das Klavier, ein Erbstück ihrer Großmutter, abholen. Wahrscheinlich dachte sie, Martha und mir damit einen Gefallen zu tun. Immer nach vorne schauen und nicht zurück, das ist ihre Strategie. Bis heute. Nach jeder Niederlage.

»Leider hat mich die Polizei an der Tankstelle aufgegabelt und wieder nach Hause gebracht«, beende ich meine unvollständige Erzählung. »Das hat ziemlichen Ärger gegeben. Stand sogar in der Zeitung.«

»Mmh.« Sun atmet geräuschvoll aus. »Ich weiß nicht, ob ich dir die Geschichte glauben soll.«

»Wieso nicht?«

»Na ja. *Ein kleiner Junge, der davon träumt, das Meer zu sehen.* Für mich hört sich das ziemlich kitschig an, um nicht zu sagen: erfunden. Ein bisschen wie aus einem dieser rührseligen Hollywoodfilme, wo sich am Ende alle in den Armen liegen und vor Freude weinen.« Sie macht eine Pause und lehnt sich an das dicke Sofakissen. Der Deckenstrahler teilt ihr Gesicht in zwei Hälften. Die Hälfte, auf die das Licht fällt, bringt eine schmale Insel aus dunklen Sommersprossen zum Vorschein, die sich vom Wangenknochen bis hinunter zu ihrem rechten Mundwinkel ausdehnt. Der Mundwinkel beginnt sich vorsichtig zu heben. Nach kurzem Nachdenken fragt sie leise: »War dein Vater damals schon tot, als du abgehauen bist?« Wie einfühlsam Sun klingen kann, wenn etwas sie berührt. »Ich meine, ging es dabei wirklich nur um das Meer und die Abenteuer, die man dort erleben kann? Oder bist du vielleicht auch deshalb abgehauen, weil du traurig warst? Als Kind hat man ja noch keine genaue Vorstellung davon, was der Tod wirklich bedeutet. Das kapiert man erst, wenn man älter wird.«

Ich weiche ihrem mitleidsvollen Blick aus. Dann versuche ich, die richtige Abzweigung zu nehmen. Kopf oder Zahl. Rechts oder links. Ja oder nein. Wie wird Sun reagieren, wenn ich meinen Vater bereits nach einem Tag wieder von den Toten auferstehen lasse? Wird sie ausrasten? Mich als Lügner beschimpfen? Vor die Tür setzen? Zutrauen würde ich ihr alles.

Ich will den Burgfrieden nicht gefährden und nicke mit zusammengepresstem Kiefer, habe Angst, mich durch ein unkontrolliertes Zucken zu verraten. Die Wahrheit liegt mir auf der Zunge. Ich komme mir schäbig dabei vor, Mitleid für eine dreiste Lüge zu erhaschen. Egal, wie ich zu meinem Vater stehe, den Tod hat er nicht verdient.

Sun deutet mein gequältes Gesicht als Zeichen der Trauer. Ich senke den Blick, weil ich nun doch davon überzeugt bin, die falsche Entscheidung getroffen zu haben. Ich muss mit dem Lügen aufhören, bevor es zu kompliziert wird. Vielleicht sollte ich das als elfte

Regel in mein Manifest aufnehmen: Keine Lügen. Zumindest keine, bei denen andere Menschen sterben.

Zu allem Übel legt Sun jetzt auch noch ihre Hand auf meine und drückt sie tröstend. Ich muss all meine Kräfte aufbieten, um nicht mit der Wahrheit herauszuplatzen oder wie verrückt loszulachen. Wenn das passiert, wird sie mich hassen. Zu Recht.

»Selbst wenn die Geschichte erfunden ist«, redet sie weiter, »finde ich sie schön. Hoffnungsvoll. Manchmal muss man mutig sein, wenn man ein Ziel vor Augen hat. Die Botschaft gefällt mir.« Sie unterbricht sich. Von draußen hört man den Ruf einer Eule. Zumindest glaube ich, dass die krächzenden Laute zu einer Eule gehören. Auf die Schnelle fällt mir kein anderer Vogel ein, der nachts derart penetrant um Aufmerksamkeit buhlen würde. Sun blickt zum Fenster, als könnte sie in der Dunkelheit etwas erkennen. »Muss eine Waldohreule sein«, bestätigt sie meine Vermutung und lässt meine Hand wieder los. »Bestimmt beobachtet sie uns. *Uh-hu-hu. Uh-hu-hu.*« Sie löscht die Außenbeleuchtung und dimmt das Wohnzimmerlicht noch weiter herunter. Draußen lässt sich nichts erkennen, nur unser halb transparentes Spiegelbild in der Glasscheibe.

Die Eule wiederholt ihren Ruf in einer kürzeren, weniger schreienden Version. »Und das hier ist gewissermaßen der zweite Versuch deiner Reise. Die Fortsetzung, nach der sich alle gesehnt haben. Ein fast erwachsener Junge, der sich auf die Suche macht nach dem großen Abenteuer und seinem Platz in dieser Welt.«

Ich wage es nicht, ihr zu widersprechen, obwohl mir dieses »fast« nicht gefällt. Stattdessen nicke ich steif und befehle meinen Gesichtsmuskeln, ein kleines Lächeln zu erzeugen, das dieses Kapitel beendet.

Die Deckenlichter beginnen zu flackern. Aus dem Flur kommt ein elektronisches Piepsen wie bei einem Alarm.

»Was ist das?«, frage ich.

»Nur der Generator. Er beschwert sich, weil ihm der Saft ausgeht.« Sun macht keine Anstalten, aufzustehen. »Ist gleich vorbei.«

»Ist das nicht gefährlich, so ein Ding im Haus zu haben? Wegen der Abgase und so?«

»Nicht, wenn es von meinem Vater installiert wurde.« Sie lächelt versonnen, bevor sie sich räuspert und weiterspricht. »Er weiß, was er tut. Abluft, Schutztüren, Stromspeicher und Sensoren. Ist alles perfekt durchdacht. Musst also keine Angst haben, in die Luft zu fliegen.« Sie ist stolz auf ihren Vater, das sieht man ihr an. Und sie will, dass es ihrem Vater umgekehrt ebenso geht. Auch wenn sie einen eigenen Kopf hat. Vielleicht ist das der Hauptgrund für das Urteil der MASCHINE. Mir ist es egal, was mein Vater von mir denkt. Sollte ich auf irgendeine Weise erfolgreich werden, tu ich das nur für mich und meine Mutter. Sie verdient den Beweis, den richtigen Weg gewählt zu haben. Für sich und ihre beiden Kinder.

»Funktioniert hier alles mit Strom?«, frage ich.

»Nein. Auch mit Gas. Aber die Flaschen im Keller sind leer.«

Das Piepsen wird lauter und schneller, dann verstummt es. Zwei Sekunden später gehen die Lichter aus. Kurz ist es dunkel, bis sich meine Augen an die neuen Lichtverhältnisse gewöhnt haben. In Suns Gesicht spiegelt sich die Feuerglut. Sie klopft sich ein Kissen zurecht und reicht mir ein anderes. »Das ist wohl das Zeichen zum Schlafen.«

»Ist der Tank leer?«

»Im Kanister ist noch was drin. Wir sollten uns den Rest aber besser für morgen aufsparen. Sonst können wir uns zum Frühstück keinen Kaffee machen.«

»Ich trinke keinen Kaffee.«

»Ich auch nicht.« Sie reicht mir eine Wolldecke. »Aber Tee. Schlaf gut.«

»Du auch.«

Kaum habe ich mich ausgestreckt, muss ich mich unwillkürlich schütteln. Ich schlinge die Decke noch enger um meinen Oberkörper, aber die Kälte kommt von innen. Meine Schulterblätter ziehen sich zusammen. Gänsehaut breitet sich, angefangen bei den Unterarmen, über meinen gesamten Körper aus. Die Wolldecke bekommt Nadeln, die Dunkelheit Zähne. Die Fensterfront ist eine schwarze undurchdringliche Mauer. Bedrohlich. Keine Sterne, kein Funken Licht. Nur kratzige Stille, die mir die Ohren verstopft, untermalt vom Geräusch meines eigenen schleifenden Atems.

Das Gefühl kenne ich nicht. Angst vor Dunkelheit? Nicht mal als Kind ist das so gewesen. Ich spüre mein Herz, wie es anschwillt und wummernd wie eine Bassdrum gegen meine Rippen und von dort aus in das harte Polster schlägt. Ungleichmäßig, stockend, als könnte es jeden Moment stehen bleiben. Ich bekomme schlechter Luft und muss mich aufrichten. Meine Brust zieht sich zusammen. Vielleicht reagiere ich auf Hundehaare oder Staub. Und natürlich liegt mein Asthmaspray im Auto.

Beim Ausatmen pfeifen meine Bronchien.

»Bist du das?«, fragt Sun. »Hast ... hast du Asthma?«

»Allergie«, sage ich und versuche, mich freizuhusten. »Gegen Tierhaare und Hausstaubmilben. Vielleicht reagiere ich auf euren Hund.«

»Das ist eher unwahrscheinlich. Carla ist schon lange tot. Brauchst du dein Spray? Soll ich es aus dem Auto holen? Es ist doch im Auto?«

»Ja, im Rucksack.«

Ich höre, wie sie aufsteht.

»Das geht gleich wieder«, keuche ich. »Leg dich wieder hin. Und wenn, dann ... dann gehe *ich* zum Auto.« Ich muss erneut husten. »Schließlich ist das mein Problem.«

»Sicher.« Ich kann förmlich hören, wie Sun die Augen verdreht. »Die Welt braucht neue Helden«, schickt sie ironisch hinterher, bevor sie mir mit der Handytaschenlampe ins Gesicht leuchtet.

»Das blendet!«

»Sorry.«

Die Dielen knarren. Sun geht neben mir in die Hocke. Diesmal spüre ich nicht den Drang zu lachen, als ich ihre sorgenvolle Miene sehe. Sie will etwas sagen. Ich hebe die Hand, bedeute ihr zu schweigen, muss auf Minimalverständigung umschalten – keine Sprache –, um meinen Atem zu kontrollieren.

Ganz ruhig, sage ich in Gedanken zu mir selbst und versuche, tief und gleichmäßig in den Bauch zu atmen. Jetzt, wo es nicht mehr ganz so dunkel ist, geht es wieder etwas besser.

»Soll ich wirklich nicht gehen?«, fragt Sun. Das Beben in ihrer Stimme beunruhigt mich. »Den Weg kenne ich im Schlaf. Das ist nicht gefährlich. Nicht für mich.«

Sie will aufstehen, ich halte sie am Arm fest. »Nicht gehen. Bitte. Nur ... nur das Licht anlassen«, presse ich abgehackt hervor. »Und kurz ruhig sein. Ist gleich wieder besser. Ich kenn das.«

»Okay, okay. Klar, alles wird gut. Ich bin bei dir.« Sie redet mit mir wie mit einem Sterbenden. Ich hoffe, dass mein Notfallplan funktioniert. Das letzte Mal habe ich ihn als Kind gebraucht. Auf keinen Fall will ich, dass Sun wegen mir mitten in der Nacht alleine zum Auto geht. Der Weg da runter ist halsbrecherisch.

Ich versuche, Suns besorgten Blick auszublenden, und beginne damit, meine Ohrläppchen zu massieren. Mit Daumen und Zeigefinger, unterhalb der knorpeligen Ohrmuschel und gegen den Uhrzeigersinn. Fee (das ist wirklich ihr Name), die beste Freundin meiner Mutter, hat mir diese Technik für den Ernstfall und als Alternative zur »chemischen Keule« beigebracht. Man muss ziemlich stark drücken, so stark, dass es wehtut. Auf einen imaginären Punkt, der die »Energieblockaden« aufbricht und den Krampf in den Bronchien löst. Ich glaube nicht, dass es exakt so funktioniert, wie Fee oder irgendwelche fernöstlichen Gelehrten sich das vorstellen. Eher denke ich, dass es der kaum auszuhaltende, brennende Schmerz ist, der über die Ohren in den Kopf steigt und einen vergessen lässt, dass die Lunge kollabiert.

Nach ein paar Minuten, in denen ich meine Ohrläppchen mit Gewalt zusammendrücke, bis mir die Tränen in die Augen schießen, kann ich wieder freier atmen. Das Gewicht auf meiner Brust lässt nach. Es hat funktioniert.

»Besser?«, fragt Sun.

Ich nicke. Schließe die Augen, atme ein, so tief es geht – und aus. Das Knistern in der Lunge ist ein gutes Zeichen. Knistern kommt nach Pfeifen. Ich stelle mir vor, wie ich einen Luftballon aufblase, wie sich die verklebten Gummiwände voneinander lösen und der Ballon mit jedem Atemzug praller wird.

Plötzlich blitzt eine Szene aus der Fabrikhalle vor mir auf. Ein Flashback von der Party. Ein lautloser Schusswechsel, eine überbelichtete Sequenz aus dem Ballerspiel im Bauch der MASCHINE, die mein Gehirn bei meinem Drogenabsturz generiert hat.

Bin ich doch gestorben?

Ich kann mich nicht erinnern.

Auf jeden Fall war da Blut. Jede Menge Blut. Und der Gedanke, dass alles vorbei ist.

Mein Puls beschleunigt. Sun richtet den Lichtkegel schräg von unten zwischen unsere Gesichter, was ihre Augen in dunklen Höhlen verschwinden lässt und monsterhafte Schatten an die Decke wirft. Ich greife nach ihrer Hand und drehe das Licht von uns weg.

»Du siehst sonst aus wie ein Zombie«, sage ich mit erstickter Stimme.

»Und das wollen wir natürlich nicht. Das macht uns Angst.« Jetzt redet sie mit mir wie mit einem Kind im Fieberwahn. Dann streicht sie mir über den nackten Oberarm. »Hast du das öfter?«

»Was?«

»Panikattacken.«

»Das ... das ist ... das ist keine Panikattacke.«

»Und ob.« Sie tippt gegen meine Stirn. »Das macht deine Psyche. Auch wenn das mit deinen Ohren beeindruckend war, glaube ich nicht, dass allergische Reaktionen einfach so durch ein bisschen Rumdrücken verschwinden. Das eben war ein Flashback. Das ist der Preis dafür, wenn man sich irgendwelches Zeug in den Kopf reintut, das da nicht reingehört.«

»Keine Drogen«, sage ich schuldbewusst. »Du wiederholst dich.«

Sun öffnet die Balkontür. Kühle Luft strömt herein. Das Knistern meiner Bronchien wird weniger. Dafür macht die Eule jetzt eine Extraschicht. Ihre Rufmelodie wird von einem leisen Kreischen begleitet, als wäre sie vom Zusehen heiser geworden. Sun schließt die Tür wieder und setzt sich neben mich aufs Sofa.

»Ich ... ich habe Angst«, sage ich leise. »Können wir die Handylampe noch ein bisschen anlassen?«

»Klar. Aber ich glaub, ich hab noch eine bessere Idee, was deine Nerven wieder runterbringt.«

Für einen Moment hoffe ich, dass Sun mich umarmt, einfach so freundschaftlich, nicht mehr. Und mich festhält. Aber dann verschwindet sie ins obere Stockwerk. Nach einigen Minuten, in denen ich jeden ihrer Schritte durch die Holzdecke hören kann, kehrt sie mit einem uralten Sony-Discman zurück, der mit Aufklebern übersät ist, und setzt sich neben mich.

»Hier.« Sie reicht mir einen Stöpsel und steckt sich den anderen ins Ohr. Dann rückt sie ganz nah an mich heran, legt die Decke über unsere Schultern und drückt auf »Play«. Ein grünes Lämpchen leuchtet auf. Die Mechanik im Innern des Discmans gibt quietschende Geräusche von sich.

»Die Batterien gehen tatsächlich noch«, sagt Sun glücklich.

»Was ist das?«, frage ich. »Musik?«

»Das ist Alf.« Sun legt einen Arm um mich. »Bei mir hat das immer geholfen.«

VIERZEHN

Die Abenteuer von Alf lassen mich tatsächlich meine Angst vergessen. Am nächsten Morgen werde ich von mehreren Geräuschen geweckt. Prasselnder Regen, eine Radiosprecherin, die in professionellem Ernst von Sturmschäden (zwei tote Wanderer, verschüttete Straßen, überflutete Keller, ein Tornado), Totalausfall bei Instagram und Twitter, Großdemos in Berlin und mehreren Terroranschlägen im Jemen berichtet. Dann ist da noch das schüchtern anschwellende Pfeifen eines Teekessels und fröhliches Vogelgezwitscher. Während ich mich aus meinem Nachtlager schäle, stelle ich erleichtert fest, dass ich mich ausgeruht und entspannt fühle. Kein Vergleich zu gestern Nacht. Auch meinen Lungen geht es besser. Noch etwas träge schalte ich mein Handy ein. Der Akkustand beträgt fabelhafte dreißig Prozent. Der Generator läuft wieder. Eine Vibration unter den Fußsohlen. Aber der Empfang reicht gerade mal für Notrufe, was bedeutet, dass die MASCHINE nur erahnen kann, wo ich bin und wer mich begleitet. Ich bin ein Schatten im System. Untergetaucht zu sein, fühlt sich für den Moment gut an. Leider hat das Funkloch auch den Nachteil, dass sich nicht überprüfen lässt, ob Suns Bild wirklich rot hinterlegt war und was die Gründe dafür sein könnten. Und die Antwort zu Anne steht auch noch aus. Nicht, dass ich mich danach richten will, was das Programm zu unserer Situation sagt, aber trotzdem bin ich neugierig, wie es aus mathematischer Sicht um unsere Zukunft bestellt ist. Auch wenn das vielleicht unromantisch klingt: Auf meine Gefühle kann ich mich nicht verlassen. Das ist Fakt.

In der ersten Prognose der MASCHINE steht, dass ich mit hoher Wahrscheinlichkeit (es waren unglaubliche fünfundachtzig Prozent) heirate, noch vor meinem dreißigsten Geburtstag Vater werde und mit Anfang vierzig schon wieder geschieden bin. Leider sagt die MASCHINE nicht, wer die Frau ist, von der ich mich trennen werde, und was der Grund für unsere Trennung sein wird. Ist irgendwie merkwürdig zu wissen, dass man seine Ehe gegen die Wand fährt und noch dazu ein unschuldiges Kind mit hineinzieht.

Ich lege mein Handy wieder weg und stoße bei dem Gedanken, selbst irgendwann Papa zu sein, einen tiefen Seufzer aus. Auf jeden Fall will ich es besser machen als mein eigener Vater.

Ich folge dem nun kreischenden Teekessel in die Küche. Sun muss über Nacht taub geworden sein. Als würde sie den Lärm nicht hören, steht sie mit dem Rücken zu mir vor einem ausziehbaren, deckenhohen Vorratsschrank. Wortlos gehe ich hinter ihr vorbei, nehme den Kessel vom Herd und verbrenne mir am ausströmenden Wasserdampf die Finger. Sun dreht sich nicht mal um. Obwohl es über Nacht deutlich abgekühlt hat, trägt sie nur ein übergroßes weißes T-Shirt mit Blumenaufdruck, Slip und die Schneeflocken-Wollsocken von gestern Abend. Die blasse Haut an den Beinen wird von einem bläulich marmorierten Schimmer durchzogen. Sie stellt sich auf Zehenspitzen und streckt sich nach einer braunen Blechdose im obersten Regal, auf der in Großbuchstaben TEE steht. Ohne erkennbaren Grund bricht sie den Versuch ab, schüttelt in extremer Zeitlupe den Kopf und verschränkt die Arme vor der Brust, als wäre sie eingeschnappt. In dieser Haltung verharrt sie einige Sekunden, dann scannt sie leicht gebeugt und schwer atmend den Inhalt der Regale ab. Vielleicht hat sie Asperger und versucht, anhand einer komplizierten Formel den Lebensmittelvorrat in Tages- und Wochenrationen einzuteilen. Im Radio läuft passend zu ihrer seltsamen Choreografie ein Song von Radiohead. »But I'm a creep, I'm a weirdo«, gesteht der Sänger dem Publikum und bekommt ein Echo aus Tausenden treu ergebenen Kehlen, das sagt, es sei okay, anders zu sein.

»Morgen«, unternehme ich einen ersten Versuch der Kontaktaufnahme. Sun reagiert nicht. Sie bückt sich tiefer und greift nach einem Einmachglas. »Morgen«, wiederhole ich meine Begrüßung ein paar Dezibel lauter und tippe ihr vorsichtig auf die Schulter.

»Ich kotze!«, flucht Sun, fuchtelt wild mit den Armen in der Luft herum, macht einen Satz nach hinten und landet auf meinem Fuß.

»Autsch!«, sage ich. »Das hat wehgetan.«

»Sorry.« Sun reißt ein Geschirrtuch vom Haken und peitscht über eine Reihe mit Einmachgläsern. Dann wartet sie, greift nach einer angebrochenen Mehlpackung in der Schrankmitte. Die Packung gleitet ihr aus der Hand und knallt auf den Boden, wo sie zerplatzt. Aschgraue Motten schwärmen unkoordiniert und viel zu träge für den Ernstfall aus ihrem Versteck. Ich beobachte ein besonders entspanntes Exemplar, das sich auf einem kleinen Mehlhügel niederlässt und dort in aller Seelenruhe mit den Füßchen scharrt.

»Schon länger nicht mehr ausgemistet«, sage ich.

Sun antwortet mit einem Grummeln. Dann lähmt sie die Insekten mit einem gellenden Wutschrei, bevor sie ihnen mit gezielten Schlägen den Garaus macht.

»Schau mich nicht so an!« Suns Wangen glühen. Ihre Augen sehen entzündet aus. Vielleicht hat sie schlecht geschlafen. »Kann man alles wegwerfen. Ist alles hinüber. Wäre nett, wenn du dich nützlich machen könntest. In der Schublade hinter dir müssten noch Mülltüten sein.«

»Vielleicht sollten wir zuerst die Lebensmittel aus den Schränken räumen«, schlage ich vor.

»Sag mir jetzt bitte nicht, was ich zu tun habe!«

Knurrend öffne ich die Schublade, reiße eine Mülltüte von der Rolle und falte sie auseinander. Sun greift angeekelt in eine Vorratsdose und zieht die Finger wieder heraus. Getreideflocken baumeln in dünnen Fäden von ihrer Hand, als hätte sie in einen Vorhang aus Spinnweben gefasst. »Diese Drecklarven sind überall. Überall. Das ist nicht fair. Das ist einfach nicht fair.« Sie sieht aus, als würde sie gleich losheulen.

»Ist doch nicht so schlimm«, sage ich im Tonfall eines Therapeuten, der sich vor seinem Patienten fürchtet, und deute zu den Holzregalen neben dem Herd. »Gibt doch genügend Konserven und Eingemachtes. Wir werden schon nicht verhungern.«

»Kannst du bitte nicht so mit mir reden.« Sie funkelt mich zornig an. »Ich bin nicht bescheuert!«

Sun stellt sich vor die Spüle, drückt den Seifenspender, hält ihre Hände unter den Wasserstrahl und reibt sie aneinander wie unter Zwang. »Auch Motten haben ein Recht zu leben«, murmelt sie vor sich hin. »Das steht außer Frage, aber nicht hier drin. Nicht hier.« Sie trocknet ihre Hände an ihrem T-Shirt ab. »Auch wenn sie zur Gattung der Schmetterlinge gehören.« Dann geht sie um mich herum und zieht den nächsten Schrank auf. Gläser, Vorratsdosen und Suppenpackungen landen auf dem Küchentisch. Verschiedene Getreidesorten, Müslimischungen, Zucker und eingemachte Birnen, auf denen der Schimmel blüht. Nachdem wir vier Mülltüten mit verdorbenen Lebensmitteln gefüllt, sämtliche Schränke und Regale mit beißendem Essigreiniger abgewischt, Schüsseln und Töpfe zweimal abgespült haben, setzen wir uns zum Frühstück an den Küchentisch. Es gibt eingelegte Birnen, die der Schimmel verschont hat, und Kamillentee ohne Zucker. Das Radio spielt Depeche Mode.

»Was sind das für Unterlagen, die du deinem Vater bringen musst?«, frage ich. »Was Wichtiges?«

Sun will in eine tropfende Birnenhälfte beißen und hält inne. »Denk schon, wenn er mich dafür bei dem Wetter hier hochschickt.« Die Schärfe ist aus ihrer Stimme gewichen. Jetzt sieht sie erschöpft aus. Es muss anstrengend sein, bei jeder Kleinigkeit auszurasten. Wahrscheinlich ist sie deshalb nur Haut und Knochen.

»Wann willst du losfahren?«

»Gegen Mittag. Ich will unten noch ein bisschen aufräumen und putzen, wenn ich schon mal hier bin. Ist das okay für dich? Oder hast du's eilig?«

»Nein. Ist okay. Soll ich dir helfen? Zusammen sind wir schneller.«

»Danke, aber ... Ich will das lieber alleine machen.«

»Okay.«

Ich muss mich beherrschen, nicht wie ein Perverser ständig auf Suns Blüten-Tattoo auf ihrem Oberschenkel zu stieren. Über die Tätowierung ziehen sich Risse. Zickzacklinien, dicke und dünne, mit leichten Schattierungen, die das Tattoo aussehen lassen, als würde man es durch eine dicke Glasscheibe betrachten, eine dicke *zerbrochene* Glasscheibe. Am linken unteren Rand steht in eckigen, nicht besonders großen Digitalziffern ein Datum. Ich kann nur die Jahreszahl erkennen: 2017. Vielleicht hat sie sich das Tattoo zu ihrem Geburtstag stechen lassen.

»Ist das Kamille? Das Tattoo?«, frage ich vorsichtig. »Hat es wehgetan?«

»Hast du kein Tattoo?«

»Nein.«

»Wieso nicht?«

»Ich will mich nicht festlegen.«

»Manchmal ist es aber gut, sich festzulegen.« Sie wischt den Mund mit der Kante des Geschirrtuchs ab, das sie für ihr Motten-Massaker benutzt hat. »Und Schmerz gehört dazu. Das macht es so wertvoll. Dass es nicht ohne geht. Das bleibt.«

»Ist das Kamille, der Blütenkranz?«

»Kamille?« Sun verzieht das Gesicht. »Sieht so Kamille aus?« Sie rafft ihr T-Shirt, rollt es ganz ungeniert über den Saum ihres Tangaslips und weiter bis zum Bauchnabel. Dann streckt sie das Bein mit dem Tattoo an mir vorbei und lässt es ganz langsam auf meinen Schoß sinken. Jetzt kann ich den Monat erkennen. 07. Im Juli. Dort, wo der Tag stehen müsste, prangt ein schwarzer Balken mit Zackenrändern.

»Und jetzt noch mal.« Sie rückt mit dem Stuhl näher an mich heran. »Schau genau hin.« Sie wuschelt mir durchs Haar und drückt meinen Kopf nach unten. »Was siehst du?«

»Ich dachte, wegen der weißen Blüten, dem gelben Stempel und so.« Ihr oberlehrerhaftes Verhalten kann ganz schön nerven. Ich befreie mich aus ihrem Griff. »Kamille hat doch weiße Blüten, oder nicht?«

»Das ist Enzian. Weißer Enzian, eine Seltenheit. Die Blätter sehen ganz anders aus als bei Kamille. Das ist die Aufforderung, dort hinzugehen, wo noch keiner war. Etwas zu wagen, etwas zu verändern, verstehst du?« Sie stockt. Der überhebliche Ausdruck in ihrem Gesicht löst sich auf. »Auch wenn es vielleicht wehtut.«

»Es ist also ein Kampf?«

»Ja, vielleicht ist es das. Vielleicht ist es ein Kampf.«

»Und warum ist das Glas gesprungen? Die blauen Risse, das ist doch Glas, oder?«

Sie stöhnt. »Richtig erkannt, das ist Glas. Und mehr gibt es dazu auch nicht zu sagen.« Sie senkt den Blick, zieht den Teebeutel ruppig aus dem dampfenden Wasser und hält mir das Pappetikett vor die Nase. »So sieht übrigens Kamille aus.«

»Danke. Jetzt weiß ich Bescheid.«

Sie schleudert den Teebeutel zielsicher ins Spülbecken. Dann nippt sie nachdenklich an der Tasse, macht aber keine Anstalten, ihr Bein von meinem Schoß zu nehmen. Im Gegenteil: Nachdem wir einige Sekunden geschwiegen haben, bewegt sie das Knie in Millimeterschritten zu meiner Mitte und schmunzelt. Ich weiß nicht, wie ich auf diesen Übergriff reagieren soll, und schiebe das Bein zurück in die Ausgangsposition. Schon die Tatsache, dass ich mich auf der Schlossparty als Single registriert habe, war grenzwertig. Vielleicht trage ich mehr von meinem Vater in mir, als mir lieb ist.

Ich hebe Suns Bein vorsichtig, aber nicht zärtlich von meinem Schoß. Sun lässt es geschehen und zieht einen Schmollmund, als wäre sie enttäuscht. Dabei wissen wir beide, dass es nur Show ist.

»Hat dir schon mal jemand gesagt, dass du unberechenbar bist?«, frage ich.

»Ist eine Meinung, nichts weiter. Es kümmert mich nicht, was andere von mir denken. Die stecken nicht in meiner Haut. Die leben nicht mein Leben.«

Ich lasse meinen Blick provokativ langsam durch die Einbauküche schweifen. Die auf alt getrimmten Geräte kosten bestimmt mehr als ein Kleinwagen. »Was viele mit Sicherheit gerne tun würden.«

»Kommst du jetzt wirklich damit, dass meine Eltern Geld haben? Du machst es dir zu einfach. Ich hab dir mehr Durchblick zugetraut. Schon mal dran gedacht, dass man Geld haben kann und trotzdem bereit ist, Verantwortung zu übernehmen und zu teilen?«

»Ich gönne deiner Familie das Geld. So hab ich das nicht gemeint.«

»Vielen Dank. Ist wirklich nett von dir.« Sie zieht einen runden Hocker unter dem Tisch hervor und dreht die Sitzfläche hin und her. Das Gewinde quietscht. »Es geht darum, Mensch zu sein und dieses Menschsein allen zu ermöglichen. Und es geht um die Bereitschaft, Risiken einzugehen, Verantwortung zu übernehmen, eine Meinung zu haben und Entscheidungen zu treffen. Egal, was die Voraussetzungen sind oder die Konsequenzen. Diese Bereitschaft sehe ich bei dir nicht. Dir fehlt der Überblick über das große Ganze. Du vergeudest deine Zeit damit, dich um dich selbst zu drehen.« Sie lässt die Schultern sinken. »Wie die meisten.«

Ich stoppe den Drehstuhl mit dem Fuß. »Das stimmt nicht.«

»Dann beweis es mir. Beweis mir, dass du etwas anderes im Blick hast als deinen eigenen Vorteil. Dein eigenes Glück. Dafür sind doch deine Regeln.«

»Du meinst also, dass es besser wäre, auf die Straße zu gehen und zu demonstrieren? Damit irgendwann irgendwas passiert?«

»Auch mit Musik kann man was bewegen. Jeder kann seinen Beitrag leisten, damit die Welt nicht weiter in die falsche Richtung steuert. Jeder hat eine Stimme. Nur mit Zynismus und Hass lässt sich nichts verändern.«

Ich lasse ihre politische Parole verklingen und verdrehe die Augen. Vielleicht würde sie anders mit mir reden, wenn sie über meinen Vater Bescheid wüsste. Den Top-Anwalt für Strafrecht, wie es großkotzig auf seiner Homepage steht. Erst wenn ich das Gefühl habe, mich so weit wie möglich von seiner Biografie entfernt zu haben, werde ich mich um etwas anderes kümmern als um mein eigenes Leben.

»Du kannst echt scheißarrogant sein«, sage ich. »Aber das weißt du sicher. Kennst dich ja bestens mit Menschen aus. Kannst in alle Köpfe sehen und weißt genau, wo bei jedem der Fehler liegt.«

Sie schließt kurz die Augen, als müsse sie sich beherrschen, nicht irgendwas Fieses zu sagen. Ich kann sehen, wie ihre Kiefermuskulatur arbeitet. Sie trinkt einen Schluck Tee und holt tief Luft. »Du trägst Scheuklappen, das ist normal, dafür kannst du nichts, das hat man dir, das hat man *uns* so beigebracht. So wurden wir erzogen. Den Blick immer nach vorne gerichtet. Nur so weit über den Tellerrand schauen, dass man es aushalten kann. Ziele erreichen, abhaken und sofort die nächste Challenge ins Visier nehmen. Nie zufrieden sein, nie ankommen. Keine Zeit damit verschwenden, Antworten auf die wirklich wichtigen Fragen zu finden, sondern sich einfügen in dieses System, zu dem es scheinbar keine Alternative gibt.« Sie senkt die Stimme am Ende des letzten Satzes, was die Wirkung verstärkt. Jedes Wort ist mit so viel Spannung geladen, dass es hinter ihren Lippen eine unsichtbare Druckwelle erzeugt. »Wie die meisten Leute«, redet sie weiter, »spürst du zwar – und ich denke auf jeden Fall, dass es so ist –, dass außerhalb deiner kleinen Welt etwas nicht stimmt. Aber dieses bohrende Gefühl versuchst du zu verdrängen, wie man es dir beigebracht hat. *So war das schon immer. Die Welt wird sich weiterdrehen. Ist ja nicht die erste Krise. Schau erst mal, wo du selbst bleibst, bla, bla, bla.* Und vielleicht hoffst du ja wie die meisten, dass irgendein anderer kommt und den Schaden repariert, bevor es zu spät ist, oder dass es nicht so schlimm wird. Aber das war es dann auch schon.«

»Und warum dann dein Wirtschaftsstudium? Und nicht irgendwas Soziales, was mit Umwelt, oder direkt in die Politik, in den Bundestag, für irgendeine Partei, wenn dich das alles so ankotzt?«

»Weil ein komplexes System, das vor allem auf Informationen beruht, nur von innen heraus wirkungsvoll bekämpft werden kann.

An unterschiedlichen Stellen. Alles andere dauert zu lange. Demokratie dauert zu lange.«

»Ich hätte dich nicht für eine Terroristin gehalten.«

»Und ich dich nicht für einen Ignoranten.«

Sun steht auf und stellt ihre Tasse scheppernd ins Spülbecken. Dann wischt sie ein Guckloch in das beschlagene Küchenfenster und starrt nach draußen. Der Regen hat nachgelassen. Das dumpfe Hämmern ist ruhiger und rhythmischer geworden.

Nachdem wir eine Weile wie die Marionetten eines dementen Puppenspielers auf unseren Positionen verharren, dreht sich Sun wieder zu mir um. Sie scheint sich beruhigt zu haben. Auf ihr Gesicht schleicht sich ein kleines Lächeln wie ein Friedensangebot. An dieses ständige Hin und Her werde ich mich nie gewöhnen.

»Wenn wir in Köln sind, könntest du auf der Straße spielen. Auf der Domplatte stehen öfter Musiker.« Sie knetet die Hände. »Wäre schön, wenn ich bei der Premiere dabei sein dürfte. Ich würde auch mit dem Hut für dich rumgehen. Versprochen.«

»Ich überleg's mir.«

Während ich dusche, hat Sun die Mülltüten rausgebracht. Als ich ins Wohnzimmer komme, steht dort mein Rucksack. Sie muss beim Auto gewesen sein. Jetzt hockt sie auf der Terrasse unter dem Vordach, starrt Vögeln nach, die wie festgeklebt im Wind stehen, und raucht. Seit wir in der Hütte sind, steckt sie sich nur noch aggressiv riechende Zigarillos an, die besser zu einem mürrischen alten Mann passen würden.

Wegen gestern Nacht und all dem Staub und den Schimmelpilzsporen, die wir bei unserer Putzaktion aufgewirbelt haben, nehme ich eine doppelte Tagesdosis von meinem Asthmaspray und spüre, wie meine Lungen sich entfalten.

»Wir haben ein Problem«, sagt Sun und schließt die Terrassentür hinter sich. »Wir kommen heute nicht mehr von hier weg.«

»Was ist los? Ist die Straße gesperrt? Ein Erdrutsch?«

»Nein«, schnaubt sie. »Menschliches Versagen.«

»Was?«

»Die Batterie ist leer. Irgendjemand hat seine Tür nicht richtig zugemacht. Der Beifahrersitz ist komplett nass.«

»Tut mir leid. Muss ich in der Eile vergessen haben. Hast du schon Hilfe gerufen?«

»Klar, hab ich. Sie holen uns mit dem Hubschrauber raus, sobald der Wind nachlässt.«

»Und im Ernst?«

»Ich werde wegen einer leeren Batterie mit Sicherheit nicht den Notruf wählen. Das machen nur Idioten. Am Nachmittag soll das Wetter besser werden. Dann gehe ich rüber zum Altkönig. Dort gibt es Netz, und ich kann den Pannendienst rufen. Oder hast du einen wichtigen Termin?«

»Nein, aber danke der Nachfrage.«

»Gut.«

»*Ich* kann auch den Pannendienst rufen. Ist ja meine Schuld, dass wir nicht von hier wegkommen.«

»Dazu muss man aber den Weg kennen. Und in Anbetracht deiner nicht vorhandenen Wanderausrüstung und deines fragwürdigen Gesundheitszustands würde ich das lieber selbst machen.«

FÜNFZEHN

Den restlichen Vormittag gammeln wir im Wohnzimmer herum und spielen mehrere Partien Mensch-ärgere-Dich-nicht und Mühle, ohne groß zu reden. Kartenspiele mag Sun nicht, obwohl auf dem Sofatisch mehrere angebrochene Schachteln liegen und die Fotos in der Küche das Gegenteil behaupten. Jedes Mal, wenn sie gewinnt (was bei Mühle fast immer der Fall ist), entschuldigt sie sich, und ich versichere ihr, dass es mir nichts ausmacht zu verlieren, solange alles mit rechten Dingen zugeht. Darüber muss sie lachen. Irgendwann packt sie die Arbeitswut, und sie verschwindet in den Keller, um dort aufzuräumen. Meine Hilfe lehnt sie ab.

Als ich alleine bin, mache ich ein paar Einträge in mein Notizbuch, versuche, den dritten Tag meiner Reise in Worte zu fassen, und beginne mit einem neuen Songtext. Diesmal auf Englisch. Ich habe eine rohe Melodie für die Hookline im Kopf und summe sie in Endlosschleife vor mich hin, bis sie sich rund, eingängig, aber auch nicht zu banal anhört. Meine Gitarre liegt im Auto, also muss das schwarz lackierte Steinway-Klavier herhalten. Nicht die schlechteste Alternative. Nur möchte ich verhindern, dass Sun etwas davon mitbekommt. Nachher gilt für das Edelinstrument dasselbe Verbot wie für die Stereoanlage. Glücklicherweise gibt es ein Pedal, mit dem sich die Saiten dämpfen lassen, bis die Töne dumpf und verwaschen klingen, als würden sie aus einer anderen Dimension zu mir herüberwabern. Ohne zu wissen, wie das theoretisch zusammengehört, finde ich vier Akkorde, die unter die Melodie passen und einen Vorgeschmack auf den fertigen Song geben. Ich lege das rote Filztuch wieder über die Tasten, schließe den Deckel und mache mit dem Text weiter, während mein Panikherz herunterfährt.

Nicht in der Muttersprache zu schreiben, ist ein Kompromiss, weil man schnell bei austauschbaren Standardphrasen landet. Aber Deutsch klingt für manche Songs einfach zu direkt. »Hey Leute, sperrt eure Ohren auf! Ich will euch was Wichtiges erzählen. Vergesst die Melodie und lasst euch von mir bekehren.«

Natürlich kann man das, was man sagen will, auch bis zur Unkenntlichkeit verschlüsseln. Mit kryptischen Metaphern arbeiten, nuscheln, Endungen verschlucken, Rap-Passagen oder Getto-Slang einbauen, aber das ist nicht mein Stil. Und bei all dem Hin- und Herzerren, bei all den Tricks, die es manchmal braucht, um die harten deutschen Silben an den Fluss einer funktionierenden Melodie zu hängen, passiert es im schlimmsten Fall, dass das Feeling verloren geht, und dann kann man gerade wieder von vorne anfangen.

Nach ein paar Minuten fliegen mir ein paar Verse für die erste Strophe zu. Verse, die nicht zu sehr nach einem Zufallsgenerator für Singer-Songwriter klingen. Leise, so leise, dass Sun es nicht hören kann, setze ich mich noch mal ans Klavier und nehme den ersten Entwurf mit meinem Handy auf, weil ich ihn sonst wieder vergesse. Dann genieße ich den Blick aus dem Fenster. Ich kann mich nicht daran erinnern, wann ich das letzte Mal so entspannt gewesen bin. Selbst die Stille klingt anders. Als würde sie nichts von einem verlangen, außer da zu sein.

Ich markiere den unfertigen Songtext seitlich mit einem dicken Strich und schreibe »V.1« für Version eins und das heutige Datum darüber. Chronologie und Versionsnummern sind wichtig. Im Rückblick sieht man, was sich verändert hat, dass man im Normalfall besser wird, auch wenn der innere Kritiker das Gegenteil behauptet.

Bei meinen Notizbüchern handelt es sich ausschließlich um billige DIN-A6-Chinakladden aus dem Ein-Euro-Shop. Auf das schwarz glänzende Cover habe ich mit weißem Edding windschief *No. 2/19* geschrieben. Es ist das zweite Buch in diesem Jahr. Obwohl das erste nur etwa zur Hälfte mit Einträgen gefüllt ist, habe ich schon im Januar mit dem nächsten begonnen. Das mache ich immer, wenn etwas Einschneidendes passiert oder ich die Unordnung der bisherigen Seiten und meine krakelige Handschrift nicht länger ertragen kann. Fühlt sich wie ein Neustart an. Alle Parameter zurück auf null. Kurz zuvor hatte Pia mit mir Schluss gemacht, weil ich ihr nicht versprechen konnte, sie für immer zu lieben.

Es klopft. Sun steht in der Tür. »Ich bin dann mal weg. Den Pannendienst rufen.« Sie hat sich umgezogen, trägt Wanderklamotten, Outdoorjacke, halblange Cargohose und Trekkingschuhe. Auf ihrem Rücken klemmt ein kleiner Rucksack. Als sie sich bückt, um die Schuhe fester zu binden, hört man das Plätschern einer Wasserflasche. Sie linst zu mir herüber. »Schreibst du Tagebuch? Über deine Reise?«

»Was dagegen?«

»Nein, Quatsch, ich kenne nur kaum Jungs, die Tagebuch schreiben. Hat sich in der Männerwelt wohl noch nicht durchgesetzt.«

»Ist kein richtiges Tagebuch. Sind nur Notizen und anderes Zeug, das mir so einfällt.«

»Ist also nur halb geheim?«

»Sozusagen.«

»Dürfte ich dann eventuell mal einen Blick darauf werfen, oder ist es doch zu privat?«

»Weiß nicht.« Ich zucke unentschlossen mit den Achseln. »Ist nur der Anfang von 'nem Songtext. Der erste Entwurf. Nichts Besonderes.«

»*Nichts Besonderes.* Sicher. Das würde ich an deiner Stelle auch sagen.«

Bevor ich einen Rückzieher machen kann, steht Sun auch schon hinter mir. Ich halte ihr den Text hin und bereue im selben Moment, nicht Nein gesagt zu haben. Wahrscheinlich war sie an einer Highschool und entlarvt meine Zeilen als drittklassiges Schulenglisch.

»Du schreibst ja winzig.« Sie geht näher heran und stützt sich mit der Hand auf meiner Schulter ab. »Dafür braucht man eine Lupe.« Dann beginnt sie zu nicken. In einem schleppenden Takt, als könne sie den bluesigen Rhythmus aus dem Text herauslesen. Wahrscheinlicher ist, dass sie mich belauscht hat.

»Hätte ich dir gar nicht zugetraut. Liest sich gut. Kompliment.« Sie fängt meinen misstrauischen Blick auf. »Jetzt guck mich nicht so an. Ich meine es ernst. Wirklich. So gut müsstest du mich mittlerweile kennen. Ich sage, was ich denke. Dafür bürgt mein Name.«

»Okay, dann danke.«

»Die Stelle mit dem Turm und dem Labyrinth und dem Weg, auf dem man sich selbst umherirren sieht, gefällt mir am besten. Bin gespannt auf den fertigen Song. Versprichst du mir, dass ich ihn als Erste hören darf, wenn er fertig ist?«

Ich zögere. In ihrem Gesicht deutet nichts darauf hin, dass es sich um Ironie handelt. Ich nicke. »Versprochen.«

Sie knufft mich kumpelhaft in die Schulter. »Dein Künstler-Ich könnte etwas mehr Selbstvertrauen vertragen. Steht in dem Buch eigentlich auch was über mich drin?«

»Nein. Noch nicht.«

Sie zieht den Rucksack enger. »Dann hoffe ich mal, dass du mich siehst, wie ich wirklich bin. Das schaffen nur wenige.«

Ich blättere zurück zu den ersten Buchseiten, zu einem vollgekritzelten Zettel, den ich vor ziemlich genau drei Monaten eingeklebt habe.

»Was soll das sein? Abstrakte Kunst?« Sun beugt sich nach unten und liest die Überschrift: »*Auf einem Parkplatz*. Jetzt verstehe ich gar nichts mehr.«

»Die Zeichnung ist nicht von mir. War vermutlich ein Kind, das sich gelangweilt hat.«

»Und der Fetzen daneben?« Sie verzieht das Gesicht. »Ist das von einem Kondom?«

»Von einem Luftballon. Lag daneben.«

»Und was soll das bedeuten?«

Ich klappe das Buch zu. »Hast du noch nie darüber nachgedacht, wem die Einkaufsliste gehört hat, der Notizzettel oder der Kassenbon, der auf dem Gehweg liegt?«

»Nein, hab ich nicht. Wozu auch?«

»Sind alles Geschichten.«

»Geschichten?«

»Wer? Wann? Wo? Warum? Ist doch interessant, was unser Gehirn daraus macht, wenn es nach Verbindungen sucht.«

»Weiß nicht, am Ende ist es doch nur Spekulation. Lässt sich doch nicht beweisen, ob diese Geschichten etwas mit der Wirklichkeit zu tun haben.«

»Das spielt keine Rolle.«

»Ist also nur Zeitvertreib. Ein Spiel, nichts weiter. Willst du das damit sagen?«

»Machst du nur Dinge, von denen du glaubst, dass sie irgendwo hinführen?«

»Ja, im Moment ist das so. Soll ich mich jetzt dafür schämen, dass ich nicht so kreativ bin und mir mehr Gedanken über die Realität mache als über Kinderzeichnungen und kaputte Luftballons?« Sie nimmt mir unwirsch das Buch aus der Hand und blättert zu Einkaufszetteln und Fahrkarten, dann gibt sie es mir wieder zurück. »Wenn du zu viele fremde Sachen reintust, weißt du in ein paar Jahren gar nicht mehr, was zu deinem Leben gehört und was zu einem anderen.«

Ich stehe auf, gehe an Sun vorbei und stelle mich neben den Kaminsims. »Diese Bilder hier«, sage ich bedeutungsvoll. »Das sind doch nur die Momente, die es in Bilderrahmen geschafft haben. Eine kleine Auswahl. Die vermeintlichen Highlights, in zufälliger Reihenfolge. Das Dazwischen löst sich auf, verschwimmt und geht verloren.« Ich vertausche das Foto, das Sun beim Herumtollen mit ihrem Hund zeigt, und stelle es neben einen Schnappschuss, auf dem sie mit ihrem Vater in die Luft springt. »Je nachdem, wie man die Bilder anordnet, verändert sich auch das Dazwischen. Jedes Mal entstehen neue Geschichten. Und in zwanzig, dreißig Jahren kann niemand mehr genau sagen, was wirklich passiert ist.«

Sun runzelt die Stirn und lässt den Blick von einer Aufnahme zur nächsten wandern. »Nein«, sagt sie und schüttelt entschieden den Kopf. »Das stimmt nicht. Ich kann mich sehr wohl an das Dazwischen und Danach erinnern. Das ist nicht verloren. Das verändert sich auch nicht. An dieser Theorie musst du noch arbeiten.«

Sie zieht die Rucksackriemen enger, geht zur Tür, bleibt stehen und dreht sich zu mir um. »Bin in spätestens drei Stunden wieder zurück. Tu mir den Gefallen und lass die Hütte stehen.«

»Drei Stunden?«, frage ich verwundert. »So lange? Das hast du gar nicht gesagt.«

»Berg runter, Berg rauf und wieder zurück.«

»Kann ich vielleicht doch mitkommen? Jetzt, wo es nicht mehr so schwül ist, ist ein bisschen Bewegung bestimmt nicht das Schlechteste.«

Ihr Blick geht zu meinem Rucksack. »Sind da drin irgendwo Wanderschuhe versteckt?«

»Nein, aber dein Vater müsste in etwa dieselbe Größe haben wie ich.«

»Alleine bin ich aber schneller.«

»So schlecht ist meine Kondition auch wieder nicht. Und wenn ich schon mal in den Bergen bin, dann will ich auch was sehen.«

»Und was ist mit deinem Asthma? Traust du dir das wirklich zu? Der Weg rüber auf die andere Seite – aber vor allem den Berg hoch –, das ist mehr als ein kleiner Spaziergang.«

Ich halte meinen Asthmaspray in die Luft. »Hab vorhin eine Überdosis genommen. Ist wie Doping.«

»Na gut.« Sun seufzt. »Aber ich will nicht ständig warten müssen.«

Bevor sie ihre Meinung wieder ändert, zwänge ich mich an ihr vorbei und marschiere zur Garderobe. Dort nehme ich ein Paar Wanderschuhe vom Regal und bemerke beim Reinschlüpfen, dass sie zu klein sind.

»Und?«, fragt Sun.

Ich lächle. »Perfekt.«

SECHZEHN

Wir nehmen einen schmalen Trampelpfad, der direkt hinter dem Haus in den Wald hineinführt. Der Boden atmet uns kühle, vom Regen gefilterte Luft entgegen. Der Untergrund federt meine Schritte, schenkt mir mehr Energie, als ich aufbringen muss. Zumindest in der ersten Viertelstunde fühlt es sich so an. So leicht, so unbeschwert. Wie ein Spaziergang auf dem Mond. Der Druck, die Angst, Fehler zu machen und mit meinen Träumen krachend zu scheitern, verschwinden hinter dem seltenen Gefühl der Gelassenheit. Vielleicht macht das die frische Luft. Jedenfalls bin ich der MASCHINE dankbar, dass sie mich hierher in die »Wildnis« geführt hat. Auch wenn ich diese Dankbarkeit nicht lange genießen kann, weil Sun das Tempo nach einer kurzen Eingewöhnungsphase anzieht. Mein Herz pumpt, was das Zeug hält. Meine Zehen tun jetzt schon höllisch weh, aber ich gönne ihr den Triumph nicht; zu jammern oder gar umzukehren kommt nicht infrage. Darauf wartet sie bestimmt nur. Trotzdem muss ich mir was einfallen lassen, um nicht auf halber Strecke zu kollabieren.

Als ich anhalte, um einem toten Tausendfüßler den Vortritt zu lassen, der gerade von einer Horde Ameisen abtransportiert wird, und Sun mich nicht gleich anschnauzt, kommt mir die rettende Idee. Sobald mir die Luft ausgeht, bleibe ich stehen, mache ein fasziniertes Gesicht (was nicht in allen Fällen gespielt ist) und frage nach dem Namen eines Baums, eines Strauchs oder eines Insekts, das ich nicht zuordnen kann oder will. Wie sich herausstellt, kennt Sun sogar verschiedene Käferarten. Sie weiß, ob es sich um Schädlinge handelt oder sie einen Nutzen für das »fragile Ökosystem« haben. Sie präsentiert mir das Nest einer einsamen Wildbiene, nennt den lateinischen Namen, erzählt etwas von Gattung und Art und redet betroffen über den Rückgang der Insektenpopulation. Nach der morgendlichen Kapitalismuskritik entpuppt sie sich jetzt auch noch als Umweltaktivistin. Ich bin wirklich überrascht und verkneife mir die Anmerkung, dass sie vor dem Frühstück mindestens ein halbes Dutzend Motten ins Jenseits befördert hat.

Beim nächsten Stopp pinkle ich neben einer toten Eiche mit verstümmelten Ästen. Als ich Sun darum bitte, sich wegzudrehen, weil sonst kein Tropfen kommt, bricht sie in schallendes Gelächter aus. Das war es dann aber auch schon mit dem entspannten Teil der Wanderung. Es folgt der erste längere Aufstieg. Ausgerechnet jetzt gibt es nichts Neues im Tier- und Pflanzenreich zu entdecken, das mir eine unauffällige Verschnaufpause ermöglicht. Sun befindet sich in einem Tunnel. Sie scheint vergessen zu haben, dass ich an ihr dranhänge, oder es interessiert sie nicht mehr. Unser Abstand vergrößert sich. Vielleicht hat sie mir deshalb vorhin die Markierung der offiziellen Gipfelroute und den ungefähren Verlauf gezeigt. Falls ich unterwegs verloren gehe.

Nach Luft japsend, bleibe ich stehen, spucke den Schleim aus, der sich in meinen Atemwegen gesammelt hat, und checke den Handyempfang. Gerade mal 3G. Das genügt nicht für die Maschinen-App. Zum Telefonieren würde es locker reichen, aber Sun scheint sich in den Kopf gesetzt zu haben, den Gipfel zu erreichen – und mich leiden zu sehen. Vielleicht war es doch keine so gute Idee, mitzukommen. Aber umkehren ist keine Option. Und irgendwie mag ich auch den Gedanken, die MASCHINE zu überraschen. Ein neuer

Ort, eine neue Umgebung. Hunderte Meter über Normalnull. An einem Schnittpunkt von Längen- und Breitengrad, an dem sie mich nicht erwartet, wo ich mich selber nicht erwarte. Damit kann ich ihr zeigen, dass ich trotz ihrer »Empfehlungen« einen eigenen Willen habe und keine Marionette bin. Von allen Möglichkeiten, die sie in ihre Berechnungen miteinbezogen hat, gehört eine mehrstündige Wanderung mit Sicherheit zu den unwahrscheinlichsten. Sport und Natur stehen in der Liste meiner Freizeitaktivitäten weit unten.

»Ich bin nicht berechenbar«, flüstere ich mein Mantra und gehe weiter. Keine Menschenseele weit und breit. *Immer schön einen Fuß vor den anderen setzen. Schritt für Schritt.*

Unser Weg führt in engen Serpentinen über einen nach oben hin breiter und steiler werdenden Steinwall. Die vermutlich von Kelten oder gelangweilten Aliens zurückgelassenen Quader sind feucht und verdammt rutschig. Immer wieder verkanten sich meine Füße. Alle paar Meter schlage ich mir die Schienbeine an und fluche.

Nach der nächsten Kehre mache ich eine Pause, stütze mich mit dem Oberkörper auf die Wanderstöcke, lasse den Kopf baumeln und sehe Sternchen. Galaxien von hellen Punkten, die mich blinkend wie eine Warnung umkreisen. Feuchtwarme Hitze steigt an der Innenseite meiner Jacke empor wie durch einen Kamin. Angereichert mit multiresistenten Schweißmolekülen, vermutlich von Suns Vater, dessen Jacke mir Sun gegeben hat, weil sie atmungsaktiv sei.

Mir ist schlecht vor Anstrengung. Sun hat meinen Zwischenstopp bemerkt und ebenfalls angehalten. Sie steht etwa fünfzig Meter oberhalb von mir und ragt wie eine fleischgewordene Marvel-Superheldin aus dem Steinfeld. Im Hintergrund ein dramatischer Himmel, an dessen Rändern sich erste Lücken auftun.

»Alles okay?«, ruft sie.

»Ja«, krächze ich und hebe kraftlos den Daumen. »Geht gleich wieder.«

Mit zitternden Fingern fummle ich mein Handy aus der Jackentasche. Ich muss diesen Moment für die Nachwelt festhalten. Yosh wird mir sonst nicht glauben.

»Steck dein Handy weg!«, brüllt Sun, bevor der Autofokus auf ihr Gesicht scharf stellen kann. So laut, dass sich ein kleines Echo bildet und ich zusammenzucke.

Weg ... eg ... g ...

Unter meinem Fuß löst sich ein golfballgroßer Stein, der hüpfend zu Tale stürzt.

»Das ist saugefährlich!«, schimpft Sun weiter.

Gefährlich ... fährlich ... lich ...

»Ja, ja.« Murrend gehorche ich ihrem Befehl und stecke das Handy wieder ein. Sun behandelt mich wie einen Idioten. Als könnte ich die Gefahr nicht selbst abschätzen.

Bevor ich weitergehe, ziehe ich die Jacke aus und binde sie mir um die Hüften. Mein T-Shirt ist klatschnass.

Nach einer weiteren Etappe (diesmal auf allen vieren über ein unbefestigtes Schotterstück), in der ich meine Wut auf Sun in kinetische Energie umwandle, haben wir es geschafft. Wir sind oben. Auf einem mit Sträuchern, Moos und verkrüppelten Fichten bewachsenen Felsrücken, der sich wie ein sanft ansteigendes Dach nach Süden öffnet. Zu meiner Enttäuschung gibt es kein Gipfelkreuz. Der Berg scheint diese Ehre nicht verdient zu haben. Meine Muskeln brennen, meine Zehen sind taub, mein ganzer Körper schmerzt. Aber anders als in der Schule nach dem demütigenden Ausdauerzirkel genieße ich die Minuten meiner Ankunft wie einen Rausch.

Ich habe es geschafft.

»Nicht reden«, sagt Sun, als ich mit einem Dauergrinsen bei ihr ankomme. »Einfach nur genießen.«

Der Ausblick ist fantastisch. Unwirklich, irgendwie zweidimensional, als stünde man vor einem riesigen Poster. Obwohl die diesige Luft verhindert, dass man mehr als ein paar Kilometer in die Ferne sehen kann, bin ich beeindruckt von den gemäldehaften Grün- und Brauntönen der Landschaft. *Das Werk eines Unbekannten.* So beeindruckt, dass ich vergesse, Höhenangst zu haben. Ich gehe näher an die Felskante heran. Mit der Schuhspitze löse ich eine winzige Steinlawine aus, spüre den Sog der Tiefe, habe das Gefühl zu schwanken und weiche in Tippelschritten vom Abgrund zurück.

»Hast du Höhenangst?«, fragt Sun.

»Ein bisschen.«

»Auf jeden Fall solltest du an deiner Kondition arbeiten. Du klingst wie ein alter Mann kurz vor dem Abkratzen. Im Hochgebirge kommst du damit nicht weit.«

»*Hochgebirge*«, wiederhole ich amüsiert. »Ich will lieber ans Meer.«

Sun seufzt. »Auf einem Schiff anheuern. Ich weiß.« Sie reicht mir die dickbauchige Wasserflasche. Ich verschlucke mich beim Trinken und muss husten.

»Nicht so hastig. Meine Güte.« Sie nimmt selbst ein paar Schlucke und packt die Flasche wieder in den Rucksack. Dann reicht sie mir ein kleines schnell trocknendes Handtuch, das sich speckig anfühlt. »Abtrocknen, sonst erkältest du dich noch. Ist auch besser, wenn du die Jacke wieder anziehst. Der Wind kühlt einen schneller aus, als man denkt.«

Ich verdrehe die Augen. »Okay.«

»Ist nur zu deinem Besten.«

Sun ist die Anstrengung nicht anzusehen. Selbst die geröteten

Wangen kehren innerhalb kürzester Zeit wieder zu ihrer blassen Ausgangsfarbe zurück. Aber im Gegensatz zu mir wirkt sie nicht glücklich, nicht mal entspannt. Ihre Augen ein unruhiges Flackern.

»Das da drüben ist der Große Feldberg«, erklärt sie. »Die rot-weißen Sendemasten da hinten werden dich wieder mit deinem alten Leben in Verbindung bringen. Das Netz, das uns alle umspannt.«

»Und uns in der Matrix gefangen hält«, ergänze ich.

»Vielleicht auch das.« Sun zieht ihr Handy heraus. »Dann viel Spaß mit deiner Anne. Sei ehrlich zu ihr, das hat sie verdient.« Mit diesem Ratschlag dreht sie sich um und geht langsam auf die andere Seite des Felsplateaus. Ich höre, wie sie mit dem Pannendienst telefoniert. Zögernd entsperre ich mein Handy. Nachrichtenbanner schieben sich vor den sepiafarbenen Zahnbürstenhintergrund. Anne hat versucht, mich anzurufen. Sie hat sogar auf die Mailbox gesprochen. Dreimal in den letzten vier Stunden. Eigentlich ist das gegen unsere Abmachung. Aber wahrscheinlich hat sie sich gefragt, wo ich nach der Party abgeblieben bin, und sich über den sprunghaften Zuwachs an Followern gewundert. Vielleicht ist sie eifersüchtig. Nach dem letzten Chat bin ich mir sogar ziemlich sicher, dass sie eifersüchtig ist, und weiß nicht, wie ich mit diesem neuen Wesenszug umgehen soll und was ich ihr zur Beruhigung sagen kann.

»Ich bin zusammen mit einem Mädchen (neunzehn Jahre alt, hübsch, Studentin), das mich in ihrem Auto mitgenommen hat, in den Bergen in einem Luxus-Chalet gelandet, wo wir übernachtet haben. Jetzt kommen wir nicht mehr von hier weg, weil die Autobatterie leer ist.«

Die Wahrheit klingt so absurd und missverständlich wie der Auftakt zu einem schlecht gemachten Alpen-Porno, dass ich sie Anne auf keinen Fall erzählen kann. Zumindest jetzt nicht, wo mir dämmert, dass sie in uns vielleicht doch mehr sieht, als sie zugeben wollte, und dieses vernünftige Erwachsenengetue nur gespielt war. Aus Angst vor den Konsequenzen, um mich zu schützen oder weil sie nicht weiß, wie sie damit umgehen soll, dass ich so viel jünger bin. Sie scheint wirklich nicht zu ahnen, wie es in mir aussieht. Wie sehr mich ihre Unentschlossenheit verletzt. Und dann die Andeutung, dass es zwischen uns vielleicht nur was Körperliches ist. Ja, genauso hat sie das gesagt, »was Körperliches«, als könnte man das exakt trennen. Sechzig Prozent Geilheit von vierzig Prozent Liebe, oder umgekehrt. Ich hätte gedacht, dass sie in Sachen Liebe mutiger ist, so mutig wie die Figuren in ihren Büchern. Und vielleicht sollte sie mich zur Abwechslung in ihre Gedanken einbeziehen, bevor sie irgendwelche Entscheidungen trifft. Dann würde ich mich nicht so machtlos fühlen, wenn ich an sie, wenn ich an *uns* denke.

»Wir bewegen uns an der Grenze zum Verbotenen«, hatte sie bei unserem ersten Treffen, direkt am Tag nach dem Abiball, gesagt und dabei gleichzeitig ernst und glücklich ausgesehen und mich geküsst. Nachdem wir am nächsten Tag miteinander geschlafen haben, war sie plötzlich panisch und wollte, dass ich so schnell wie möglich ihre Wohnung verlasse. Im Anschluss haben wir die halbe Nacht gechattet. Sie hat sich für ihr Verhalten entschuldigt und beteuert, wie leid ihr das alles tue. Dass sie selbst nicht wisse, was mit ihr los sei, und sie etwas Zeit brauche, um nachzudenken. Auch wenn mich diese unerwartete Wendung verletzt hat, habe ich der Pause zugestimmt und mich schon innerlich darauf vorbereitet, dass es bei diesem einen Mal bleiben wird. Aber so, wie sie mich die letzten Tage mit Nachrichten überhäuft, scheint sie auch diesen Plan schon wieder verworfen zu haben. Und langsam kommt mir der Verdacht, dass ihre Wohnung nur deshalb bis unter die Decke mit Büchern vollgestopft ist, weil sie Angst hat, ihre eigene Geschichte zu schreiben. Im wahren Leben. Vielleicht mit mir an ihrer Seite. Wieso auch nicht?

Nur weil sich ein paar Leute an unserem Anblick stören könnten? Mir wäre das egal. Ich hätte kein Problem damit, Hand in Hand mit Anne durch die Stadt zu schlendern. Die Lehrerin und ihr Ex-Schüler. Aber der nächste Schritt muss von ihr kommen. Auch wenn Liebesschmerz wie ein Katalysator für gute Songs wirken kann, würde ich gerne darauf verzichten.

Während ich mir vorstelle, wie sich die Leute aus meinem Jahrgang das Maul darüber zerreißen würden, wenn sie von Anne und mir wüssten, kommt mir ein weiterer Gedanke: Was, wenn es ein Fehler war, mein Manifest abzufotografieren und in der Maschinen-Cloud zu speichern? Damit habe ich meine Strategie offengelegt.

Regel Nummer 5: Sei bereit, Risiken einzugehen, auch wenn die MASCHINE dich davor warnt.

Was, wenn die MASCHINE mich – meine *Psyche* – dadurch von Anfang an durchschaut hat und Anne deshalb auf Grün, auf *unbedeutend* gesetzt hat, damit ich mich auf den Weg mache und den Start der Reise nicht in letzter Minute verschiebe? Denn das hätte ich. Auch gegen Annes Willen. Wahrscheinlich hätte ich sogar bei Orange gezögert. Doch die MASCHINE hat mir durch dieses Grün in aller Deutlichkeit gesagt, dass die Begegnung mit Anne – egal, ob Ex-Lehrerin oder nicht – keinesfalls zu dem Leben führen wird, das ich mir vorstelle. So weit wie möglich entfernt von der Biografie meines Vaters, dieses gewissenlosen Erfolgsmenschen. Deshalb bin ich meinem Plan treu geblieben. Deshalb habe ich mich auf den Weg gemacht.

Aber kann das Ding wirklich so weit denken? War das eine Finte? Was, wenn die MASCHINE selbst Einfluss auf mein Leben nehmen möchte? Einen ganz eigenen Plan für meine Zukunft hat? Wusste das Programm von vornherein, dass ich vor allem der Farbe Rot folgen würde? Rot wie Abenteuer? Rot wie Umbruch? Ich war geschockt von der ersten Prognose, von dieser Durchschnittsbiografie, in der nichts, aber auch rein gar nichts darauf hinweist, dass ich mit Musik, mit meinen eigenen Songs, mein Geld verdienen werde. Ich wollte nicht wahrhaben, was da in nüchternen Zahlen stand. Ich wollte nicht glauben, dass mein Leben einfach so dahinplätschern würde. Hat die MASCHINE meine Reaktion beobachtet? Mit ihren Kameraaugen Tränen, Wut und Verzweiflung gesehen, als ich meine erste Prognose immer wieder gelesen habe? Wollte sie mit einer Fake-Bewertung für Anne, mit diesem lächerlichen Grün, verhindern, dass ich meine Pläne über den Haufen werfe? Wäre Anne Rot gewesen, hätte es durchaus sein können, dass ich auch gegen ihren Willen geblieben wäre, um herauszufinden, was das mit uns beiden ist. Wer weiß, vielleicht wären wir am Ende sogar gemeinsam mit ihrem Camper zum Surfen nach Portugal gefahren, und ich hätte meine Reise auf unbestimmte Zeit vertagt.

Aber was hätte das Programm davon, mich von Anne fernzuhalten? Welches Ziel versteckt sich zwischen den Programmzeilen? Ist die MASCHINE Freund oder Feind? Kämpft sie für oder gegen mich?

Mit dem unguten Gefühl, in meinen Entscheidungen manipuliert zu werden, wische ich über das feuchte Display – und stutze. Das Icon der MASCHINE, dieses aus winzigen Zahnrädern bestehende rostige M, befindet sich direkt auf der ersten Seite, wo es sich vor dem Frühstück definitiv noch nicht befunden hat und wohin ich es auch nicht geschoben habe. An erster Stelle, direkt vor WhatsApp und dem Telefon-Symbol. Ich versuche, die Veränderung rückgängig zu machen, aber das M weigert sich beharrlich, seine Position freizugeben. Ich starte das Handy neu. Zweiter Versuch. Wieder beginnen die anderen Apps zu zittern, nur die MASCHINE macht keinen Mucks, bleibt wie ins Display eingebrannt, unverrückbar an derselben Stelle. Die App muss das Betriebssystem infiziert haben. Anders kann ich mir das nicht erklären. Aber ich bin auch kein IT-Experte. Solange der Virenscanner keinen Alarm schlägt, gehe ich davon aus, dass alles okay ist. Trotzdem wäre es eventuell kein Fehler gewesen, sich nach dem letzten Update die allgemeinen Geschäftsbedingungen durchzulesen. Auch wenn ich mir nach wie vor keinen Reim darauf machen kann, was ein juristischer Text in einer weder für den Play Store noch für Apple zugelassenen Anwendung verloren hat. Das ist etwa so, als würde man einen gefälschten Pass verkaufen und sich vom Käufer zusichern lassen, dass der Name auf dem Ausweis echt ist.

Der Empfang bleibt mittelmäßig, wird etwas stärker, wenn ich mich dem südlichen Rand des Felsrückens nähere. Ich wage mich bis auf einen halben Meter an die Abrisskante und schwenke das Handy durch die Luft, als würde ich den Sendemasten auf dem Berg gegenüber zuwinken. Fast eine Minute vergeht, bis die App aktiviert ist. Der Haken neben dem GPS-Symbol signalisiert, dass die MASCHINE meinen Standort gefunden hat. Ich bin wieder im Spiel und erleichtert, dass Suns Status immer noch rot angezeigt wird. Deutlicher kann das Urteil doch kaum ausfallen, oder? Das Rot erscheint mir sogar dunkler als damals auf dem Parkplatz. Der DJ hat mittlerweile von einem blassen Orange zu einem dunklen Grün gewechselt. Wie es aussieht, kann sich die Einschätzung der MASCHINE im Lauf der Zeit verändern. Etwas enttäuscht registriere ich, dass Annes Status gleich geblieben ist. Ein helles Grün. Ich frage mich, was die ausschlaggebenden Kriterien sind, welche Gleichung dem Ergebnis zugrunde liegt und inwiefern sie sich beeinflussen lassen? Was sieht das Programm, was ich nicht sehen kann? Und warum lässt es mich nicht in seine Karten schauen? Bei meiner eigenen Prognose ist das auch möglich. Am Datenschutz für die angezapften Profile wird es wohl kaum liegen. Das wäre lächerlich. Jedenfalls halte ich an meiner Theorie fest, dass die Farbgebung signalisiert, ob die andere Person Einfluss auf mein Leben haben kann. Sun und dieser Ort – auf dem Gipfel eines Berges – sind dafür der beste Beweis. Es besteht also kein Grund, an meinen Plänen zu zweifeln.

Ich will das Handy wieder einstecken, da poppt neben Suns Profilbild plötzlich ein rautenförmiger Button mit der Aufschrift »Info« hoch. Der Button war vor einer Minute garantiert noch nicht da, und er steht auch vor keinem anderen Profil. Jetzt beginnt er zu blinken, will, dass ich aktiv werde und meine Neugierde stille – sofort!

Ich klicke auf die immer schneller blinkende Schaltfläche. Aus Angst, sie könnte sonst gleich wieder verschwinden. Kann das Programm Gedanken lesen, oder woher kommt dieser Sinneswandel? Vielleicht hat die Kamera meinen mürrischen Blick in Maschinensprache übersetzt. Vielleicht hat sie erkannt, dass ich langsam misstrauisch werde.

Eine graue, sich um die eigene Achse drehende Sanduhr zeigt an, dass Daten abgerufen werden. Nach fünf, sechs Umdrehungen löst sich die Sanduhr wieder auf, und ein neues Fenster öffnet sich. Seite eins von sieben wird angezeigt. Langsam werde ich nervös. Beim ersten Überfliegen sehe ich, dass dieses Dokument tatsächlich die Erklärung für das Ampelurteil der MASCHINE sein könnte. Eine Tabelle mit den fett gedruckten Rubriken **Herkunft, Verhalten, Konformität, Vertrauen** und **Finanzielle Perspektive** erscheint. Unter jedem Punkt erstrecken sich zwei unterschiedlich lange Balken in fahl glimmender Neonröhren-Optik. Die schraffierte Neonröhre mit dem Gender-Symbol für »männlich« gehört zu mir, folglich gehört das andere zu Sun. Ich klicke auf »Herkunft« und bekomme eine vielfach verzweigte Grafik vorgesetzt. Ein unübersichtlicher Stammbaum, der von selbst dorthin scrollt, wo die ersten Spuren der Familie in den Internetarchiven zu finden sind. Bei Sun reicht der Startpunkt bis ins siebzehnte Jahrhundert. Ich bin beeindruckt. Der Stammbaum erinnert an ein Diagramm zur mendelschen Vererbungslehre, bei dem sich im Fall von Suns Familie vor allem ein Merkmal durchgesetzt hat: der Erfolg. Die Grafik zeigt Namen, Geburtsdaten, Berufe und den akademischen Grad an. Es wimmelt nur so von Doktor-, Amts- und Würdentiteln. Statt Vorschaubildern aus der Ahnengalerie wird nur das zerschnittene Standard-Icon der MASCHINE, das M, als Platzhalter angezeigt. Zum Download der Bilder und zum Scrollen Richtung Gegenwart müsste der Empfang besser sein. Ich bin überrascht, dass uns in diesem Bereich nur dreiundzwanzig Prozentpunkte trennen, dass der Unterschied so gering ist. Offensichtlich geht es dabei nicht in erster Linie um Einkommen und Besitz, sondern um Bildung, Ausbildung, Schule und Studium. Ich gehöre also nicht direkt zur Unterschicht, immerhin haben meine Eltern beide studiert. »Das liebevolle Prekariat«, wie meine Mutter unser Leben gerne scherzhaft nennt, bekommt in den Berechnungen der MASCHINE eine Art Sonderstatus, weil rein theoretisch die Möglichkeit zum sozialen Aufstieg besteht.

Ich klicke auf »Finanzielle Perspektive«. Wie nicht anders zu erwarten, sieht es dort düster aus. Richtig düster. Die Differenz zwischen Sun und mir beträgt sagenhafte achtundneunzig Prozent. Als ich mir die anderen Rubriken ansehen will, schiebt sich ein zitterndes Briefumschlag-Symbol über die gesamte Grafik: eine Nachricht der MASCHINE. Sie will schon wieder meine Prioritäten verschieben. Als ich sie zur Seite wischen will, lande ich im M2M-Modus. Es ist die Antwort auf meine Frage zu Anne, ob ich in sie verliebt bin.

Die Wahrscheinlichkeit einer emotional stabilen Beziehung mit der gewählten Person liegt bei neun Prozent.
In einem Zeitraum von achtzehn Monaten.
Die Maschine hat eine Auswahl an passenderen Kandidatinnen und Kandidaten zusammengestellt. Sollen die Verknüpfungen zu Anne Perousse entfernt werden?

»Entfernt werden«, murmle ich fassungslos. Die MASCHINE schafft es immer wieder, mich zu überraschen, um nicht zu sagen: vor den Kopf zu stoßen. Weder ist Anne eine Kandidatin, noch stehe ich auf Männer. Und auf Online-Dating habe ich auch keinen Bock. Oder ist mir die MASCHINE auch hier einen Schritt voraus und hat mich nach meinem Auftritt in High Heels und Frauenklamotten in die Schublade »bisexuell« verschoben? Auf alle Fälle mangelt es der künstlichen Intelligenz an Empathie. Liebe und Verliebtsein sind für sie nicht mehr als eine mathematische Gleichung, an deren Ende ein Ergebnis steht.

Und was soll das überhaupt heißen? Dass ich in Anne verliebt bin, unsere Beziehung aber keine Zukunft hat? Ist das wirklich die Aufforderung der MASCHINE, mit Anne Schluss zu machen? Ihr zu sagen, dass alles ein Irrtum war? Sie darin zu bestätigen, dass ich nur ein achtzehnjähriger Teenager bin, der nicht weiter planen kann als bis zum nächsten Morgen?

Aber wir sind ja nicht mal zusammen. Anne und ich. Was will das Ding mit seinem Vorschlag also erreichen? Dass ich meine Zeit und meine Gedanken nicht länger mit Eventualitäten verschwende, sondern nach vorne schaue? Ich fühle mich bevormundet und schließe wütend das Programm. Egal, wie viele Datenpunkte die MASCHINE mittlerweile über mich und mein bisheriges Leben gesammelt hat, ob es Hunderte sind oder Tausende, und welche Fehler und Schwachpunkte sie entdeckt hat. Meine Gefühle kann sie nicht »lesen«. Sie weiß nicht, dass ich Anne jetzt, genau in diesem Augenblick, in diesen Sekunden vermisse. Nicht nur den Sex mit ihr, nicht nur den Anblick ihres wunderschönen Körpers. Sondern auch den Duft ihrer blassen Haut, ihre Küsse an meinem Hals und den weichen Klang ihrer Stimme, wenn sie aus ihren Lieblingsbüchern zitiert. Und aus diesem Vermissen, aus dieser tiefen Sehnsucht, kann etwas entstehen, das sich nicht auf eine mathematische Formel herunterbrechen lässt, das nur ein Mensch verstehen und empfinden kann: Liebe. Ich weiß, wie pathetisch sich das anhört. Aber das ist mir egal. Ich bin mehr als eine Summe von Charaktereigenschaften und Entscheidungen. Ich bin ich. Ich bin frei in meinem Denken und Handeln. Das hoffe ich zumindest. Und so beeindruckend ich die Analyse des Programms auch finde, werde ich es nicht zulassen, dass es mir ausgerechnet dort eine Entscheidung aufdrängt, wo seine Tentakel nicht hinreichen, wo es nur vermuten kann, was richtig oder falsch ist. Wo anstelle einer Seele ein großes schwarzes Loch klafft. Wo die Macht der MASCHINE aufhört und das Menschsein beginnt. Warum hat sie nicht einfach meine Frage beantwortet, mir gesagt, ob ich in Anne verliebt bin? Woher nimmt sie sich das Recht, mir ihre Meinung aufzuzwängen? Mein Daumen schwebt zitternd über dem Display. Ich hätte große Lust, die App zu löschen. Aber was dann? Ich hole tief Luft. Das Handy vibriert. Anne hat mir über WhatsApp geschrieben. Ich kann die Nachricht nicht lesen, weil das Internet mit einem Mal extrem langsam ist, auch wenn ich damit in der Luft herumfuchtele. Vielleicht besser so. Vielleicht sollte ich mir erst mal selbst darüber im Klaren werden, was ich von ihr will. Sobald wir in Köln sind, werde ich sie anrufen. Jetzt habe ich dazu keinen Nerv.

Ich stecke das Handy wieder ein und versuche mir den Klang ihrer

Stimme vorzustellen, aber es gelingt mir nicht. Selbst ihr Gesicht wirkt auf einmal undeutlich, verschwommen, wie durch einen dünnen Schleier. Und das nach drei Tagen. Was hat das zu bedeuten?

Ich lasse meinen Blick bewusst langsam über die Landschaft schweifen, versuche mich zu beruhigen und den Anblick zu genießen. Aber das Glücksgefühl von vorhin lässt sich nicht zurückholen. Meine Gedanken haben diesen Ort bereits verlassen.

Sun hat sich in etwa fünfzig Metern Entfernung auf einen Felsvorsprung gesetzt, der wie eine schwarze Zunge in den vorbeifließenden Wolkenstrom ragt. Sie hat die Beine dicht an den Oberkörper gezogen und mit den Armen umschlungen. Ich widerstehe dem Impuls, ein Foto von ihr zu machen. Auch wenn das Motiv beeindruckend ist. Aus der Ferne könnte man Sun für einen hellgrauen Felsen halten. Nieselregen setzt ein. Sun öffnet die Haare, die sich in der Feuchtigkeit gewellt haben, und blickt in die Ferne. Sieht aus, als würde sie meditieren. Sie wippt kaum merklich vor und zurück. Windböen zischeln durch das Gestrüpp und verleihen dem Bild die passende Atmosphäre. Der Regen wird stärker, die Tropfen härter. Ein Schauer kündigt sich an. Sun erhebt sich, zögert, scheint zu überlegen, was sie tun will, und geht in kleinen Schritten bis vor an die Abbruchkante. Im ersten Moment bin ich fasziniert von ihrem Mut, im nächsten packt mich nackte Angst.

»Übertreib es nicht«, will ich ihr zurufen, als ich mit Schrecken sehe, wie sie im stärker werdenden Wind zu schwanken beginnt. Die dünne Jacke presst sich eng an ihren Oberkörper. Zeichnet ihre Konturen scharf nach wie bei einem Gipsabdruck, zerrt an Kapuze und Haaren und lässt beides wie ein loses Segel hinter ihrem Kopf flattern.

Wieder vergehen Sekunden. Sekunden, in denen ich nicht weiß, was ich tun soll. Nicht weiß, was in Sun vor sich geht.

Plötzlich breitet sie ihre Arme aus, was die Angriffsfläche für den Wind vergrößert. Warum tut sie das? Weiß sie, dass ich sie beobachte? Will sie mir zeigen, was ich für ein Weichei bin? Mir einen Schrecken einjagen? Ich kann ihre Show nicht länger mitansehen, traue mich aber nicht, ihren Namen zu rufen. Ich gehe in steifen Schritten auf sie zu. Habe das Gefühl, dass sich die Strecke dehnt, je schneller ich bei ihr ankommen will. Als ich noch etwa zehn Meter von ihr entfernt bin, verschlägt es mir den Atem. Ihre Augen: Sie sind geschlossen! Sie steht mit geschlossenen Augen und ausgebreiteten Armen am Abgrund. Eine Windböe, und das war's. Wie tief geht es hier runter? Fünfzig Meter, hundert? Tief genug, um beim Aufprall zu sterben. Ein schrecklicher Gedanke schießt mir durch den Kopf. Wusste die MASCHINE davon, dass ich zu einer Selbstmörderin ins Auto gestiegen bin, und wollte mich warnen? Ist die Farbe Rot eine Warnung?

Ich wage es nicht, mich zu bewegen, bin erstarrt, sehe Bilder ihres Sturzes vor meinem inneren Auge. Sun, eine Selbstmörderin!

»Sun«, rufe ich zaghaft in ihre Richtung. Dann etwas lauter. »Sun. Bitte, geh von der Kante zurück. Bitte. Das ist gefährlich.« Ich weiß nicht, ob sie meine Worte hören kann, jedenfalls reagiert sie nicht. Nicht mal ein Zucken in ihrem Gesicht. Ausdruckslos. Wie in Trance.

Ich gehe weiter. Sun bewegt sich nicht vom Fleck. Ich bilde mir ein, ein leises Summen zu hören. »Sun«, rufe ich etwas lauter. »Bitte mach keinen Scheiß. Bitte.« Sie reagiert nicht. Als ich näher komme, bin ich mir sicher, dass dieses Summen, diese kleine Melodie, von Sun kommt. Ich spiele die Möglichkeiten durch, sie zu retten, sie von dort wegzuholen. Mein Handy vibriert an meiner Hüfte. In einem seltsamen Rhythmus. Dreimal kurz, dreimal lang, dreimal kurz. Was ist das? SOS? *Dididi, dahdahdah, dididi*. Woher weiß ich das? Von Max oder von meinem Vater? Ich erinnere mich dunkel daran, dass mir Max ein Walkie-Talkie mit SOS-Knopf geschenkt hat. Mit nassen Fingern ziehe ich mein Handy aus der Hosentasche. Das Display blinkt. Meine Kehle wird augenblicklich trocken.

Der Voice-Analyzer hat den Panik-Modus aktiviert.
Sollen Notfallmaßnahmen eingeleitet werden?

Notfallmaßnahmen? Bevor ich eine Vorstellung habe, was damit gemeint sein könnte, erscheint ein rot blinkender Button mit den Optionen »J« und »N«. Darüber ein Countdown, bei fünf beginnend. Ich weiß nicht, was ich tun soll, was passiert, wenn ich auf Ja drücke.

»Alles okay?« Suns Stimme lässt mich hochschrecken. In letzter Sekunde drücke ich auf Nein. Ich bringe kein Wort heraus. Das Handy gleitet mir aus der Hand und kracht auf den felsigen Boden. Sun kommt zu mir herüber und hebt es auf. »Die allseits beliebte, kostenlose Spider-App. Ab jetzt auch für Ihr Mobiltelefon.« Sie hält es mir hin. Das Display ist im oberen Drittel gesprungen. Aber es scheint noch zu funktionieren.

»Ist irgendwas passiert?«, fragt sie. Ihr Blick ist matt. Ich meine, Tränen in ihren Augen zu sehen. Sie sieht extrem blass aus. Und jetzt streicht sie über meinen Arm. »Du hast ausgesehen, als hätte dich ein Blitz getroffen. Hattest du wieder einen Flashback?«

Ich schüttle stumm den Kopf. »Warum hast du das getan?«, sage ich mit harter Stimme. »Spinnst du total? Willst du dich umbringen? Soll ich dir dabei zusehen? War das der Plan? Hast du überlegt zu springen?«

Sun verzieht den Mund. »Wie bitte, was? Wieso soll ich mich umbringen? Geht's noch? Welcher Film läuft denn bei dir gerade?«

Mein Handy piepst. Sun schaut auf das Display. »Was soll das sein: der *Panik-Modus*? Hast du eine Stimmungs-App installiert? Hat etwa die App gesagt, dass ich mich umbringen will? Was für ein Schrott!«

Ich reiße ihr das Handy aus der Hand. »Warum ... warum hast du das getan?«

»Ich? Was soll ich getan haben? Wovon sprichst du?«

»Willst du dich umbringen?«, wiederhole ich meine Frage. »Sind wir deshalb hier? Ist das *dein* Plan? Wolltest du deshalb nicht, dass ich mitkomme auf diesen Berg?«

Sie verzieht das Gesicht. Ich weiß nicht, ob ich ihr die Empörung abnehmen soll. Bin mir sicher, dass das in ihren Augen Tränen sind und keine Regentropfen.

»Was redest du da?«, sagt sie barsch. »Wieso sollte ich mich umbringen? Habe ich irgendwas verpasst? Könntest du mir jetzt bitte sagen, was los ist?«

Ich hole tief Luft. »Während der Autofahrt immer volles Risiko. Auf der Party dann von allem gelangweilt. Und seit wir in den Bergen sind, dieser niedergeschlagene Blick. Ich kenne das, verstehst du.«

»Glaub mir, ich hab nicht vor, mich umzubringen. Scheint wohl eher dein Thema zu sein. Denkst du wirklich, ich hätte dich mitgenommen, wenn ich vorgehabt hätte, mich von einem Fels zu stürzen? Für wie krank hältst du mich?« Sie stellt den Rucksack auf den Boden, zieht das Handtuch heraus und wischt sich das Gesicht ab. »Ich komme hier hoch, seit ich ein kleines Kind bin. Dieser Ort, dieser Fels da drüben – von dem ich definitiv nicht springen wollte – schenkt mir Klarheit, wenn mich etwas beschäftigt. Hier bekomme ich Antworten. Hier habe ich schon viele wichtige Entscheidungen getroffen.«

»Und welche Entscheidung war das eben, als du mit geschlossenen Augen am Abgrund gestanden hast? Weiterzuleben?«

»Meine Pläne in die Tat umzusetzen«, sagt sie mit harter Miene.

»Ich habe mich also getäuscht?«

Sie nickt. »Du hast die falschen Schlüsse gezogen.«

SIEBZEHN

Anderthalb Stunden später sitze ich mehr oder weniger entspannt auf einem Klappstuhl vor dem Gartenzaun. Der Pannendienst schickt eine SMS auf Suns Handy, sobald sich abschätzen lässt, wann sie bei uns sein werden. Direkt neben dem angerosteten Gartentor kriegt man hin und wieder einen Strich. Für eine gewöhnliche SMS würde das genügen, hat Sun gesagt. Ich bin mir da nicht sicher. Meine Mailbox lässt sich jedenfalls nicht abhören.

Ich übernehme die erste Schicht. Meine Waden sind übersät mit Mückenstichen, die ich mir auf dem Rückweg vom Berg eingefangen hab. Sun ließ es sich nicht nehmen, die Stiche mit einem selbst gemachten Heilkraut-Spucke-Gemisch zu behandeln, was das Jucken zumindest erträglicher macht. Nebenbei hat sie mir gezeigt, wie man mit bloßen Händen Brennnesselblätter zum Teemachen pflückt, ohne sich Blasen zu holen. Diese weiche, fürsorgliche Seite mag ich an ihr. Trotzdem werden sich unsere Wege trennen, sobald wir in Köln sind. Das steht fest. So überraschend und spannend unsere gemeinsame Zeit auch sein mag, ich will mich nicht mit Leuten umgeben, die ich nicht einschätzen kann, die Nähe und Vertrauen andeuten und im nächsten Moment dichtmachen oder einen zu Tode erschrecken. Da draußen sind genügend Menschen, denen ich in den kommenden drei Monaten begegnen kann. Und mit Sicherheit gibt es darunter eine Handvoll, bei denen die Ampel auf Rot springt, obwohl sie nicht vorhaben, vom nächsten Berg zu springen, Amok zu laufen oder sonst wie durchzudrehen.

Nachdem Sun meine Stiche versorgt hatte, stand ich kurz davor, ihr als Zeichen meines Vertrauens von der MASCHINE zu erzählen. Doch dann wollte ich noch etwas über ihren Studiengang wissen, wie hoch die Studiengebühren sind, ob sie sich vor allem wegen der Kohle und ihrer Herkunft dafür entschieden hat und solches Zeug, und sie war wieder kratzbürstig und abweisend, so von oben herab, als hätte ich keine Ahnung davon, wie die Welt funktioniert. Das war der Moment, in dem ich mir sicher war, dass sie sich über den wahren Grund meiner Reise lustig machen würde. Mich als naiven Idioten hinstellen, der einem Computerprogramm mehr vertraut als seinem eigenen Instinkt. Aber mit meinem Instinkt ist alles in Ordnung. Mein Instinkt sagt mir, dass Sun ein dickes Problem hat. Oder gleich mehrere.

Und auch, wenn sie vielleicht nicht vorhatte, von dem Fels zu springen, ist da oben auf dem Berg etwas mit ihr passiert. Etwas, das sich nicht mit spiritueller Erkenntnis, der Nähe zu Gott und/oder dem Universum erklären lässt. Sie hatte Tränen in den Augen. Und das waren keine Tränen der Rührung, weil das Panorama sie so *geflasht* hat. So viel Menschenkenntnis ist bei mir noch vorhanden, um den Unterschied zwischen Erleuchtung und Verzweiflung zu erkennen. Meine Wahrnehmung lasse ich mir nicht absprechen.

Auch wenn ich der MASCHINE nach der Sache mit Anne nicht mehr hundertprozentig über den Weg traue, würde mich interessieren, was sie noch so alles über Sun herausgefunden hat. Die Details. Die restlichen Parameter, aus denen sich hoffentlich herauslesen lässt, mit wem ich es zu tun habe, wer sich hinter der Maske verbirgt. Vielleicht muss ich mir die Links und Verknüpfungen anschauen, die *das große M* auf Suns Timeline gesetzt hat. Die Knotenpunkte werden ja ständig aktualisiert. Eine Armee aus Suchbots durchforstet unermüdlich das Internet und ist beim Auffinden neuer Spuren äußerst effektiv. Selbst wenn Sun in irgendwelchen Foren unter falschem Namen unterwegs ist oder war, wird das Programm sie früher oder später aufspüren. Das hat mich schon bei Anne verblüfft, dass die Software zu etwas fähig ist, von dem ich dachte, dass es nur Geheimdienste und Datenforensiker können. In ihrem Fall hat die Suche sogar Einträge aus dem Deep Web an die Oberfläche gespült, die über normale Suchmaschinen nicht zu finden sind und noch aus dem vorigen Jahrzehnt stammen.

Unter dem Zungenbrecher-Pseudonym *mystrangeeyesofbeauty67* hat Anne zu Beginn ihres Studiums auf verschiedenen Seiten nach Leuten gesucht, die mit ihr einen Buchklub gründen wollten. Als Profilbild hat sie ein auf alt gemachtes Porträt benutzt, das sie wie eine hübschere, vor Glück strahlende Version von Virginia Woolf aussehen ließ. Daraufhin haben sich ein paar Freaks (*bukowski21, orwellisinthehouse17, eastonelliswantsyoursoul*) gemeldet, die wissen wollten, ob sie schon volljährig ist, was sie im Bett antörnt und wann sie sie treffen könnten, um sich gegenseitig zu »inspirieren«. Doch das war nicht alles: Von den Chat-Teilnehmern konnte man sich die Klarnamen, IP-Adressen und gegenwärtigen Aufenthaltsorte ansehen. Einen Kontakt habe ich überprüft. Er gehörte zu einem Germanistik-Professor aus Hildesheim. Für mich war das der endgültige Beweis, dass die MASCHINE kein Spielzeug ist, sondern ein mächtiges Tool, das jemand in die Welt gesetzt hat, um den Leuten die Chance zu geben, Fehler zu vermeiden. Es, wenn nötig, anders und besser zu machen als die eigenen Eltern. Nach dem eigenen Weg und der eigenen Wahrheit zu suchen, die Kontrolle zu behalten und nicht nur Mitläufer zu sein.

Das Handysignal pendelt zwischen einem Strich und *Nur Notrufe*. Ich hoffe, dass die SMS vom Pannendienst tatsächlich durchkommt. Wenn ich Suns Handy waagerecht an die gewundenen Eisenstäbe des Gartentors halte und mich nicht bewege, ist die Verbindung stabiler. Wahrscheinlich wirkt das Metall wie ein Signalverstärker. Aber die starre Haltung ist auf Dauer ziemlich unbequem.

Es ist windstill und wegen der Sonne, die immer größere Lücken in die Wolken brennt, auch schon wieder schwülwarm. Das an- und abschwellende Zirpen der Grillen wird mit jeder Wiederholung lauter, als würden sie das Tropenklima in den höheren Lagen willkommen heißen.

Ich weiß nicht, wer Sun ist, notiere ich in mein Notizbuch. Daneben die Uhrzeit. Stunden, Minuten, Sekunden. Seit ich zu Sun ins Auto gestiegen bin, geht es Schlag auf Schlag. Ständig passiert etwas. Ich kann kaum glauben, dass ich erst ein paar Tage unterwegs bin.

Ich hebe ein mit braunen Punkten gesprenkeltes Eichenblatt vom Boden auf, umfahre die Umrisse mit dem Finger und lege es zum Trocknen zwischen die Seiten. Sun hatte sich überlegt, Biologie zu studieren, sich aber dann für Wirtschaft entschieden, weil es nach dem Studium mehr Möglichkeiten geben würde, einen guten Job zu bekommen. Diese Erklärung klang so unglaubwürdig, wie auswendig gelernt, dass ich lachen musste, was Sun natürlich auf die Palme brachte. Auch wenn ich glaube, dass ihre Eltern nett sind, haben sie bestimmt konkrete Vorstellungen davon, wo sie ihre Tochter in ein paar Jahren sehen wollen. Und genügend Kontakte, um die Karriere ins Laufen zu bringen. Da bin ich mit meiner Mutter deutlich besser dran. Mit dem Abitur habe ich das Maximum ihrer Erwartungen erfüllt. Was danach kommt, liegt allein in meiner Hand. Das war der unausgesprochene Deal. Mit achtzehn bin ich frei.

Ich schreibe weiter. Mit halb geöffneten Augen folge ich meiner krakeligen Handschrift.

*Wollte sich Sun wirklich umbringen? Oder hab ich mir das
bloß eingebildet? Einbildung, Einbildung, Einbildung.
Habe ich nur das gesehen, wovor ich mich am meisten fürchte?
Dabei zu sein, wenn ein Mensch stirbt? Hat mein Gehirn
die falschen Schlussfolgerungen gezogen?*

WER – IST – SUN?

Suns Handy vibriert einmal kurz und bricht wieder ab. Ich halte es an die Eisenstäbe. Wieder die Vibration. Das Display leuchtet auf. Leider ist es nicht die erlösende Nachricht vom Pannendienst, sondern ein Anruf von Suns Mutter. »Mama« wird angezeigt. Daneben das Bild ihrer hübsch zurechtgemachten, aber ziemlich ernst dreinschauenden Mutter.

»Mama«, wiederhole ich die beiden Silben. Die kindliche Ansprache passt nicht zu Sun. Ein dahingerotztes Mum würde ihrem rauen Charakter eher entsprechen.

Bevor ich mir für Suns Mutter eine Erklärung zurechtgelegt habe, die nicht zu abgedreht, nach Drogen, Alkohol und ungeschütztem Geschlechtsverkehr klingt, bricht der Anruf ab. Der Empfang ist weg. Ich drücke das Handy gegen die Stahlstreben und warte. Zehn Sekunden später sagt das Banner, dass es ihr achter Versuch war und sie keine Nachricht hinterlassen hat. Vielleicht haben die beiden Streit. Ist ja nicht besonders schwer, sich mit Sun zu streiten.

Ich habe keine Lust, Suns Laune abzukriegen, deshalb werde ich ihr erst beim Schichtwechsel von dem Anruf erzählen, oder gar nicht, wie es sich eben ergibt.

Mein linker großer Zehennagel hat sich lila verfärbt und pocht. Sun meint, dass der Nagel in ein paar Wochen von selbst abfallen wird. Ich strecke meinen Fuß in die Luft und mache ein Foto mit meinem Handy. Mit all dem Grün im Hintergrund sieht der Kontrast beeindruckend aus. Wie das Wundmal eines Pilgers.

Ich bin gerade dabei, einzudösen, als das gleichgültige Zirpen der Grillen weniger wird, bis es fast ganz verstummt. Verwundert blicke ich mich um und zucke mit den Schultern. Vielleicht warten sie auf die nächste Wolkenlücke oder halten verspätet Siesta.

»Keine Lust mehr oder was?«, rufe ich ihnen zu. »Ist ja auch ganz schön eintönig. Vielleicht solltet ihr es mal mit einer Melodie versuchen.« Ich fuchtele mit den Armen in der Luft herum wie der Dirigent des örtlichen Musikvereins und kippe beinahe vom Stuhl. Die Sonne bricht durch die Wolken und setzt einen Spot auf den Platz, an dem ich sitze. Das grellweiße Licht verhindert, dass ich mehr als nur Schatten sehen kann, dort wo der Wald beginnt und die Tannenwipfel wie die Zacken eines Sägeblatts in den Himmel schneiden. Ich höre entferntes Knacken, als würden bei sämtlichen Bäumen im Umkreis Äste abbrechen. Gefolgt von einem tosenden Geräusch, das in einem dumpfen Aufprall mündet. Dann ist es still.

Ich unternehme einen weiteren Versuch, einzuschlafen. Stelle mir vor, im Urwald zu sein, weit weg von jeglicher Zivilisation. Ganz auf mich allein gestellt. Wenn ich Schlangen, Spinnen und Tigermücken ausblende, hat diese Vorstellung etwas Befreiendes und fühlt sich nicht nach Einsamkeit an. Ich schlafe ein. Als ich wieder zu mir komme, höre ich ein Wimmern, nein, zuerst klingt es wie ein Winseln, das an ein hilfloses Baby erinnert und meine Gedanken zu Martha lenkt. Vielleicht sollte ich eine Ausnahme machen und Berlin als festes Reiseziel in meine Tour aufnehmen. Zufall hin oder her. Sie ist meine Schwester. Sie bekommt ein Kind, ich werde

Onkel, und ich vermisse sie. Aber bei der Geburt zusehen will ich auf keinen Fall.

Das Wimmern kommt aus derselben Richtung wie vorhin. In unregelmäßigen Abständen. Mal lauter, dann wieder leiser und minutenlang gar nicht. Es könnte ein Hund sein. Ein verletzter Hund, der weggelaufen ist und Hilfe braucht. Natürlich könnte es auch ein Reh sein oder ein Wildschwein oder ein Hirsch. Ich habe keine Ahnung, wie Tiere klingen, wenn sie Schmerzen haben.

Ich stehe auf, zwänge mich in die engen Badelatschen und schlurfe auf das Geräusch zu. Meine Oberschenkel sind steinhart. Morgen werde ich den Muskelkater meines Lebens haben. Ich bleibe im Kiesbett hängen, und das Wimmern verstummt. Das Tier hat Angst. Angst vor Menschen. Das kann ich ihm nicht verdenken. Wahrscheinlich hat es mich trotz der stinkenden Brennnesselsalbe als Feind identifiziert. Vielleicht ist es doch besser, Sun zu holen. Unentschlossen bleibe ich auf halber Strecke zum Wald stehen. Wenn ich zu Sun gehe, bevor ich mir selbst ein Bild von der Lage gemacht habe, wird sie mich wieder wie einen Idioten behandeln, der nichts auf die Reihe kriegt und schon beim kleinsten Anlass nach Hilfe ruft. Sie macht es einem nicht leicht, ihr auf Augenhöhe zu begegnen. Fakt ist, dass ich mich nicht mit verletzten Tieren auskenne und es hier kein Internet gibt, wo ich mir die entsprechenden Infos holen kann.

Ich gehe weiter. Das Winseln kommt jetzt unregelmäßig. Mal lauter, mal leiser. Dann minutenlang gar nichts, außer dem Rascheln halb verdorrter Blätter, die sich an kranken Bäumen festklammern, und dem hellen Schrei eines Bussards, der über dem Wald seine Kreise zieht. Die Grillen haben ihre Arbeit eingestellt, und die Vögel auf den Bäumen singen zurückhaltender. Zumindest bilde ich mir das ein, je länger die Pausen zwischen dem Wimmern sind. Jetzt vibriert das Handy in meiner linken Hosentasche – Suns Handy. Ich hole es heraus. Endlich. Die Nachricht vom Pannendienst. Sun hat vergessen, mir den Entsperrcode zu geben, weshalb ich nur die ersten beiden Zeilen mit der Auftragsnummer und den Worten »aufgrund technischer Probleme verzögert sich ...« lesen kann. Ich stecke das Handy wieder weg und tauche mit einem mulmigen Gefühl in den schattigen Wald ein. Das Licht ist dämmrig, obwohl die Sonne erst in knapp vier Stunden untergehen wird. Mit den Badelatschen an den Füßen ist es unmöglich, sich geräuschlos zu bewegen. Unter mir knistert und knackt es wie verrückt. Aber barfuß ist zu riskant. Wer weiß, ob es hier nicht auch Schlangen gibt. Selbst wenn sie nicht giftig sind, beißen können sie alle.

Mit dem sicheren Gefühl, genau das Falsche zu machen, wenn ich dem Wimmern folge, verlasse ich den befestigen Weg und wage mich ins Unterholz. Farne, Brombeerbüsche, Vogelbeeren, Baumstümpfe, Wurzeln, Inseln aus Moos, die in einem unechten Grün leuchten. Zögerlich bewege ich mich in die Richtung, wo ich das Wimmern zum letzten Mal geortet habe. Hinter mir werden die Grillen wieder lauter, als wollten sie mich akustisch von der Welt außerhalb des Walds abschirmen.

In etwa dreißig Metern Entfernung, neben einem dunklen Felsbrocken, liegt ein großer umgestürzter Baum. Der geborstene Wurzelballen zeigt in meine Richtung. Ich gehe darauf zu. Wenn ich mir Suns Erklärung zur Beschaffenheit von Blättern richtig gemerkt habe, handelt es sich um eine Buche. Die Rinde ist an vielen Stellen abgeplatzt oder aufgesprungen, aus den Rissen quellen orangerote Schleimklumpen. Vielleicht kam das Geräusch von vorhin, dieses Knacken und Tosen, von dem Baum. Der Krater, den die Wurzeln des Baums zurückgelassen haben, sieht frisch aus. Regenwürmer und Kakerlaken suchen nach einem neuen Versteck. Dürre abgerissene Wurzeln ragen aus dem Boden wie die abgerissenen Tentakel eines Riesenkalmars. Ich mache ein paar Makroaufnahmen mit meinem Handy, während ich mich mit dem Rücken gegen den mächtigen Stamm lehne und darauf warte, dass das Tier sich zurückmeldet.

Vielleicht ist Heranpirschen genau das falsche Signal. Jäger pirschen sich an ihre Beute heran.

Rechts von mir liegt eine umgekippte Hinweistafel mit Verhaltensregeln für Wanderer. Hier irgendwo muss das Tier liegen. Ich spiele erneut mit dem Gedanken, umzukehren und Sun zu holen. Weder habe ich Verbandszeug dabei noch irgendetwas, mit dem ich dem Tier helfen kann, sollte es verletzt sein. Dass es sich von mir tragen lässt, wage ich zu bezweifeln.

Ich ziehe die Badelatschen aus, klettere über den Baumstamm und lande auf dem kreisförmigen Kamm eines Erdwalls. In der schattigen Senke liegt ein Tier. Darüber eine schmale Felsnase, die wie ein Dach oder ein steinernes Sprungbrett in die Mulde ragt. Ich senke den Blick und zucke zusammen. Mit den Lippen forme ich stumm, was meine Netzhaut an mein Gehirn weitergibt.

Wolf.

Kein Zweifel: Da unten liegt ein abgemagerter Wolf, der ein pfeifendes, winselndes Geräusch von sich gibt und blinzelt. Schäferhunde haben nicht so ein buschiges Brustfell, versichere ich mir und aktiviere mein spärliches Wissen. Überreste aus Märchen und Filmen, die von dem bösen Wolf erzählen und dem Tier, das da in der Mulde liegt, das Recht absprechen, einen eigenen Charakter zu haben. Anders zu sein als seine Artgenossen.

Es hört sich an, als wollte der Wolf heulen, wie Wölfe heulen, wenn Vollmond ist oder sie dem Rudel ihren Standort melden. Für ein Notsignal, das vom Wind davongetragen wird, scheint die Kraft nicht mehr auszureichen.

Die kläglichen Laute, die jetzt aus seinem Maul kommen, könnten am ehesten zu Schmerz gehören. Sie ändern sich ständig in Tonlage und Intensität.

Ich beobachte. Ich bleibe stehen und beobachte, während mein Herz davongaloppiert. Ich kann mir nicht vorstellen, dass der Wolf Angst hat. Angst vor mir. Nein. Er wird instinktiv wissen, dass er mir überlegen ist. Vier Beine sind schneller als zwei. Das hier ist sein Revier. Und bewaffnet bin ich auch nicht. Ich wäre leichte Beute.

Das Blut pocht hinter meinen Schläfen. Wahrscheinlich kann er *meine* Angst, die Ausdünstungen meiner Menschenangst, riechen. Unsere Blicke begegnen sich. Zum ersten Mal und nur sehr kurz. Eine halbe Sekunde vielleicht. *Auge in Auge mit einem Wolf.* Ich wende den Blick schnell wieder ab, will ihn nicht wütend machen. Aus dem Augenwinkel sehe ich, dass sich der wuchtige Kopf bewegt. Sich hebt, ein paar Zentimeter nur, und dann kraftlos zurück auf den Blätterboden sinkt. Jetzt dringt ein Röcheln aus seinem Maul. Todesröcheln. Ist das Sterben bei Mensch und Tier gleich?

Weglaufen wäre eine Option. Vielleicht sogar die beste. Mein Handy rauszuholen, ein paar Fotos oder besser noch ein Video zu machen, zurückzugehen und es Sun zu zeigen, eine andere. Stehen zu bleiben und darauf zu warten, bis die Bäume mir zurufen, was ich tun soll, die dümmste von allen.

Wolf, Wolf, Wolf, wiederhole ich in Gedanken, um es selbst glauben zu können. *Das da unten ist ein Wolf!*

Vielleicht handelt es sich auch um einen besonders großen Schäferhund. Jedenfalls liegt er zusammengekauert auf einem Bett aus Blättern und Tannennadeln, das sich von allen Seiten an sein gelbbraunes Fell schmiegt und die Umrisse verschwimmen lässt. In der Mulde hat sich feuchtkühle Nachtluft gehalten. Das Licht trägt einen bläulichen Schimmer, wie in den Minuten, bevor die Sonne untergeht. Plötzlich kommt mir der Gedanke, in eine Falle geraten zu sein. Ich fahre erschrocken herum. Bäume. Nichts als Bäume, die mich erwartungsvoll anstarren. Ein kühler Luftzug streift über meinen verschwitzten Rücken. Hungrige Wölfe, die auf Menschen Jagd machen. Sie anlocken und dann im Rudel über ihr Opfer herfallen. Warum sollte es das nur in Filmen geben? Ich sehe schon die Schlagzeilen vor mir.

Schreckliches Unglück im Taunusgebirge. Abiturient auf Rucksackreise von Wolfsrudel zerfleischt. Mitten in Deutschland. Ist der Extrem-Sommer schuld daran, dass die Tierwelt verrücktspielt?

Dieser Wolf ist kein Schauspieler, und das hier ist keine Falle.

Ich nähere mich dem Tier, leicht gebeugt, in Zentimeterschritten. Aus seiner Perspektive, flankiert von langen Baumschatten, muss ich dennoch wie eine Riese aussehen. Mein Sicherheitsabstand beträgt etwa zwei Meter. Näher wage ich mich nicht heran. Ich gehe in die Hocke. Zum ersten Mal in meinem Leben blicke ich in beeindruckend gelbe Wolfsaugen. Augen, die aus einem dunklen Gesicht hervorstechen und von innen heraus zu glimmen scheinen.

»Alles wird gut«, flüstere ich. »Ich ... ich werde dir helfen, irgendwie.«

Das Tier liegt da wie ausgestopft, steif, zwischen den stockenden Atemzügen. Nur die Augen sind lebendig. Dann erreicht mich ein Blick, der wie ein Flehen aussieht. Wie der Versuch, per Augenkontakt einen Gedanken zu übermitteln, der von meinem Gehirn dechiffriert werden kann. Ein universeller Code, der bei allen Lebewesen gleich ist. Eine Schnittstelle zwischen Mensch und Tier, die bisher nicht entdeckt wurde, weil sie erst im Angesicht des Todes aktiviert wird.

Wolfsschmerz. Ich kann ihn spüren. In meiner Brust. In meinen Eingeweiden. Das Ende steht bevor. Ich vergesse zu atmen, der Wolf vergisst zu wimmern. Das offen stehende Maul entblößt sein überlegenes Raubtiergebiss. Ich stelle mir vor, wie es sich anfühlt, wenn er zuschnappt. Wenn sich seine spitzen Fangzähne durch meine Hautschichten bohren. Aber dieses Tier ist keine Bestie. Und mein Instinkt sagt mir, dass es dieses Ende nicht verdient hat.

ACHTZEHN

Das Fell ist an mehreren Stellen regelrecht aufgerissen, von geronnenem Blut und Eiter verkrustet. Vom Rücken bis hinunter zu den Hinterläufen zieht sich eine klaffende Wunde, die einen unangenehm fauligen Geruch verströmt – und nach Urin riecht es auch. Wie lange sich der Wolf wohl durch den Wald geschleppt hat, bis ihn die Kräfte verlassen haben?

»Du armes Tier«, sage ich, um sicherzustellen, dass meine Stimmbänder noch funktionieren. Ich weiß nicht, ob das wieder eine Nachwirkung der Drogen ist, aber die Situation erscheint mir mehr und mehr wie ein Traum, ein absurder, aber sehr realistischer Traum, der sich wie ein Parasit über die Wirklichkeit stülpt. Ich muss unwillkürlich blinzeln, weil ich damit rechne, jeden Moment aus dem Schlaf hochzuschrecken.

Der Wolf versucht erneut, den Kopf zu heben, aber er schafft es nicht. Dafür blinzelt auch er jetzt in ungleichmäßigen Episoden. Wahrscheinlich vor Schmerz. Oder um die kleinen Mücken zu verscheuchen, die sich auf seinen tränenden Augen niederlassen wollen.

Ich behalte meinen Sicherheitsabstand bei. Traue mich nicht, ihn zu berühren, obwohl ich es vielleicht tun sollte. Wenigstens an einem Bein. Damit er weiß, dass ich keine Gefahr für ihn darstelle. Aber vielleicht existieren Berührungen, die Fürsorge bedeuten, gar nicht in der Welt von Wölfen, die ihr Rudel verlassen haben. Und

Annäherungen, die von einer anderen Spezies ausgehen, münden grundsätzlich in Kampf und Verteidigung. Vielleicht ist diese Mensch-Tier-Schnittstelle nur ein Wunschtraum. Er weiß nicht, dass ich mit ihm fühle, und hat einfach nur Angst vor dem, was als Nächstes kommt.

Der Wolf schiebt seine weiß belegte Zunge quer aus dem Maul. Sein Atem raschelt, die verletzte Flanke hebt und senkt sich zitternd. Unter seinem Fell winden sich die Muskeln wie riesige Würmer, die kurz davor stehen, ihren ausgesaugten Wirt zu verlassen.

»Ich hole Hilfe«, sage ich und erhebe mich in Zeitlupe aus der Hocke. Darauf gefasst, von dem Wolf attackiert zu werden, falls er seine letzten Kräfte mobilisiert, um sich an mir, als Stellvertreter der menschlichen Rasse, dafür zu rächen, dass es Zäune, Wege und Hütten gibt, wo eigentlich sein Revier sein sollte.

»Ich bin gleich wieder da.« Ich versuche, das Maximum an Freundlichkeit in jedes Wort zu legen, traue mich nicht, dem Tier den Rücken zuzukehren. Vorsichtig setze ich einen Fuß vor den anderen. Der Wolf schnappt einmal nach Luft, als wollte er mir sagen, dass ich mich nicht vor ihm zu fürchten brauche. Zumindest hilft mir diese Interpretation dabei, nicht an Ort und Stelle zu erstarren, sondern weiterzugehen. Oben auf dem Erdwall atme ich tief durch, dann klettere ich über den umgestürzten Baum und setze dahinter zu einem kurzen Spurt an, bevor mir klar wird, dass ich nicht verfolgt werde.

Ich stoße das Gartentor auf, rufe Suns Namen und kicke die verdreckten Badelatschen von mir. Unter der Haustür klemmt ein Keil. Ich gehe rein, eile durch den Gang bis zum Treppenabsatz, der in den Keller führt. Dort bleibe ich stehen, horche kurz in die Stille, rufe erneut nach Sun, warte vergeblich auf Antwort und marschiere weiter ins Wohnzimmer – wie in Trance. Ich bleibe stehen und spüre den Holzboden, wie er unter meinen Füßen vibriert. Die Plexiglasoberfläche des Couchtisches flimmert grell, wird unscharf und fleckig, sodass ich reflexartig die Augen zusammenkneife und mir ein heißkalter Schauer über den Rücken läuft. Vielleicht bin ich unterzuckert. Bis auf die Birnenhälften habe ich heute noch nichts gegessen. Und auch gestern war der Tisch nicht gerade reichlich gedeckt. Plötzlich habe ich Heißhunger auf Süßigkeiten und spüre leichten Schwindel in mir aufsteigen, der mich schwanken lässt. Ich hole mehrmals hintereinander tief Luft und stütze mich am Türrahmen ab.

Wie lange war ich weg? Zwanzig Minuten? Eine Stunde? Ich weiß es nicht, fühle mich zu schwach, mein Handy aus der Gesäßtasche zu fingern. Vielleicht hat Sun die Unterlagen für ihren Vater zum Wagen gebracht. Das wollte sie tun. Oder sie sucht nach mir, weil ich meinen Posten verlassen habe.

Benommen stapfe ich in die Küche, halte den Kopf unter den harten und eiskalten Wasserstrahl und spüre, wie die Kälte in Wellen durch meinen Körper schwappt und die Wirklichkeit zurückholt. Wie ein Junkie auf Entzug suche ich nach etwas Essbarem und stoße in einer Schublade auf eine angebrochene Packung Proteinriegel, auf der eine joggende Frau abgebildet ist. Obwohl das Mindesthaltbarkeitsdatum mehr als zwei Jahre zurückliegt, reiße ich die Packung auf, schiebe mir einen Riegel in den Mund, wo er zerbröselt, und schlinge den sandigen, nach muffigem Apfelaroma schmeckenden Brei herunter. Dann warte ich ein paar Sekunden und schiebe mir den nächsten hinterher. Tatsächlich habe ich das Gefühl, dass mein Kreislauf sich stabilisiert und das Summen in meinem Kopf nachlässt. Nur der Schwindel und die wandernde Unschärfe wollen nicht verschwinden.

Ich ziehe die Besteckschublade auf. Wie groß muss ein Messer sein, um damit gezielt zu töten? Ein Gemüsemesser wird es, wenn überhaupt, gerade mal durch das dicke Fell schaffen. Und ich glaube kaum, dass mir mehr als ein Versuch bleibt, um den Wolf zu erlösen. Wo genau liegt bei dem Tier eigentlich das Herz? Direkt hinter dem Brustfell oder weiter hinten? Ich hätte in Bio besser aufpassen sollen. Vielleicht ist es das Beste, ihm die Kehle aufzuschlitzen. So von hinten kommend. Ich glaub, ich hab das mal in einem Film gesehen. Mit einer Hand den Kopf hochreißen und mit der anderen das Messer quer über die Halsschlagader ziehen. Ist bestimmt eine Riesensauerei. Und dass der Wolf stillhält, während ich an ihm das Töten übe, wage ich zu bezweifeln. Eine neue Strategie muss her.

Ich mache die Schublade wieder zu, ziehe ein Tranchiermesser mit schwarzem Griff aus dem Granitblock neben dem Herd und streiche mit dem Daumen über die lange, schimmernde Klinge. Damit müsste es gehen. Erneut jagt mir ein Schauer über den Rücken. Ich betrachte mein hageres Gesicht in den Faltungen der Klinge. Will ich allen Ernstes einen Wolf töten? Kann ich überhaupt einen Wolf töten? Mit den Händen? Mit einem Messer? Auch wenn es sich um einen Gnadenakt handelt, erscheint mir die Vorstellung mit einem Mal völlig absurd. Wie von einem fremden Menschen gedacht. Hat mich der Drogentrip schizophren gemacht. War das eben mein persönlicher Mr Hyde? Die dunkle Seite meines Charakters, die bisher im Verborgenen geschlummert hat? Ich hoffe, dass die Ursache für meine blutrünstigen Vorstellungen wirklich nur der niedrige Blutzuckerspiegel war und diese Aussetzer nicht zur Regel werden. Was meine algorithmische Berechenbarkeit angeht, würde ich der MASCHINE damit zwar ein Schnippchen schlagen, aber wer will sich schon vor sich selbst fürchten? Der Preis ist eindeutig zu hoch. Nein! Ich kann und will den Wolf nicht töten.

Und wenn ich das Tier einfach seinem Schicksal überlasse? Warum nicht diese Option wählen? Wie lange wird es noch dauern? Stunden, Tage? Ist der Wolf vielleicht schon tot?

Sun betritt die Küche. »Ach, hier bist du«, sagt sie und hält inne, als sie das Messer in meinen Händen sieht. In meinen zitternden Händen. »Ich ... ich hab dich schon vermisst. Hast du geduscht?«

»Nein, war nur ... mir war irgendwie schwindelig. Unterzucker.« Meine Stimme klingt heiser.

»Aha.«

»Ich ... ich war im Wald«, antworte ich. »Da war ein Geräusch, dem bin ich gefolgt.«

»Im Wald? Ein Geräusch?« Suns Blick hat nun etwas Ängstliches. »Könntest du bitte das Messer aus der Hand legen? Das sieht echt creepy aus.«

»Ja, klar, natürlich.« Ich lege das Messer auf den Küchentisch. »Ich hab einen verletzten Wolf gefunden«, platzt es aus mir heraus. »Er ist schwer verletzt. Liegt im Sterben. Wir ... wir müssen einen Jäger benachrichtigen. Der Wolf leidet.«

»Wölfe?«, sagt Sun ungläubig. »Hier oben? Soll das ein Witz sein? Darüber wäre längst was in den Nachrichten gekommen. Hast du wieder irgendwelche Drogen genommen? Deine Pupillen sehen ziemlich groß aus. Oder war das ein Flashback?«

»Nein, war es nicht.« Ich schnalze mit der Zunge. »Das ist mein Ernst. Der Wolf liegt etwa dreihundert Meter von hier. Er hat Wunden. Offene, eitrige Wunden. Und er atmet kaum noch.«

»Und was wolltest du mit dem Messer? Ihn massakrieren?«

»Ich hab dich nicht gefunden. Ich dachte, ich bekomme das alleine geregelt.«

»Sicher. Klar doch. Ist ja kein großes Ding. Mal kurz einen Wolf zu töten. Das kann man schon machen. Du bist wirklich immer für eine Überraschung gut.«

Ich nehme ein Geschirrtuch und trockne mein Gesicht ab. »Was schlägst du denn vor?« So richtig da bin ich immer noch nicht. Die Szene, das Gespräch mit Sun. Das alles fühlt sich wie ein Traum an. Als stünde zwischen mir und der Welt, zwischen mir und Sun eine Wand aus Glas.

»Erst mal vermute ich, dass wir es nicht mit einem Wolf zu tun haben«, sagt Sun, nimmt das Messer vom Tisch und wiegt es in den Händen. »Ich tippe eher auf einen verwilderten Schäferhund oder einen Hybriden, den irgendein Idiot ausgesetzt hat.«

»Halb Wolf, halb Hund?«

Sun nickt. »Entweder Zufall oder Züchtung. Ein bisschen zu viel Wolf in den Genen, und schon war's das mit dem Vorzeigevierbeiner, und zu Hause geht die Post ab.«

»Und was sollen wir jetzt tun?«

Sun schiebt das Messer zurück in den Granitblock. »Das Tier auf humane Weise von seinem Leiden erlösen.«

Sun trägt ein Jagdgewehr über dem Rücken. Es wirkt nicht wie aus dem Nachlass ihres schwedischen Urgroßvaters, sondern wie ein neueres Modell. Mattsilber lackiert, mit einem kantigen Schaft aus dunkelbraunem Holz. Im Keller gibt es einen Tresor mit weiteren Gewehren, der in die Wand eingemauert ist. Auch eine Pistole habe ich gesehen, als Sun das Gewehr vor meinen Augen mit Patronen gefüllt hat. Zwei Schuss. Zur Sicherheit hat sie mir zwei weitere Patronen in die Hand gedrückt.

Wir erreichen den umgestürzten Baum. Sun dreht sich zu mir um. »Dahinter?«

Ich nicke. Wir klettern einer nach dem anderen über den Stamm. Sun ist geschickt, sie muss dafür nicht mal die Waffe vom Rücken nehmen, als hätte sie eine militärische Ausbildung absolviert. Dazu passt das Holster mit dem Jagdmesser, das sie sich um die Hüfte geschnallt hat.

Sie bleibt auf dem Wall stehen, sondiert die Lage und signalisiert mit einem ernsten Nicken, dass es zumindest kein gewöhnlicher Schäferhund ist, der da zusammengekauert liegt. Der Wolf hat sich nicht bewegt. Aus dem unregelmäßigen Atmen ist ein Hecheln geworden. Vielleicht weiß er gar nicht, was das Ding in Suns Hand ist. Vielleicht hat er noch nie eine Waffe gesehen. Dann hätte er wenigstens keine Angst. Es ist windstill, und immer mehr Mücken setzen sich auf seine Wunde. Der Wolf blinzelt alle paar Sekunden. Sun nimmt das Gewehr vom Rücken und betätigt einen kleinen Hebel, der sich seitlich am Schaft befindet. »Entsichert«, meldet sie im Tonfall einer Soldatin. Sie hat sich die Fingernägel kurz geschnitten und den Lack entfernt. Das habe ich vorhin in der Küche gar nicht bemerkt. »Bleib ab jetzt bitte hinter mir«, sagt sie in scharfem Flüsterton. Ich nicke. Sun nimmt die Waffe in Anschlag und geht in kleinen Schritten voraus. Als wir beim Wolf ankommen, rechne ich damit, dass Sun sofort schießt. Doch stattdessen sichert sie das Gewehr wieder und legt es sachte neben sich auf den Boden. »Keine Angst«, sagt sie zu dem Wolf. »Du musst keine Angst haben. Wir tun dir nichts.« Sie geht in die Hocke und begutachtet die Verletzungen.

»Das sind Schussverletzungen.« Sie saugt geräuschvoll Luft ein. »Wer hat dir das angetan? Wer hat dich so zugerichtet? Wie lange liegst du schon hier? Ganz alleine, du armes Wesen.«

»Ist es ein richtiger Wolf?«, frage ich vorsichtig.

»Schwer zu sagen.« Sie zuckt mit den Schultern. »Der Brustkorb kommt mir etwas schmal vor, die Pfoten groß. Kann schon sein. Gewissheit könnte nur ein Gentest bringen.«

Bevor ich Sun daran hindern kann, streicht sie dem Wolf über den Kopf.

»Bist du wahnsinnig«, zische ich.

»Er wird mir nichts tun. Keine Panik. Er spürt, dass wir ihm helfen wollen.«

»Sicher?«

Sie nickt. »Wir müssen ihn erlösen.« Dann erhebt sie sich langsam, sehr langsam aus der Hocke, als würde sie ihren eigenen Worten misstrauen. Und dem Wolf, der zwischen zwei gedehnten Atemzügen ein leises, aber dennoch gut hörbares Knurren von sich gibt.

Sun zuckt zusammen und macht einen Schritt nach hinten. Jetzt steht sie neben mir, ihre Schulter berührt meine. »Auch wenn er es nicht zeigt, hat er bestimmt schlimme Schmerzen. Vielleicht schon seit Tagen.« Sie nimmt das Gewehr vom Boden, entsichert es wieder und richtet den Lauf auf den Kopf des Wolfs. Ich stelle mich hinter sie. Ich kann sehen, wie der Lauf zittert. Ihr ganzer Körper zittert. Der Zeigefinger schwebt unentschlossen über dem Abzug.

»Worauf wartest du?«, frage ich im Flüsterton.

Sun lässt die Waffe sinken. »Ich ... ich kann das nicht. Ich kann ihn nicht töten.« Sie dreht sich um und hält mir das Gewehr hin. »Bitte mach du das. Am besten, du schießt gleich zweimal, damit er nicht leiden muss.«

»Was?«, sage ich und mache einen Schritt nach hinten. »Ich? Ich soll den Wolf erschießen? Ich hab doch gar keine Ahnung, wie das geht. Ich ... ich habe noch nie eine Waffe, eine echte Waffe in der Hand gehabt.«

»Du musst nur zielen und abdrücken. Einfach nur abdrücken. Mehr nicht.«

»Nein.«

»Willst du, dass der Wolf noch länger leidet?«

»Können wir nicht doch einen Jäger rufen?«

»Hast du zufällig eine Nummer dabei?«

»In der Hütte liegt bestimmt irgendwo ein altes Telefonbuch.«

»Der Wolf soll also liegen bleiben, bis in ein paar Stunden oder morgen oder wann auch immer ein Jäger aufkreuzt? Vielleicht genau der Typ, der ihn so zugerichtet hat? Willst du das wirklich? Dich so aus der Affäre ziehen?« Ihre Augen verengen sich zu Schlitzen. »Gut«, sagt sie und stößt einen tiefen Seufzer aus. »Wenn keiner von uns dazu bereit ist, es alleine zu tun, machen wir es eben gemeinsam.« Sie zieht mich unwirsch am Arm. »Stell dich neben mich.«

»Nein.«

»Bitte.«

Ich gebe nach. Wir stehen eine Weile reglos nebeneinander und sagen kein Wort. Der Wolf scheint unsere Unentschlossenheit zu spüren, er beginnt mit letzter Kraft zu winseln.

»Komm schon«, beendet Sun unser Schweigen. »Bitte. Ich will es nur nicht alleine machen. Das ist alles.«

»Okay.«

Bevor ich weiß, wie mir geschieht, übergibt mir Sun mit flehendem Blick das Gewehr und stellt sich dicht hinter mich. Dann löst sie den Sicherungshebel und führt meine rechte Hand – unangebracht zärtlich, wie ich finde – zum Abzug und legt ihre tastend darüber. Ihren Zeigefinger über meinen. Ein leichter Druck. Wortlos wie zwei Tänzer, die sich zum Ende der Choreografie in der Mitte der Bühne gefunden haben, verschmelzen wir zu einem langen Schatten und richten den Lauf der Waffe gemeinsam auf die Stirn des Wolfs, der uns mit glasigen Augen anstarrt. Ohne Furcht. Ohne zu blinzeln. Ohne zu verstehen, dass wir uns das Recht herausnehmen, über sein Ende zu bestimmen.

Meine Hand zittert. Sun streift mit dem Daumen über meinen Handrücken. Vielleicht ist es auch ein Streicheln. Ihr Zeigefinger zwingt meinen, sich abzuwinkeln, bis ich den Widerstand des Abzugs spüren kann. Den Druckpunkt. Die Grenze, hinter der es kein Zurück mehr gibt.

»Schlaf gut, du armes Wesen«, flüstert Sun. Ihr Finger drückt auf meinen Finger. Ich schließe die Augen und gehorche. Ein Impuls durchzuckt meine Sehnen. Ich reiße den Abzug nach hinten. Der Schuss löst sich. Eine unaufhaltsame Kettenreaktion setzt sich in Gang. Ein lautes Schnalzen wie von einer Peitsche. Gefolgt von einem harten Echo. Der Rückstoß der Waffe schlägt gegen meine Schulter. Ich öffne die Augen, muss hinsehen. Ein zweiter Schuss. Irgendwo flattern Vögel. Der Moment zerfällt in unzählige Bilder, die in Zeitlupe an mir vorbeiziehen. Sekunden, zerhackt in kleinste Einheiten. Gedanken, die nicht vom Fleck kommen. Der Blick von außen, durch ein drittes Auge, das alles beobachtet. Sun, den Wolf und mich.

Ich stehe da wie erstarrt. Das Gewehr in der Hand. Die Bernsteinaugen sind erloschen. Der Wolf ist tot. Kein Zittern, kein Zucken. Einfach erstarrt.

»Alles gut«, sagt Sun, halb zu sich selbst, halb zu mir, wischt sich Tränen aus den Augen und nimmt mir das Gewehr aus der Hand. Ich kann nicht weinen. Um den Wolf. Ich weiß nicht, ob das so sein müsste. Aber die Stille berührt mich, und mein Körper fühlt sich taub an. Meine Arme, meine Hände und meine Finger scheinen für Sekunden nicht mehr mir zu gehören. Sondern einem anderen Ich. Einem Fremden, dem ich heute zum ersten Mal begegnet bin.

»Und was jetzt?«, frage ich und mache mit meinen Händen Greifbewegungen, um die Kontrolle zurückzubekommen. Der Geist über den Körper.

Sun legt das Gewehr auf den Boden. »Der Wolf hat es verdient, ein ordentliches Grab zu bekommen.«

NEUNZEHN

Die Kugeln haben die Schädeldecke des Wolfs regelrecht zerfetzt. Ein Furcht einflößender Anblick. Zumindest in den ersten Sekunden. Doch dann verschwinden Ekel, Gänsehaut und Herzstolpern, und bei genauerer Betrachtung kommt mir der Gedanke, dass ein aufgesprengter Wolfskopf weit weniger schlimm aussieht als die gematschten Köpfe bei *The Walking Dead*, was vermutlich an den schummrigen Lichtverhältnissen in der Mulde unter den Bäumen liegt oder an der Tatsache, dass es sich bei Zombies in gewisser Weise um mutierte Artgenossen handelt. Aber das ist nicht der einzige Unterschied. Wolfsblut scheint dunkler zu sein als das von Menschen. Zähflüssig wie das selbst gebraute Theaterblut, das meine Mutter literweise für ihre Schlachthaus-Performance *(Wild Human Pigs)* gebraut hat, kriecht es über das zerfetzte Fell, tropft auf Blätter und sickert in den Boden. Trotzdem halte ich Sicherheitsabstand. Das Maul steht halb offen, als könnte der Wolf ein letztes Mal zuschnappen, wenn man ihm zu nahe kommt.

»Es war die richtige Entscheidung«, bricht Sun das Schweigen und steckt sich eine Zigarette an. Ihre Finger zittern. Ihr Gesicht ist so blass, dass der vorbeiziehende Rauch dagegen schmutzig aussieht. Sie nimmt ein paar Züge, klemmt sich die freie Hand unter die gegenüberliegende Achsel und drückt die Zigarette an einem Stein aus. Dann schlüpft sie aus ihrem hellblauen T-Shirt und legt es – obenherum nur noch in BH – über den geschändeten Wolfskopf, wo innerhalb kurzer Zeit Blutinseln durch den dünnen Stoff drücken. Inseln, die zu Landeplätzen für Fliegen werden. Winzige Fliegen. Surrende, summende schwarze Punkte. Aufgeregte Pixel, die zu einem brodelnden Muster verschwimmen, das an ein Gesicht mit drei Augen erinnert.

Sun will, dass ich hierbleibe, den Wolf bewache oder was auch immer, während sie Schaufel und Spaten aus dem Geräteschuppen holt. Das Gewehr lässt sie da. Ich rühre es nicht an.

Als sie fort ist, mache ich Fotos von dem Wolf und der Waffe. Eine spontane Entscheidung, aus dem Gefühl heraus, dass ich erst später begreifen werde, was gerade passiert ist. Erst wenn mein Kopf alles sortiert hat. Bilder, Tannenduft, Geräusche und Suns Berührungen. Das kalte Metall des Abzugs an meiner Haut.

Ich stelle den Weißabgleich der Foto-App so ein, dass die Farben echt aussehen – *real* –, nicht wie durch eine blau getönte Scheibe. Den Porträt- und Beauty-Modus schalte ich aus, den Blitz auch. Blass, grobkörnig und echt. Ein Abbild der Wirklichkeit, zumindest der Versuch. So will ich diesen Anblick festhalten. Die Bilder sind nicht für die Öffentlichkeit bestimmt, nur für mich und für die Augen der MASCHINE. Das kann und will ich nicht verhindern. Spätestens beim Routinecheck, wenn sich das Handy wieder wie von Geisterhand aufheizt, wird das Programm auf die neuen Fotos stoßen, sie analysieren und nach Vergleichsprofilen suchen, die eines oder mehrere der folgenden Merkmale aufweisen.

Teenager, Männlich, Weiß, Waffe, Wolf, Tod.

Vermutlich gibt es die meisten Übereinstimmungen mit irgendwelchen rassistischen Attentätern oder Serienkillern, die das Morden vorher an Tieren geübt haben oder auf dem Schießstand. Wie dem auch sei: Die Prognose 2.0 wird durch die Entdeckung mit Sicherheit beeinflusst. Auch wenn die Schlussfolgerung fehlerhaft sein wird.

Vor allem aber brauche ich die Fotos für mich selbst. Worte reichen nicht aus, um mich in ein paar Monaten an diesen Anblick zu erinnern. Das steht fest. Ich brauche neun Millionen farbige Pixel, um später glauben zu können, dass ich das war, dass ich wirklich getötet habe. Den Finger am Abzug.

Töten geht so schnell, erschreckend schnell, wenn man es mit einem Gewehr macht und mehr als das Leben einer Stechmücke auf dem Spiel steht.

In der Reihe der ersten Male, die mir das Leben bisher beschert hat – erster Schultag, vor Angst in die Hose machen, erstes Mal verprügelt werden, erstes Mal verliebt sein, erster Kuss, erster Sex und so weiter –, kommt mir das Töten wie etwas vor, das außerhalb des Menschseins, auf einer anderen Ebene stattfindet und den Verstand an seine Grenzen bringt. Auf einer Skala von eins bis zehn der krassesten Erfahrungen, die man machen kann, bekommt es von mir eine Acht Komma sieben. Nur die Enttäuschung über meinen Vater war bisher schmerzhafter – und sie dauert noch an.

Wer bin ich?

Ich weiß es nicht. Vielleicht kann diese Frage wirklich nur ein Computer beantworten. Vielleicht ist das die Lektion, die die MASCHINE für mich bereithält: dass ein Mensch, im Gegensatz zu einer künstlichen Intelligenz, niemals im Ganzen erfassen kann, wer er wirklich ist und was er tun wird, wenn sich ihm Hindernisse in den Weg stellen oder er schwierige Entscheidungen treffen muss. Intuition, Reflex, Zufall, Erziehung, Geisteszustand, Umwelt. Ein selbst lernendes Programm mit Tausenden Parametern, gefüttert mit Erfahrungswerten, Verhaltensmustern und Lebenswegen unzähliger Menschen, wird irgendwann dazu in der Lage sein, unser Handeln in jeder erdenklichen Situation mit großer Wahrscheinlichkeit vorherzusagen. Je nachdem, was es über uns herausgefunden hat. Je nachdem, wozu wir am Ende aller Berechnungen fähig sind.

Töten oder nicht?
Lieben oder nicht?
Vertrauen oder nicht?
Helfen oder nicht?

Mein Blick fällt wieder auf den Wolf. Ein, zwei Schüsse, und alles ist vorbei. Ein Gehirn wird ausgeknipst. Die Uhren bleiben stehen. Die Hülle bleibt zurück. Die Seele macht sich davon.

Noch immer spüre ich den harten Rückstoß des Gewehrkolbens an meiner Schulter, höre das Schnalzen der Schüsse und das Aufflattern der Vögel. Nachtrag: Der zweite Schuss kam von mir. Von mir alleine. Ich wollte auf Nummer sicher gehen. Ich wollte keinen Fehler machen. Deshalb habe ich abgedrückt.

Sun kommt mit einem Spaten, löchrigen Arbeitshandschuhen voller Mäusekot, die nicht mehr zu gebrauchen sind, und einer vollen Ikea-Plastiktasche zurück. Auf eine dünne Schicht Fichtennadeln folgt eine dickere Schicht Humus, darunter sei der Untergrund in der Mulde steinig, erklärt sie mit neu gefundener Konzentration, das würde es anstrengend machen. Sie kommt sofort wieder ins Handeln, als dürfe man sich nicht zu lange mit der Vergangenheit aufhalten. Sie ist tough. Und sie lässt sich nicht davon abbringen, den Wolf, der eigentlich eine Wölfin ist, an der Stelle zu begraben, wo er sich hingeschleppt hat. Schließlich habe er sich diesen Ort als letzte Ruhestätte ausgesucht und nicht das vertrocknete Gemüsebeet hinter ihrem Ferienhaus, was ich als Alternative vorschlage. Bis das Grab ausgehoben ist, liegt der Wolf unter einer braunen, mit Rasenschnitt und Erde beschmutzten Plastikplane, die nach Benzin riecht.

»Ist bestimmt kein Zufall«, sagt sie hoffnungsvoll und sticht die

Umrisse des Lochs mit dem Spaten ab. Sie gibt sich Mühe, dass die Seiten des Rechtecks exakt dieselbe Länge haben, benutzt zum Abmessen eine rote Plastikschnur, die sie von einer dicken Rolle abzieht. »Wer weiß, vielleicht liegen hier irgendwo die Gebeine seiner Vorfahren, und er hat das gespürt«, sagt sie keuchend und zieht den Spaten heraus. »Der innere Kompass, verstehst du? Ist gewissermaßen sein letzter Wille, und den sollten wir auf jeden Fall respektieren. Sein Geist wird es uns danken, dass er hier zur Ruhe kommen darf.«

»Sicher.« Ich gebe mich geschlagen. Auch wenn es Stunden dauern wird, bis wir ein Loch ausgehoben haben, das Suns Ansprüchen genügt. Einen Meter tief soll es sein, *mindestens*, sonst würden andere Tiere den Kadaver wieder ausgraben.

Sun kräuselt die Stirn. »Glaubst du an Wiedergeburt?«

»Nein.«

»An ein Leben nach dem Tod?«

»Nein.«

»Eine höhere Macht oder so?«

Ich zucke die Achseln. »Vielleicht.«

»Statistisch gesehen sind Menschen, die an etwas glauben, weniger anfällig für psychische Krankheiten. Du solltest dir also überlegen, ob aus deinem Vielleicht ein Ja werden kann. Das verbessert deine Lebensqualität.«

»Ich glaube nicht, dass man sich dafür einfach so entscheiden kann.«

»Einen Versuch ist es trotzdem wert. Ist ein besseres Gefühl zu wissen, dass alles irgendwie zusammengehört und über den Tod hinaus miteinander verbunden ist.« Sun wischt sich mit dem Handrücken den Schweiß von der Stirn. »Was schaust du mich so an?«

Ich zucke mit den Achseln. »Bin nur verwundert, dass du so redest. Du wirkst sonst gar nicht so spirituell.«

»Tu ich nicht?«

»Nein.«

»Sondern?«

»Rational.«

»Dann ist es ja gut, dass du mich jetzt besser kennst.« Sie zieht einen silbernen Ring von ihrem Finger ab und legt ihn in die Mitte der Grube, wo es schon recht tief ist.

»Und wofür steht der Ring noch mal?«

»Für den Kreislauf des Lebens und ...«, sie zögert, dann lächelt sie halb, »materiellen Überfluss.«

»Ich dachte, du hast was gegen Kitsch?«

»Nur wenn er inszeniert ist. Aber das hier ist die Wirklichkeit. Du und ich und die Wölfin. Wir haben uns gefunden.« Sie reicht mir den Spaten. Diese neue Seite an Sun überfordert mich. Ich frage mich, ob sie das wirklich alles ernst meint oder ob ihr nur mein verblüfftes Gesicht gefällt. »Wenn es in der Tiefe noch steiniger wird, brauchen wir auch noch die Kreuzhacke. Aber jetzt mach erst mal damit weiter.«

Wortlos nehme ich den Spaten und stelle mich an die Längsseite der Grube. Graben kann ich. Für acht Euro die Stunde habe ich dem Hausmeister geholfen, die alten Holzgeräte auszubuddeln, die auf dem Spielplatz in unserer Siedlung vor sich hin gegammelt haben. Das dürfte als Qualifikation genügen.

Sun beobachtet mich und nickt anerkennend. Sie trägt noch immer nur den cremefarbenen BH, an dessen Trägern Schweißflecken emporwachsen. »Sieht gut aus. Weiter so.« Mit dem Jagdmesser versucht sie, das heutige Datum in den überhängenden Fels zu ritzen. Meinen Vorschlag, mit zwei Ästen und der Schnur ein Holzkreuz zu basteln, schmettert sie mit den Worten »Ich glaube nicht an christliche Symbolik« ab.

»Wir nennen die Wölfin Tiomi«, verkündet sie, nachdem sie mit der Jahreszahl fertig ist. »Einverstanden?«

»Was bedeutet der Name?«

»Nichts.«

»Wie, nichts?«

»Ist ein Fantasiename. Klingt wie aus einer alten Sage, finde ich, oder von einem Ureinwohnerstamm, der einmal hier in den Wäldern gelebt hat.«

»Kelten«, sage ich.

»Sicher?«

»Ziemlich.«

»Also die Kelten.« Sie setzt die glänzende Messerspitze an den dunklen Fels. »Tiomi?«

Ich nicke. »Tiomi.«

Konzentriert ritzt sie den ersten Buchstaben in den Stein. Dann genehmigt sie sich einen Schluck aus der Wasserflasche. »Du sagst, wenn wir wieder tauschen sollen?«

»Geht«, sage ich und wische mir den brennenden Schweiß aus den Augen. Obwohl Sun die Plastikplane an den Ecken mit Steinen beschwert hat, bauscht sie sich im Wind auf, was aussieht, als würde der Wolf zum Leben erwachen.

»Gibt's eigentlich was Neues von deiner Lehrerin?« Sun legt einen dicken Ast in die Mitte der Plane und weitere Steine an die Kanten, bis sie starr über dem Wolfskörper liegt. »Hast du sie heute Mittag erreicht, bevor deine App Alarm geschlagen hat?«

»Nein.«

»Hast du's wenigstens versucht?«

»Ich weiß nicht, was ich ihr sagen soll.«

»Wie wär's mit der Wahrheit? Sag ihr einfach, was du fühlst.«

»Und wenn sich das jeden Tag ändert?«

»Dann sag ihr das. Sie wird es verstehen. Sie ist eine erwachsene Frau. Und du bist bestimmt nicht der erste komplizierte Mann in ihrem Leben. Geht ihr bestimmt an die Substanz, dass sie sich dazu hat hinreißen lassen, was mit dir anzufangen.« Sie versucht, Mücken zu verscheuchen, ohne sie zu töten, was ungewollt komisch aussieht. »Was man nicht alles anstellt, um das Leben spannend zu halten.«

»Anne hat das bestimmt nicht aus Langeweile getan. So was würde sie nie tun.«

»Okay. Dann nehme ich das zurück. Aber habt ihr wirklich miteinander geschlafen, oder wolltest du mit der Story nur Eindruck schinden?«

»Das wollte ich bestimmt nicht«, sage ich empört, obwohl Sun eine gute Beobachtungsgabe hat. »Wir haben wirklich miteinander geschlafen.« Sofort blitzt die Erinnerung auf. Anne, wie sie ihre Hand in meine Hose gleiten ließ. Wie wir uns gegenseitig im Kerzenlicht ausgezogen haben, während der Regen gegen die Scheiben prasselte. Der Abend war so perfekt, dass die Bilder in meinem Kopf wie die Überreste eines weichgezeichneten Wunschtraums aussehen.

»Krass, wirklich krass«, sagt Sun. »Hätte ich dir gar nicht zugetraut. Kim hatte recht: Du wirkst so harmlos. Und wie seid ihr danach auseinandergegangen? Habt ihr irgendeine Abmachung getroffen? Habt ihr vereinbart, dass sie dich auf der Reise besucht? Oder wäre das gegen eine deiner Regeln?«

Ich nicke. »Das wäre es wohl.«

»Aber du würdest eine Ausnahme machen?«

»Ich hätte die Reise eventuell sogar verschoben. Aber das wollte

Anne nicht.« *Und die* MASCHINE, sage ich in Gedanken. »Sie hat plötzlich davon angefangen, dass wir in zwei verschiedenen Welten leben und deshalb vielleicht besser die Notbremse ziehen, bevor Liebe ins Spiel kommt und es noch komplizierter wird.«

»Liebe?« Sun hebt die Augenbrauen. »Hat sie wirklich *Liebe* gesagt?«

»Ja, das hat sie. *Sie* hat von Liebe gesprochen. Sie hat gesagt, dass sie noch nie so empfunden hat wie für mich.«

»Wow. Das ist wirklich ...« Sie sucht nach den richtigen Worten. »Schön. Aber auch irgendwie traurig, weil es bedeutet, dass es in ihrem bisherigen Leben in Sachen Liebe wohl nicht so gut gelaufen ist. Das macht es natürlich schwer, sich darauf einzulassen. Erst recht, wenn der Mensch, der dieses Gefühl in einem auslöst, so viel jünger ist.«

»Findest du das merkwürdig? Ich meine, findest du das *unerwachsen* von Anne, dass sie sich überhaupt darauf eingelassen hat? Auf *mich* eingelassen hat?«

Sie schüttelt entschieden den Kopf. »Im Gegenteil: Ich finde es verdammt mutig von ihr. Wenn du wirklich der Erste in ihrem Leben bist, für den sie so was wie Liebe empfinden kann, wäre es doch tragisch, wenn sie das nur deshalb nicht zulässt, weil die Leute sich darüber das Maul zerreißen könnten. Ist doch viel erwachsener, auf seine Gefühle zu hören, als sich vorschreiben zu lassen, was man aus seinem Leben macht. Ist doch scheiße, sich für andere zu verbiegen.« Sie macht eine Pause. Ihr Gesicht wird sanfter. »Bis ich dreißig bin, würde ich schon gerne wissen, wie sich Liebe anfühlt – *richtige* Liebe.«

Ich ramme den Spaten in den Boden. »Woher weiß man denn, ob es Liebe ist, *echte* Liebe, oder ob daraus Liebe werden kann?«

»Sorry, da fragst du die Falsche. Ich kenne mich nur mit dem Verknalltsein aus. Und Sex funktioniert für mich auch so ganz gut. Einfach, weil es Spaß macht und den Druck rausnimmt.«

»Aber du warst schon mal verliebt?«

»Natürlich war ich schon mal verliebt. Hab ich doch gerade gesagt. Hörst du denn nicht zu?«

»Du hast *verknallt* gesagt, das ist eine Stufe tiefer.«

»Wer sagt das? Wikipedia?«

»Vergiss es.«

»Ich bin immer ein bisschen verliebt, wenn ich Sex habe. Aber alles, was danach folgt oder folgen soll, muss warten.«

Unsere Blicke treffen sich. »Bis der Kampf vorbei ist?«

Sun nickt. »Bis der Kampf vorbei ist. Und jetzt gib mir die Schaufel. Ich mach weiter.«

ZWANZIG

Nachdem wir den Wolf in einer improvisierten Zeremonie beigesetzt haben, erfahren wir, dass der Pannendienst erst morgen, irgendwann am Nachmittag, bei uns sein wird. Wir gießen uns Tee aus den selbst gepflückten Brennnesselblättern auf. Danach haben wir endgültig keinen Strom mehr. Zum Abendessen teilen wir uns eine Dose mit Sauerkraut und eine mit Erbsen. Zu wenig Kohlenhydrate, um unsere ausgelaugten Körper mit frischer Energie zu versorgen. Erschöpft legen wir uns auf das Sofa und schweigen. Sun hat Kerzen angezündet, die in Papier eingewickelt waren und weihnachtlich nach Zimt, Nelke, Kardamom und Bienenwachs duften. Das Wohnzimmer ist in flackerndes Licht getaucht. Immer wieder ein Zischen, wenn sich ein Insekt, angelockt von Licht und Duft, zu nah an die Flammen heranwagt. Trotz oder wegen der Erschöpfung ist mein Kopf klar wie selten. Ich schreibe den Songtext zu Ende und lese ihn Sun vor, als sie mich darum bittet.

Zum ersten Mal, seit wir hier sind, habe ich ein durch und durch positives Inselgefühl. Ich bin noch nie auf einer Insel gewesen, aber so stelle ich mir das vor, wenn einen der Zufall mit einem Fremden zusammenbringt und man die Phase hinter sich lässt, in der man sich gegenseitig etwas vormacht.

Sun hat die Beine angewinkelt und gekreuzt und wippt mit dem freien Fuß. Ich dachte, dass ich ein unruhiger Mensch bin, aber sie legt noch einen drauf. Je mehr Zeit wir in der Abgeschiedenheit der

Natur verbringen, desto aufgekratzter wirkt sie. Als würde ihr irgendwas Unangenehmes bevorstehen.

Nachdem sie ein paar Seiten in einem Buch namens *Vincent* gelesen hat, über das sie nicht reden will, geht sie auf die Terrasse und steckt sich einen Zigarillo an. Ich sehe das Glimmen des Tabaks im Dunkel der Scheibe und höre, wie sie den Rauch in langen Zügen in die Nacht atmet.

»Du müsstest jetzt eigentlich zu mir kommen, damit wir über Sternbilder, schwarze Löcher, Dimensionen und Zeitreisen philosophieren können.« Sun spricht gerade so laut, dass ihre Stimme bei mir ankommt. »Das passiert doch immer, wenn es um einen Trip durch die Pampa, Natur, Selbsterkenntnis und all solche Sachen geht. Wahrscheinlich steht die Urszene auf einer Steintafel in Ägypten und wird in Variationen bis zum Ende der Welt aufgeführt. Zwei Teenager, die beim Blick ins Universum verstehen, dass ihre Existenz völlig unbedeutend ist, aber aus irgendeinem Grund trotzdem die Kurve kriegen und sich ins Leben stürzen.«

»Kann ich liegen bleiben?«, frage ich müde. »Ich hab eine gute Vorstellungskraft.«

Sun lacht auf. »Wahrscheinlich fehlt uns beiden eine wichtige Komponente, um dabei an eine blühende Zukunft zu denken.«

»Welche meinst du?«

»Unbeschwertheit.«

»Also ich für meinen Teil fühle mich gerade ziemlich entspannt.«

»Weil du schlapp bist. Aber ich wette mit dir, dass du morgen wieder genauso unruhig dreinblickst wie damals an der Raststätte, als wir dich aufgegabelt haben.«

»Vielleicht.« Ich muss gähnen. »Was ist das eigentlich für ein Start-up, das du gegründet hast?«

Ich höre, wie Sun den Zigarillo ausdrückt. Anders als ihre eigenen Kippen raucht sie sie nie zu Ende. Maximal bis zur Hälfte. Die Stummel liegen aufgereiht auf dem Fenstersims, als würde irgendwann jemand kommen, um sie fertig zu rauchen.

»Es geht um eine App«, sagt sie. Die Schwere in ihrer Stimme ist nicht zu überhören. Sie kommt herein und schließt die Terrassentür hinter sich. »Hat Kim dir davon erzählt?«, fragt sie.

»Hätte sie das nicht tun dürfen?«

»Doch, klar. Ist nicht geheim.«

»Und was kann diese App? Das System verändern? Die Welt?«

Sun hebt einen Mundwinkel. »Das wird sich noch herausstellen. Wir müssen erst noch etwas Überzeugungsarbeit leisten, bevor es richtig losgehen kann.« Sie drückt die Zigarilloschachtel zusammen, legt sie ins Kaminfeuer und schaut zu, wie sie von den Flammen gefressen wird. »Geht in erster Linie um Fintech, falls dir das was sagt.«

»Finanzen?«

»Genau. Finanzen. Mit unserer App kann man Bank- und Versicherungsgeschäfte ganz ohne Bank abwickeln. In einem neuartigen, effizienten, sicheren und ressourcenschonenden Blockchain-Verfahren. Und unser Robo-Advisor steht auch schon in den Startlöchern. Wir werden zeigen, wie Nachhaltigkeit in der Finanzwelt aussehen muss, und den Gierigen ans Bein pinkeln.«

»Mit so was kennst du dich aus?«

»Ja, damit kenne ich mich aus, obwohl ich eine Frau bin.«

»So hab ich das nicht gemeint.«

»So meint das nie jemand, der einen Schwanz hat. Wir sind ein großes Team, verteilt über den ganzen Globus. Alleine geht so was nicht. Das geht nur im Team. Und wir sind ein gutes Team. Wir haben Prinzipien. Wir wollen es besser machen als die anderen.«

»Und was genau richtet sich gegen das böse System, wenn ich fragen darf? Für mich klingt das wie eine millionenschwere Geschäftsidee.« Ich setze mich auf, greife nach der Konservendose und fische die letzten Erbsen mit den Fingern heraus.

»Wir verfolgen andere Ziele als Gewinnmaximierung. Wir wollen Bewegung in den Markt bringen, starre Strukturen aufbrechen und neue, fairere Regeln etablieren, bevor es zu spät ist.«

»Welche Regeln sind das?«

»Nicht alle Fragen zu beantworten, die man von einer Zufallsbekanntschaft gestellt bekommt.«

»Dein Vater ist bestimmt stolz auf dich.«

»Ja, vielleicht. Vielleicht ist er das.« Sie setzt sich neben mich aufs Sofa. »Welche Features hat denn die App, die heute Mittag auf dem Berg Alarm geschlagen hat? Außer dass sie Stimmen analysieren kann?«

»Sie kann die Zukunft vorhersagen.«

»Wow, Respekt.« Sun lächelt matt. »Darunter würde ich's auch nicht machen. Über welchen Zeitraum? Inklusive Todesdatum?«

»Dreißig, vierzig Jahre. *Ohne* Todesdatum.«

»Und wie nennt sich das Wunderprogramm?«

»MASCHINE. Die MASCHINE.«

»Nie gehört.« Sie runzelt die Stirn. Ihr Blick verfinstert sich. »Aber so viel zum Thema Ehrlichkeit. Du hast mich angelogen.«

Ich weiche ein Stück zurück. »Was hab ich?« Blitzschnell durchforste ich mein Gehirn nach den Spuren einer Lüge. Nur was meinen Vater angeht, habe ich Sun nicht die Wahrheit gesagt. Aber woher soll sie das so plötzlich wissen? »Kannst du mir auf die Sprünge helfen?«

»Nach der Party. Als du wieder zu dir gekommen bist, habe ich dir erzählt, dass du dich im Kühlschrank vor einer *Maschine* verstecken wolltest. Und du hast den Ahnungslosen gespielt, so getan, als würdest du nicht wissen, wovon ich rede.«

»Ach, das meinst du. Das hab ich verdrängt.« Erleichtert, zu erleichtert, wie sich an Suns Gesichtsausdruck ablesen lässt, klappe ich mein Notizbuch zu.

Sun starrt mich misstrauisch an. »Gibt es da vielleicht noch etwas, das du mir sagen willst, wo wir gerade dabei sind, den Schalter endgültig auf Ehrlichkeit und Vertrauen umzulegen?«

Ich weiche ihrem durchdringenden Blick aus, obwohl ich weiß, dass es zu spät ist. Ich tauge wohl doch nicht zum Lügner.

»Mein Vater«, sage ich, gefolgt von einer längeren Pause, in der ich mich selbst verfluche. »Er ist nicht – tot.«

Mein Geständnis hängt ein paar Sekunden in der Luft, dann kneift Sun die Augen zusammen. »Spinnst du!« Ihre Gesichtszüge entgleisen, bevor sie zu einem feindseligen Ausdruck zusammenfinden. »Dein Vater lebt?«, presst sie aufgebracht zwischen den Zähnen hervor, stützt ihre Hände auf ihre Oberschenkel, als würde sie gleich auf mich losgehen. »Warum hast du das gesagt? Du bist so ein Arschloch! So ein verdammtes Arschloch! Ich habe gedacht, du ... du vermisst ihn. Das habe ich gedacht. Ich dachte, du machst diesen Trip für ihn. Als Erinnerung. Weil du ihn vermisst.«

»Es war ein Fehler. Es tut mir leid.« Ich hebe beschwichtigend die Hände. Sie reagiert noch heftiger als gedacht. »Ich wollte es dir ja sagen, aber es hat sich nicht ergeben. Und für mich ist mein Vater ja tot. Er ist abgehauen. Da war ich sieben. Er hat mir an dem Abend noch vorgelesen, und dann war er weg.« Ich rede mich um Kopf und Kragen. »Er hat sich einfach so vom Acker gemacht. Ohne Abschiedsbrief. Ohne Ankündigung. Von heute auf morgen. Sieh es, wie du willst, aber für mich war er damit gestorben.«

Obwohl Sun ihre Finger ins Sofa krallt, erkenne ich in ihren Augen, dass sie nicht mehr ganz so wütend ist. »Trotzdem ist das eine beschissene Lüge, eine ganz beschissene Lüge.«

»Es tut mir leid.«

Sun kaut auf ihrer Unterlippe herum, scheint nicht genau zu wissen, wie sie mit meinem Geständnis umgehen soll. Sie steht auf, nimmt eine Lage Zeitungspapier vom Stapel, zerknüllt es und wirft es ins Feuer, wo es in grellweiße Flammen aufgeht. »Lass mich raten«, sagt sie und dreht sich wieder zu mir um. »Das hängt auch irgendwie mit dieser MASCHINE zusammen.«

Ich nicke. »Die MASCHINE hat meinen Vater wiedergefunden. In der ersten Zukunftsprognose steht, dass mein Leben ähnlich aussehen wird wie seines. Und das will ich auf keinen Fall.«

Sie blickt mich fragend an. »Hat er jemanden umgebracht?«

»Er ist Anwalt.«

»Und was ist daran so schlimm?«

»Dass er ein Arschloch ist. Ein mediengeiles Arschloch. Und ich nicht. Und dass er sich einen Dreck für meine Schwester und für mich interessiert hat, sondern einfach eine neue Familie gegründet hat, als wäre die alte ein Fehler gewesen.«

Sun atmet tief ein. Sie setzt sich auf den Hocker. »Lassen wir mal deine Wut außen vor. Ich kann mir nur schwer vorstellen, dass diese Maschine weiß, welchen Beruf du später haben wirst. Und so hast du jetzt wenigstens deinen Vater wiedergefunden und kannst ihm den Kopf waschen.«

»Ich will ihn nicht kennenlernen.«

»Jetzt erzähl keinen Mist. Natürlich willst du ihn kennenlernen. Jeder will seine Wurzeln kennen. Jeder.«

»Ich nicht! Und ich werde auch nicht werden wie er. Das kann ich dir ganz sicher sagen.«

»Meine Güte. Krieg dich wieder ein. Du solltest dich etwas lockerer machen, was dieses Programm und seine Prognosen angeht.«

»Du hast leicht reden. Dein Vater ist cool.«

»Ja, das ... das ist er. Trotzdem richte ich meine Ziele vor allem danach aus, was sich für mich richtig anfühlt und nicht für meine Eltern. Vielleicht solltest du das auch tun.«

»Kommst du jetzt wieder damit, dass ich nicht erwachsen bin?«

»Ich glaube nur, dass es ein Fehler ist, alles abzulehnen, was du von deinem Vater zu wissen glaubst. Das macht dich unfrei und unglücklich. Du verlierst den Kontakt zu dir selbst, zu dem, was du fühlst und woran du glaubst.«

»Das ist deine Theorie.«

»Ja, das ist meine Theorie. Ich denke, dass du deine Energie besser für das einsetzen solltest, was du willst, und nicht für einen Kampf, bei dem sich selbst der Sieg wie eine Niederlage anfühlen wird, sollte es dir nur darum gehen, anders zu werden als dein Vater.«

Mit dieser Aussage lässt sie mich sitzen und geht in die Küche, um sich ein Glas Wasser zu holen. Sobald wir wieder Netz haben, werde ich ihr zeigen, was die MASCHINE über sie und ihre beiden Freundinnen herausgefunden hat. Die Ahnengalerie, die Parameter, die Liste ihrer Nicknames, einfach alles. Vielleicht führt sie sich dann nicht mehr so überheblich auf. Vielleicht begreift sie dann, dass ich kein naiver Idiot bin, der auf eine Glücksspiel-App hereingefallen ist.

»Die App funktioniert wirklich«, sage ich nach ihrer Rückkehr. »Das ist kein Spielzeug. Die erste Prognose zu meinem Leben war sehr präzise. Die MASCHINE hat Sachen über mich und meine Familie entdeckt, die man nicht mit ein bisschen Googeln herausfindet. Wenn wir hier Netz hätten, könnte ich es dir zeigen. Deshalb bin ich nach der Party auch zu dir ins Auto gestiegen. Die MASCHINE hat dich auf Rot gesetzt. Das hat sie noch bei keinem Profil getan, das sie überprüft hat.«

Sun setzt ihr Glas ab. »Die App hat mein Profil überprüft? Und was soll dieses Rot deiner Meinung nach bedeuten? Arm, reich, links, rechts, oben, unten? Dass ich gefährlich bin? Dass man sich von mir fernhalten muss, weil ich einen schlechten Einfluss auf die Menschen in meiner Umgebung habe? Welche Aussage steckt dahinter?«

»Es gibt keine Erklärung oder FAQs. Das meiste muss man sich selbst herleiten. Das Programm analysiert Profile, über Twitter, Insta, Facebook und so weiter, und gibt dann eine Prognose ab, ob die jeweilige Person Einfluss auf das eigene Leben haben könnte. So hab ich mir das zumindest erklärt.«

Sun holt tief Luft, wie immer, wenn sie zu einer längeren Erklärung ansetzt. »Du glaubst also, dass diese Maschine in Profilen, mit denen du dich verbindest, anhand einer *magischen* Formel nach Übereinstimmungen und Gegensätzen sucht, abgestuft in Rot, Grün und Orange. Hab ich recht?« Ich nicke. Sie wiegt den Kopf hin und her. »Für eine Aussage, die in ihrer Genauigkeit über die eines Horoskops hinausgeht, bräuchte das Ding nicht nur einen klugen, lernfähigen Algorithmus, sondern auch jede Menge Daten. Gute, verlässliche, *private* Daten. Und das ist teuer. Das kann sich keine kleine Spiele-Klitsche leisten. Ganz zu schweigen von den Anwaltskosten, die auf einen zurollen, wenn nicht alles korrekt ist.«

»Die App gibt es nicht im Play- oder App Store. Geht nur mit Jailbreak oder im Sideload.« Ich versuche zu klingen wie ein Hacker, der genau weiß, wie das alles zusammenhängt. »Die Website lässt sich nicht auf normalem Weg finden. Sie ist nicht indexiert.«

Sun gibt sich wenig beeindruckt. »In Zeiten wie diesen, wo alles und jeder getrackt wird, macht das die Leute erst recht neugierig. Das klingt nach Underground und Verschwörung. Darauf fahren viele ab, die sich von diesem System gegängelt fühlen.«

»Ist die App also doch nicht so harmlos?«

»*Harmlos* ist gar nichts, was im Netz gerade abgeht. Ich vermute nur, dass dein Programm vor allem dem Zweck dient, dass die Leute sich nackt machen. Für ein bisschen Nervenkitzel füttern sie das Ding mit Daten, die dann teuer weiterverkauft werden, um die Zielgenauigkeit großer Propagandamaschinen oder Trollfabriken zu verbessern, damit sie den nächsten Wahlsieg an den Meistbietenden verkaufen können oder gleich einen Bürgerkrieg anzetteln.«

»Ich bin also ein naiver Idiot? Willst du das damit sagen?«

»Du suchst nach Wahrheiten, was prinzipiell ja nicht schlecht ist. Nur glaube ich, dass du sie vor allem offline finden wirst und nicht zwischen Nullen und Einsen.«

»Sonst noch was?«

»Wäre auch möglich, dass ein großer Internetkonzern seine Finger im Spiel hat. Die Claims im Netz sind längst abgesteckt und die Zeiten viraler Zufälle so gut wie vorbei. Klicks, Likes, Shares. Alles hat seinen Preis.« Über ihrem Gesicht liegt ein Ausdruck, der irgendwo zwischen Arroganz und Mitleid angesiedelt ist. Mitleid für mich, der so dumm war, einer Gratis-App zu glauben, dass sie die Zukunft vorhersagen kann.

»Ich versteh dich ja«, sagt sie versöhnlich. »Dir gefällt nicht, was du vom Turm aus gesehen hast. Aber glaubst du wirklich, es wird dir besser gehen, wenn du diese Maschine besiegst und ihre Prognose widerlegst, die dich biografisch in die Nähe deines Vaters rückt? Denkst du, dass du dann frei sein wirst?«

Ich halte ihrem Blick stand. »Ja, das denke ich.«

»Du kämpfst gegen Windmühlen.«

»Tu ich nicht.«

Sun seufzt. »Du kannst doch gar nicht wissen, wie du dein Leben rückblickend beurteilen wirst. Mit siebzig oder achtzig. Oder weiß die Maschine das auch? Kann sie dir sagen, wann und wo in dieser vorgedachten Zukunft du glücklich bist oder wenigstens zufrieden?«

»Nein«, antworte ich mürrisch, »das kann sie nicht.«

»Aber genau darum geht es doch. Ist doch egal, welchen Job du hast, ob du mit deinen Songs Millionen Klicks bekommst und berühmt wirst oder als Musiklehrer oder sonst wie dein Geld verdienst. Wichtig ist doch nur, wie es dir dabei geht und was du fühlst. Darauf kommt es an. Nicht auf den Blick von außen. Wahrscheinlich sind Durchschnittsbiografien, die keine großen Ausschläge nach oben haben, die glücklicheren. Und wer weiß, was es mit dir macht, wenn du erst mal berühmt bist. Nachher fühlt sich dieses Erfolgreich- und Anderssein scheiße an, einsam. Dafür gibt es ja genügend Beispiele.«

»Darauf lasse ich es gerne ankommen.«

»Und deine Theorie hat noch einen Haken: Wenn du die App als Gegner betrachtest, hat sie bereits gewonnen. Du setzt auf Rot, auf Leute wie mich, mit denen du eigentlich nichts zu tun haben willst, weil sie, wenn deine Theorie stimmt, Konflikte und Ärger bedeuten. Sinnvoller wäre es, auf dein Bauchgefühl zu hören. Das macht dich weniger berechenbar.«

Ich brauche ein paar Sekunden, um ihre Aussage zu verarbeiten.

»Wie oft spuckt das Programm eigentlich eine neue Prophezeiung aus?«, fragt Sun. »Nur ein einziges Mal oder öfter?«

»Sobald man auf ›Play‹ drückt, dauert es neunzig Tage.«

»Auf *Play*.« Sie schmunzelt leicht. »Und wo stehen wir gerade auf der Timeline?«

»Noch neunundsiebzig Tage bis zur nächsten Prognose.«

»Und bis dahin willst du alles daransetzen, in den Augen der Maschine ein anderer Mensch zu werden?«

»Ja, vielleicht will ich das. Vielleicht will ich dieses für dich so lächerliche Spiel nach meinen Regeln zu Ende spielen.«

EINUNDZWANZIG

Am nächsten Morgen bin ich wie erschlagen. Mit der Wanderung und dem Ausschaufeln des Grabs habe ich mein Sportpensum für das restliche Jahr erfüllt. Der Muskelkater in meinen Oberschenkeln ist derart brutal, dass ich mich nur mit ausgestreckten Beinen aufs Klo setzen kann. Meinen Armen geht es nicht viel besser. Und Durchfall habe ich auch noch. Sun gibt sich seit dem Aufstehen wortkarg. Sie wirkt distanziert, als wäre sie im Kopf bereits woanders. Ich dachte, sie würde dort anknüpfen, wo sie gestern Abend aufgehört hat, und noch mehr Argumente auf mich abfeuern, weshalb mein Kampf gegen die Vorsehung der MASCHINE, gegen das Muster meiner Entscheidungen, idiotisch ist. Stattdessen macht sie einen längeren Spaziergang, verbringt den Tag im Bad, im Keller und im Arbeitszimmer ihres Vaters und nimmt den Pannendienst alleine in Empfang, als die SMS kommt. Ich darf mich ans Klavier setzen, was ich aber nur kurz mache, weil meine Finger vom Schaufeln ganz steif geworden sind. Als ich Sun frage, was los ist, sagt sie, dass sie sich auf ein Treffen mit einem wichtigen Investor vorbereiten müsse und deshalb nervös sei. Dann verschwindet sie erneut im Arbeitszimmer und schließt die Tür, damit ich sie nicht störe. Irgendwie habe ich mir unseren Abschiedstag anders vorgestellt. Sun hätte ruhig noch ein paar Stunden warten können, bevor sie sich in eine ehrgeizige, humorlose Geschäftsfrau verwandelt. Zu der Abschiedsstimmung passen der wolkenverhangene, graue Himmel und mein knurrender Magen.

Ich lege die Decken zusammen, drücke die Kissen zurecht und drapiere sie wie mit dem Lineal gezogen auf dem Sofa. Obwohl ich übertriebener Symmetrie in Wohnräumen nicht viel abgewinnen kann. Aber Sun wird es gefallen. Dann fege ich das Wohnzimmer, den Flur und den Eingangsbereich und klopfe den Dreck aus unseren Wanderschuhen. Neben dem Schuppen finde ich einen Stapel Holzscheite, von denen ich einen halben Zentner ins Haus trage. Ich will mir nicht nachsagen lassen, faul oder undankbar zu sein. Das bin ich nicht. Ich bin sehr dankbar für die Zeit hier oben. Auch wenn mich dieser Ausflug bei Anne in Erklärungsnot bringen wird.

Von allen Versionen einer Geschichte ist die Wahrheit manchmal die unglaubwürdigste. Den Satz hat Anne zu mir gesagt, nachdem wir miteinander geschlafen haben.

Während ich den Weg hinunter zum Parkplatz einmal gehe, läuft Sun die Strecke ein zweites Mal und schimpft wie ein Rohrspatz, als sie bemerkt, dass sie die Unterlagen für ihren Vater vergessen hat.

»Kannst du fahren?«, fragt sie, nachdem wir die Fußmatten ausgeschüttelt und die Sitze von Blättern befreit haben. Ihre Wangen sehen eingefallen aus. »Hab Schmerzen.« Sie fasst sich an den Bauch. »Ist immer so, bevor ich meine Tage krieg.«

»Ich hab aber keinen Führerschein.«

Sun stutzt. »Echt?« Zum ersten Mal heute sehe ich sie lächeln.

»Aber du weißt, wie es geht? Du bist schon mal gefahren?«

Ich nicke. »Hat mir Martha beigebracht.«

»Gute Frau, deine Schwester.« Sun wirft mir den Schlüssel zu. »Dann lass mal sehen, was du von ihr gelernt hast.«

»Dein Ernst?«

»Mein voller Ernst. Damit schlagen wir gleich zwei Fliegen mit einer Klappe.«

»Verstehe ich nicht.«

»Wie ich dich einschätze, willst du diese Maschine immer noch besiegen, und ich will nicht ans Steuer. Eine klassische Win-win-Situation.«

Sun ist nach ein paar Minuten eingeschlafen. Sie scheint mir zu vertrauen. Obwohl die Fahrstunden mit Martha gut drei Jahre zurückliegen und bei Nacht und Nebel auf einem ehemaligen Verkehrsübungsplatz stattgefunden haben, klappt es nach einer ruckeligen Startphase auch in freier Wildbahn. In den ersten zwanzig Minuten begegnen uns kaum Autos. Ich halte mich an die vorgegebene Geschwindigkeit, habe jedoch Zwangsgedanken wie ein Tourette-Kranker in der Kirche. Sobald eine Radarfalle in Sichtweite kommt, drücke ich das Gaspedal etwas stärker durch, immer näher an der Grenze zum Verbotenen. Ein Blitzer-Foto würde sich in meinem Notizbuch gut machen. Ort, Datum, Uhrzeit. Alles frei Haus geliefert. Und die MASCHINE würde es vielleicht sogar ohne meine Hilfe mitbekommen, wenn meine bärtige Biometrie polizeilich erfasst wird. Im Gegensatz zu Sun traue ich das dem Programm durchaus zu.

Überhöhte Geschwindigkeit in Tateinheit mit Fahren ohne Führerschein. Klingt nicht nach einem Kavaliersdelikt. So was geht ziemlich sicher vor Gericht. In China würde mich der Verstoß wahrscheinlich direkt für ein Umerziehungslager qualifizieren – oder für die Todesstrafe. Jedenfalls müsste meine persönliche Maschinen-Gottheit ihr simuliertes Denken neu ausrichten. Den Risikofaktor erhöhen, und bei den Parametern, die sagen, dass ich normal bin – also widersprüchlich wie jeder Mensch, aber vorhersehbar wie der Durchschnitt –, müsste sie ordentlich Prozentpunkte abziehen. Das würde die Entscheidungsfindung für den Algorithmus schwieriger machen.

Mit einer Sache hat Sun recht: Ich muss wieder stärker auf mein

Bauchgefühl hören. Es war ein Fehler, immer das Gegenteil der Prognose zu machen. Und noch etwas wird mir klar, während sich mein Atem mit der fließend langsamen Bewegung der Scheibenwischer synchronisiert: Der Faktor Angst spielt bei meinen Entscheidungen eine zu große Rolle. Sie ist der eigentliche Feind.

Die Angst, zu versagen.

Die Angst, in den Augen der anderen als Loser dazustehen.

Die Angst, zu werden wie mein Vater.

Die Angst, ständig pleite zu sein wie meine Mutter.

Die Angst, mich vor aller Welt lächerlich zu machen.

Die Angst, meine eigenen Songs vor Publikum zu spielen.

Dagegen muss ich ankämpfen.

Jetzt!

Ich drücke das Gaspedal noch stärker durch. Folge dem Ansteigen der Tachonadel.

Ich werde dieses Spiel nach meinen Regeln spielen und allgemeine Verbote ignorieren, sollte es nötig sein, um die Prognose zu ändern. So lautet Regel Nummer 8. Ich habe sie Sun vorenthalten, aber sie denkt ja ohnehin, dass die App nichts weiter ist als eine Gratisanwendung für neurotische Sinnsucher.

Vermutlich ist das Auto auf Suns Vater zugelassen, bei der Versicherung mit dem Schwert-Logo, für die er arbeitet. Dann würde Sun Ärger kriegen, müsste sich mit mir in Verbindung setzen, sobald der Strafzettel ins Haus flattert. Sie würde sich in ihrer Vermutung bestätigt sehen, dass ich »fast« erwachsen bin. Aus all diesen Gründen und weil ich vielleicht irgendwann doch noch den Führerschein machen will, steige ich auf die Bremse, bevor der Radar unsere Geschwindigkeit erfasst, den Blitz auslöst und eine Kettenreaktion in Gang setzt.

Ein kurzer Ruck. Reifen, die die Bodenhaftung verlieren. Suns schlaffer Körper, der nach vorne beschleunigt. Sicherheitsgurte, die sich straffen.

»Alles okay?«, blinzelt Sun schlaftrunken.

»Ein Marder«, antworte ich ruhig. »Musste ausweichen.«

»Nicht überfahren«, murmelt sie. »Nicht überfahren.«

Leichter Regen setzt ein, auf dem Weg zurück in die Zivilisation. Aufflackernde Straßenbeleuchtung. Gedrungene Häuser mit verglasten Windfängen, die schlafend am Straßenrand kauern, wie vom Zufall dorthin gewürfelt. Katzen, die todesmutig über Zebrastreifen stolzieren. Neugierige Gesichter hinter Vorhängen, als ich falsch abbiege, in einer Sackgasse lande und in ungeübten Manövern wenden muss.

Alle paar Minuten bietet mir Google neue Routenoptionen an. Zwei Minuten schneller, fünf Minuten, drei Minuten. Rot eingezeichnet die verstopften Arterien der Großstadtzubringer. Ich lehne die Vorschläge ab. Ich habe es nicht eilig, anzukommen und mich von Sun zu verabschieden. Ich werde sie vermissen. Vielleicht gelingt es uns, wenigstens online Kontakt zu halten. Realistisch betrachtet, wird es wohl eher darauf hinauslaufen, dass wir den Krümelspuren des anderen durch den virtuellen Raum folgen, uns durch Bilder und Texte wischen, aus denen unser Gehirn Geschichten strickt, die die Tiefgründigkeit einer Telenovela nicht übersteigen. Bis sich die Prioritäten verschieben oder der Newsfeed-Algorithmus entscheidet, dass es Personen gibt, die für unser Leben interessanter sein könnten. Sun wird zur Nebenfigur degradiert, bis sie ganz aus meinem Blickfeld verschwindet und den stillen Serientod stirbt, wie schon etliche vor ihr. Die Schnittmenge unserer Biografien war die Zeit in den Bergen. Das anzuerkennen fällt mir schwer, weil Sun mir mittlerweile ans Herz gewachsen ist und ich sie gerne noch besser kennenlernen würde.

»Verkehrslage wird angespannter«, meldet das Display, als wir über einen Hügel fahren. In der Ferne tun sich die pulsierenden Schlagadern der Autobahn in weißen und roten Bändern auf.

Auf der Autobahn ist eine Menge los. Irgendwann stresst mich das ständige Aufleuchten der Bremslichter, das Kupplung-Treten und Schalten, die halbstündige Wiederholung der Nachrichten (Stromausfälle, Unwetterwarnung, Hackerangriffe auf Serverfarmen in Island, Stauchaos am Brenner), und ich folge der Beschilderung auf einen Autohof mit Spielcasino, Adidas-Outlet und Erotik-Mega-Store. Sun wacht nicht auf. Sie hat sich in Seitenlage auf dem Sitz zusammengekauert, die Beine angezogen und den Kopf in meinem zusammengeknüllten Fleecepulli vergraben. Ich mache ein Foto von ihr. Ohne Blitz. Eine dicke Haarsträhne klebt auf ihrer Stirn, verdeckt ihr linkes Auge. Im Schlaf sieht sie friedlich aus, nicht wie eine Kämpferin, die weiß, wie man mit einem Gewehr umgeht, und auch sonst einen genauen Plan vom Leben hat. Im Gegensatz zu mir. Am Ende der Reise steht ein ungewisser Anfang. Selbst wenn ich meine Optionen eingrenze, Band, Soloprojekt, Bewerbung an der Pop-Akademie oder Musik und Deutsch auf Lehramt studieren, bleiben zu viele übrig. Der Gedanke, mit meiner eigenen Musik, mit dem, was mir am wichtigsten ist, aufs falsche Pferd zu setzen, nicht talentiert genug zu sein oder in der Masse unterzugehen, lässt mich zweifeln. Da ist sie wieder, diese Scheißangst, der Welt und mir selbst nicht zu genügen. Am Ende doch BWL studieren, Geld verdienen und meine Mutter unterstützen? Der MASCHINE gehorchen? Alles auf Sicherheit? Musik nebenher? Als Hobby nach Feierabend? Keine Ahnung. Sosehr ich meine Mutter dafür bewundere, wie sie sich als Künstlerin durchschlägt und für ihre Projekte kämpft, weiß ich nicht, ob ich das auch schaffen kann. Ob es das wirklich wert ist. Ob die beste Version von mir stark genug ist, um die ständige Ungewissheit zu ertragen und die schlimmste aller Optionen: das Scheitern. Darauf kann man sich nicht vorbereiten.

Und wo in all diesen Plänen versteckt sich Anne? Mit welcher Version von mir könnte sie sich eine feste Beziehung vorstellen? Ich weiß es nicht. Und vielleicht werde ich es auch nie erfahren. Zwei Welten. Vielleicht hat sie recht. Jedenfalls traue ich mich nicht, ihre Nachricht abzuhören. Das will ich erst tun, wenn ich mich von Sun verabschiedet habe. Oder vielleicht werde ich Anne einfach anrufen. Die Nachricht auf der Mailbox ignorieren und fragen, wie es ihr geht. Wie es ihr *jetzt* geht. Nicht vor zwei Tagen.

Ich blicke zum Eingang der Raststätte, wo ein Kind an einem blinkenden Greifautomaten spielt, und lasse die Scheibe runter. Klimpermusik schallt zu uns herüber. Als die trägen Metallarme beim dritten Versuch wieder kein Plüschtier zu fassen kriegen, ertönt ein quäkendes Geräusch – Game over. Enttäuschung. Der klappernde Joystick nimmt keine Befehle mehr entgegen, der Junge bittet seinen Vater um Geld.

»Nächstes Mal«, sagt der Vater und nimmt das enttäuschte Kind an die Hand. »Nächstes Mal hast du mehr Glück. Das ist immer so.«

»Bitte«, fleht der Junge. »Nur noch einmal.«

»Hat es dir denn keinen Spaß gemacht?«, fragt der Vater.

»Doch, aber ...«

»Siehst du. Und das soll auch so bleiben.«

Bevor der Kleine den Satz verstanden hat, hebt ihn sein Vater auf die Schulter, kitzelt ihn und geht zum Wagen. Der Junge gluckst und lacht vor Freude. Ich sehe ihnen nach, wie sie davonfahren. Dann schreibe ich Anne eine Nachricht, dass alles okay sei und ich mich morgen bei ihr melden werde. Ich will meine Gedanken sortiert haben, was momentan nicht der Fall ist. Szenen der letzten Tage stürzen auf mich ein, als hätte ich Wochen in der Abgeschiedenheit der Hütte verbracht und nicht nur ein paar Tage.

Ich nehme mein Handy, wische durch die Fotos und kann kaum glauben, was alles passiert ist. Vielleicht bedeutet die Farbe Rot, dass das Leben größer wird, abwechslungsreicher, wenn man seine gewohnte Umgebung verlässt. Vielleicht ist die Erklärung viel banaler als gedacht. Vielleicht ist das die Idee der MASCHINE, sich von den eigenen Vorurteilen zu befreien. Seine eigene kleine Insel zu verlassen.

Ich bin gespannt, ob Sun einen Blick auf die App der MASCHINE werfen will, wenn sie wieder aufwacht. Als Expertin müsste sie sich doch eigentlich dafür interessieren, wie das Programm aufgebaut ist. Selbst wenn es nur darum geht, dass sie sich in ihrer Vermutung bestärkt sieht und die App nichts taugt, außer einen in Panik zu versetzen. Auf Suns Leben wird unsere Begegnung wohl keinen Einfluss haben. Dazu braucht es mehr als einen erschossenen Wolf. In ein paar Stunden endet unsere gemeinsame Episode. In weiser Voraussicht habe ich ein Stück von der roten Schnur eingesteckt, mit der Sun das Grab abgemessen hat. Wenn ich wieder alleine bin, werde ich es in mein Buch einkleben. Als Erinnerung an Sun und den Wolf und das Haus und den endlosen Blick über die Wälder. Jetzt, wo jeder das Ziel des anderen kennt, liegt es auf der Hand, dass wir im echten Leben wieder in verschiedene Richtungen laufen und nur der Zufall uns ein zweites Mal zusammenführen kann. Eine Freundschaft auf Zeit. Der Gedanke macht mich wehmütig, dass man manchen Menschen nur einmal im Leben begegnet.

Ich steige aus dem Wagen und schließe sanft die Tür. Ich will Sun nicht aufwecken. Ich glaube, sie braucht den Schlaf. Vom angrenzenden Lkw-Parkplatz weht Dieselgestank herüber. Motoren laufen, damit die Kühlkette nicht unterbrochen wird. Der Regen ist in ein

Nieseln übergegangen. Schnaubend öffnen sich die Hydrauliktüren mehrerer Reisebusse. Vorwiegend Senioren drängen ins Freie. Der Fahrer verteilt kleine Plastikflaschen mit Wasser, die ersten steuern die Toiletten an. Ich mache ein paar Dehnübungen. Dann folge ich dem plappernden Menschenstrom in die Raststätte. Meine Oberschenkel sind steinhart. Auf der Treppe hinunter zu den Toiletten muss ich mehrmals pausieren, weil meine Muskeln bei jedem Schritt blockieren, als wären sie aus Beton.

Eine Frau vom Servicepersonal mustert mich skeptisch, als ich nach kurzem Zögern, geschoben von der Schlange hinter mir, den Automaten mit Münzen füttere und das Drehkreuz passiere. Eine heiße Dusche würde nicht schaden, aber drei Euro für zwanzig Minuten sind Wucher. Mein Urin schimmert wie Orangenlimo, und der Blick in den Spiegel offenbart mein verlottertes Gesamtbild. Daran ändert auch das frische T-Shirt nichts, das ich vor der Fahrt angezogen habe. Aber irgendwie gefällt mir dieser Anblick. Der Kontrast zu den sterilen Plastikoberflächen.

Ich habe wahnsinnigen Hunger, aber vor den grell ausgeleuchteten Kassen drängen sich neben leckeren Snacks und Süßigkeiten auch jede Menge Menschen, die sich wie ferngesteuert an der Auslage bedienen, Wertbons über den Tresen reichen und ihre EC-Karten vor die Lesegeräte halten. Ich nehme mir eine Gratiszeitung zum Thema Impfungen für Kinder von einem Ständer, die in schreiend roten Lettern vor den Gefahren von Masern warnt. Ich weiß nicht, ob ich jemals Masern hatte. Windpocken und Husten, schlimmen Husten mit Atemnot. Vielleicht war ich nicht geimpft. Das würde meiner Mutter ähnlich sehen, die aus Prinzip alles infrage stellt, was als Vorschrift einer Obrigkeit daherkommt.

Als Kind hatte ich mir verschiedene Techniken ausgedacht, wie man aus dem Eckladen von Herrn Yadikis ungesehen Kaugummis und andere Sachen mitgehen lassen konnte. Ich war gut. Aller Wahrscheinlichkeit zum Trotz hat er mich nie erwischt. Auch weil ich wusste, wo der tote Winkel seiner Kameras lag, und nie zu lange vor einem Regal herumstand wie Martha, die gleich zweimal geschnappt wurde und Hausverbot bekam.

Ich wühle mich hinein in das schwitzende Gedränge wie ein Rugbyspieler, der irgendwo das Ei vermutet. Stelle mich in den Schatten einer beleibten Dame mit Riesenbrüsten zur Linken und einem keuchenden Zwei-Meter-Mann zur Rechten. Dann täusche ich ein Stolpern vor, remple den Mann an, greife im Schutz der aufflatternden Zeitung nach einer Bounty-Packung, entschuldige mich bei den Umstehenden und verlasse mit einem Siegerlächeln das Spielfeld.

Ich kann es immer noch.

Als ich zum Auto zurückkomme, steht Sun neben der geöffneten Beifahrertür und raucht. Jetzt wieder eine Selbstgedrehte. Sie grinst mich an. Die Szene wirkt wie ein Déjà-vu. Wie damals auf der Raststätte. Damals, vor fünf Tagen.

»Was ist?«, frage ich.

»Du gehst wie ein Cowboy, fehlt nur noch das Pferd und die Kippe im Mundwinkel. Soll ich dir eine drehen?«

»Danke, nein.« Ich räuspere mich absichtlich und grinse. »Asthma. Und eigentlich hab ich mit dem Rauchen aufgehört.«

Sun lacht. »Na dann.«

Ich beiße von einem der beiden Bounty-Riegel ab und biete ihr den anderen an.

»Danke, ich steh nicht so auf Süßigkeiten.«

»Sehr vernünftig«, sage ich, »sehr vernünftig.«

Eine Sache hat sich nicht verändert: Geklaute Süßigkeiten schmecken besser als gekaufte. Vielleicht beeinflusst das Risiko die

Geschmacksnerven. Mein Handy vibriert in der Hosentasche. Bestimmt hat Anne geantwortet. Ein warmes Gefühl steigt in mir auf. Ich vermisse sie. Aber ich weiß nicht, ob ich ihr das sagen werde. Zurückblicken und Verliebtsein waren für meine Reise nicht vorgesehen.

Sun geht zur Toilette. Ich blicke ihr nach. Sie trägt ein ärmelloses, leicht transparentes Sommerkleid und schwarze, staubige Ballerinas. Ihr Gang ist anders als in den Bergen, eleganter und weicher, als hätte sie den Bewegungsmodus für selbstbewusste Großstädterinnen aktiviert. Der Gedanke, dass sie mich in ihrem echten Leben nicht vermissen wird, schmeckt bitter. Beinahe wie eine Niederlage. Ich werde gerne vermisst. Und zumindest in den Bergen waren wir ein gutes Team. Sun und ich. Und jetzt, kurz vor dem Abschied, habe ich das Gefühl, dass wir richtige Freunde werden könnten, wenn wir das wollten.

Sun kehrt mit einer Zweiliterflasche Cola zurück, die wir uns brüderlich teilen. Zucker und Koffein vertreiben die Müdigkeit aus ihrem Gesicht, aber nicht die Anspannung. Bevor sie zum Wagen zurückgekommen ist, hat sie am Eingang zur Raststätte gestanden, telefoniert und dabei businessmäßig ernst ausgesehen. Als ich sie jetzt darauf anspreche, winkt sie ab. »Sind uns noch nicht ganz einig, wann der beste Zeitpunkt für den nächsten Schritt ist. Müssen wir online drüber abstimmen. Geht am schnellsten.«

Ich kann ihr ansehen, dass sie keine weiteren Details preisgeben will, und nicke, obwohl ich immer noch nicht ganz kapiert habe, was bei ihrem Projekt für das Allgemeinwohl herausspringt.

Sie holt den Tabak aus dem Wagen und dreht sich die nächste Zigarette. Dann erzählt sie, dass sie als Kind keine Cola trinken durfte und es sich für sie heute wie der Gipfel der Selbstbestimmung anfühlt, so viel davon zu trinken, wie sie will. Ihr Handy klingelt. Es spielt »Bella Ciao« in einer übersteuerten Rammstein-Version. Bisher war es immer auf Vibration gestellt. Sun macht keine Anstalten, ranzugehen. Nach drei Takten bricht der Klingelton ab. Ohne Eile drückt sie die Zigarette an einem Laternenmast aus, zieht das Handy aus der Hosentasche, schaut kurz auf das Display und sucht meinen Blick. »Gute Nachrichten. Mein Vater braucht die Sachen erst morgen. Wir können heute Nacht sein Hotelzimmer haben. Er schläft zu Hause.«

»Was?«

»Das heißt: Wie bitte.« Sun steckt das Handy wieder ein. »Die Tagung ist in Köln, meine Eltern wohnen in Düsseldorf, und mein Vater will heute lieber zu Hause schlafen.«

»Wir kriegen sein Hotelzimmer? Wieso hat er ein Hotelzimmer, wenn ihr in der Nähe wohnt?«

»Nicht nur Musiker haben flexible Arbeitszeiten. Die Meetings beginnen erst am Nachmittag, gehen aber bis spät in die Nacht. Und im Anschluss ist *Socializing*, sprich: bechern angesagt. So einfach ist das. Ich dachte, du würdest dich freuen.«

»Schon, aber ...« Ich zucke unentschlossen mit den Schultern. »Weiß nicht.« Auch wenn die Vorstellung von duftender Bettwäsche und einer heißen Dusche verlockend klingt, will ich lieber ins nächste Hostel oder meine Couchsurfing-App befragen, wo es noch einen freien Platz gibt. Ich wüsste nicht, wie ich das Anne erklären soll. Erst zu zweit auf der Hütte und jetzt ins Hotel. In dem Fall müsste ich definitiv lügen.

»Mir zuliebe«, bettelt Sun. Es scheint ihr wirklich wichtig zu sein. »Jetzt komm schon. Du kannst auch auf dem Boden schlafen, wenn ein bequemes Bett gegen deine Tramper-Regeln verstößt. Hast du nach der Party ja auch gemacht. Los, gib dir einen Ruck. Das wäre ein würdiger Abschied.«

»Wegen Anne ...«, setze ich an.

»Ich kann nach einem Zimmer mit zwei getrennten Betten fragen. Das ist sicher kein Problem. Ich fände es nur schade, wenn wir einfach so auseinandergehen, nach allem, was wir zusammen erlebt haben. Und ich hab einen Wahnsinnshunger. Im Hotel können wir was essen. Und auch das ...«

»Zahlt die Firma«, ergänze ich.

»Ganz genau.«

Ich schiebe mein schlechtes Gewissen beiseite und freue mich, dass Sun die gemeinsame Zeit doch etwas bedeutet und es ihr genauso schwerfällt wie mir, jetzt schon auseinanderzugehen.

Ein Polizeiauto schleicht über den Parkplatz. Vielleicht war es doch keine so gute Idee, meine Kindheitserinnerungen mit einem Diebstahl aufzuwärmen. Nachher habe ich eine der Überwachungskameras übersehen.

Sun fuchtelt vor meinen Augen herum. »Heißt das jetzt Ja?«

Das Polizeiauto kommt näher. Ich tue so, als würde ich mich nach einem Mückenstich bücken, und kratze mich an der Wade. »Ja«, höre ich mich sagen. »Aber ... aber nur eine Nacht.«

»Darum geht es. Es geht um eine Nacht.«

Aus dem Augenwinkel sehe ich, wie das Blaulicht angeht, und hebe vorsichtig den Blick. Das Polizeiauto beschleunigt und fährt Richtung Autobahn davon.

»Danke«, sagt Sun.

Ich erhebe mich. »Wofür?«

»Ich hätte es irgendwie schade gefunden, wenn wir uns heute schon verabschieden müssten.« Sie boxt mich kumpelhaft gegen die Schulter und trifft die Stelle, wo der Gewehrschaft anlag. Wolfsbilder schieben sich über die Wirklichkeit. Es ist gut, dass wir ihn erlöst haben.

»Was schaust du so?«, fragt Sun. »Das eben war keine Liebeserklärung.«

»Schon klar«, sage ich grinsend. »Ich freue mich trotzdem, dass es noch nicht vorbei ist. Ich finde, wir sind ein gutes Team.«

»Ja, das sind wir. Trotzdem ist es vielleicht besser, wenn ich jetzt weiterfahre. Wir wollen das Schicksal ja nicht unnötig herausfordern. Oder brauchst du noch ein bisschen Nervenkitzel? Für die Maschine?«

Ich gebe ihr den Schlüssel. »Zu viel Verkehr.«

ZWEIUNDZWANZIG

Kurz nachdem der Regen aufgehört hat, ist die Abfahrt Köln-Zentrum angeschrieben. Der Glanz des Abendlichts kommt näher, und ich weiß nicht, ob mir das gefällt. Irgendwie geht mir das alles zu schnell. Es bleibt gar keine Zeit, meine Gedanken zu sortieren. Als wäre es bereits ein Ritual, lasse ich die Scheibe runter und halte den Kopf in den Fahrtwind. Diesmal ohne zu schreien, aber mit geschlossenen Augen. Es riecht nach Schlamm und Großstadtdunst, als wir uns im Schritttempo von Osten her dem Rhein nähern. Auf der Brücke, ziemlich genau in der Mitte, schlägt der Geruch um, und ich öffne die Augen wieder. Ein paar Atemzüge lang bilde ich mir ein, Meer und Seetang riechen zu können. Wunschdenken, weil ich mich nach Ebbe und Flut, Strand und Weite sehne. Auf dem dunklen Strom tanzen Lichter wie Lampions an einer unsichtbaren Schnur. Sun erklärt, dass der Pegel zu niedrig sei und es deshalb so stinken würde. »Stinken« ist das falsche Wort, denke ich, sage es aber nicht. Feuchtwarme Luft steigt über dem regennassen Asphalt auf.

Auf der anderen Uferseite habe ich ein Geruchs-Déjà-vu. Es riecht wie beim Teich hinter der Schrebergartensiedlung, wo ich Yosh zum ersten Mal begegnet bin. Damals wollte er mit einer selbst gebastelten Angel einen Fisch aus dem Wasser ziehen und hatte stattdessen einen rostigen Campingstuhl am Haken. Ihn vermisse ich auch, denke ich, als wir aus dem Auto steigen und unter den verspiegelten

Augen einer Überwachungskamera die Lobby unserer Fünf-Sterne-Herberge betreten. Sie befindet sich auf einem Hügel, im Innern eines ehemaligen Wasserturms.

»Bin gleich wieder da«, sagt Sun und tippt eine Nachricht in ihr Handy. »Muss was wegen der Betten abklären und noch mal kurz telefonieren.«

Seit wir die Raststätte verlassen haben, wirkt sie fahrig. Vielleicht bereut sie den Vorschlag, unsere gemeinsame Zeit zu verlängern. Sie scheint ja viel um die Ohren zu haben. Oder es ist diese Online-Abstimmung und das Treffen mit dem Investor, das ihr im Magen liegt. Mich wundert ohnehin, dass sie sich unter der Woche einfach so aus ihrer Firma ausklinken kann. Das geht wahrscheinlich nur, wenn man den Laden selbst gegründet hat oder zumindest eine wichtige Rolle spielt. Und studieren tut sie ja auch noch ...

Sun schreitet souverän zur Rezeption, während ich verfolgt vom vulgären Schmatzen meiner Flipflop-Schritte einen wuchtigen Klubsessel ansteuere. Die indirekte Beleuchtung wirft scharfkantige Dreiecke gegen die hohen braunen Backsteinwände, die über Brücken miteinander verbunden sind und jedes Geräusch mit einem kurzen Nachhall versehen. Die belanglose Lounge-Musik ist leise, ein Grundrauschen, aus dem sich hin und wieder Stimmen, Gelächter und Gläserklirren erheben, die mal aus der einen und mal aus der anderen Richtung kommen. Ich hätte große Lust, mich an den schwarzen Flügel zu setzen und einen Song von Billy Joel zu spielen. »Piano Man« würde gut passen. Martha wünscht sich das Lied immer an Heiligabend, weil das mit ihren Erinnerungen an unseren Vater verbunden ist. Das ist jedenfalls meine Vermutung. Wir haben nicht nur seinen Namen aus unserem Wortschatz getilgt. Deshalb habe ich ihr auch nicht davon erzählt, dass ich seinen Wohnort kenne. Er lebt nur eine U-Bahn-Station von Martha entfernt – von seiner Tochter. Ich glaube nicht, dass sie begeistert sein wird, wenn ich ihr das sage.

Wie bei einem Irrgarten folgen Mauerstücke auf Durchgänge und Durchgänge auf Mauerstücke. Dahinter Nischen und Korridore. Goldene Schilder, die den Weg zu Bars, dem Restaurant und dem Wellnessbereich weisen. Von der Albtraumnacht nach der Party abgesehen, bin ich noch nie in so einem exklusiven Hotel gewesen. Und diesmal sogar bei vollem Bewusstsein. Wieder ein erstes Mal, das ich von meiner imaginären Liste streichen kann. Ein erstes Mal, das ich fotografisch festhalte. Mein sozialer Aufstieg in farbigen Bildern.

#meettherich

Der Sessel ist härter gepolstert als gedacht, unbequem, als dürfe man hier nicht zu lange verweilen. Meine Oberschenkel kleben am kalten Leder fest. Mein linker Wadenmuskel zuckt ohne mein Zutun. Auch dann noch, als ich ihn massiere. Ein Pärchen in Abendgarderobe schaut in meine Richtung und tuschelt, bevor es in den Aufzug steigt. Ein Portier mit schwarz-roter Mütze, kaum älter als ich, schiebt einen Gepäckwagen an mir vorbei und lächelt. Offen und freundlich, nicht misstrauisch und abschätzig, wie man es erwarten könnte, wenn man auf sträfliche Weise die Kleiderordnung des Hauses missachtet. Ich lächle zurück, will zu lockerem Small Talk ansetzen, weshalb ich so verratzt aussehe (Bergtour, Wolf, Grab schaufeln) und meine dreckigen Füße in noch dreckigeren Flipflops stecken, lasse es dann aber bleiben. Auf keinen Fall will ich noch mehr Aufmerksamkeit auf mich ziehen.

Ich logge mich in die MASCHINE ein, scrolle durch die Profile, die ich bisher getrackt habe, und entferne sie, wenn mir die Porträts unsympathisch erscheinen. Selektion ist das A und O, um den Überblick zu behalten. Damit reduziert sich die Anzahl auf einen Schlag um mehr als zwei Drittel. Noch länger an ihnen dranzubleiben, beansprucht nur unnötig Rechenleistung. Selbst von den Profilen, die übrig bleiben, könnte ich wahrscheinlich die allermeisten löschen, weil ich ihnen nicht mehr begegnen werde. Und wenn doch, würde ich die vielen geschönten Gesichter ohne die Hilfe einer Biometrie-App im realen Leben wohl nicht erkennen. Einige Menschen sehen wirklich perfekt aus, und es fällt mir schwer, mich von ihnen zu trennen. Schließlich färbt die Umwelt doch auch immer ein bisschen auf einen selbst ab.

Ich gehe die lange Liste durch und wundere mich. Ein paar Profile, die vor dem Schlenker in die Berge ziemlich sicher noch grün waren, werden jetzt als Orange angezeigt. Blassorange, wenn mich meine müden Augen nicht täuschen. Bei dem DJ leuchtet der Balken grün, dunkelgrün, um genau zu sein, und nicht mehr orange wie nach der Party. Die Anpassungen gehen also in beide Richtungen.

Ich überlege, was sich in der Zwischenzeit verändert hat. Welche Informationen sind dazugekommen, die die MASCHINE zu einer Korrektur ihrer Bewertung veranlasst hat? Ich tappe im Dunkeln. Hege aber für einen Moment die Hoffnung, dass sich auch bei Anne etwas getan hat. Ein Zeichen, dass sie vielleicht doch Einfluss auf meine Biografie haben könnte. Hin zu Rot.

Die Hoffnung währt nicht lange. Anne gehört immer noch der Kategorie Grün an. Eindeutig. Und den erhellenden Info-Button gibt es nach wie vor nur bei Sun. Vielleicht öffnet sich der Blick hinter die Kulissen ausschließlich bei der Farbe Rot. Vielleicht ist das der Türöffner. Mir bleibt nichts anderes übrig, als zu spekulieren.

Langsam frage ich mich, ob das alles von der App so gewollt ist oder ob die Vergleichsformel fehlerhaft sein könnte. Vielleicht sollte ich die Möglichkeit ins Auge fassen, dass es sich bei der Software um eine unausgereifte Betaversion handelt und ich gerade Bekanntschaft mit ihren Bugs mache.

Als hätte das Programm meinen misstrauischen Blick bemerkt, erscheint der Arbeiter-Avatar. Er fliegt auf einem pixeligen Funkenschweif ins Bild, wie ein Dschinn aus der Flasche. Der Effekt will nicht so recht zu der ansonsten recht düsteren Aufmachung passen. Er wirkt fast albern. Zum ersten Mal sehe ich die hagere Gestalt im Blaumann bildschirmfüllend. Die ausgehungerte Silhouette flimmert wie bei einer animierten Bleistiftzeichnung. Ich empfinde Mitleid für die schlaffe Gestalt, aber keine Sympathie.

»Und jetzt?«, frage ich neugierig und versuche, den Avatar mit gespreizten Fingern kleiner zu bekommen. Vergeblich. In der Hoffnung, dass die MASCHINE vielleicht über einen verborgenen Sprachassistenten verfügt, gebe ich dem Arbeiter den Befehl, sich wieder vom Acker zu machen. Doch der denkt gar nicht daran. Ich tippe und wische über das gesprungene Display, aber nichts passiert. Vielleicht hat sich das Programm aufgehängt. Erst jetzt bemerke ich, dass sich die Hautfarbe der Spielfigur verändert hat. Der Mann sieht nicht mehr so ungesund grau aus wie bei unserer letzten Begegnung, sondern gesünder, wie nach einer Bluttransfusion. Das hagere Gesicht wirkt voller, und die Lippen sind nicht mehr so dünn. Neue Schraffuren verfeinern das Werk der MASCHINE. Nur die Augen haben ihren matten, ziellosen Blick beibehalten. Kann sein, dass ich mir das nur einbilde, aber bei längerer Betrachtung entdecke ich Ähnlichkeiten zu meinem eigenen Gesicht. Vor allem die Nase. Der kleine Höcker. Die ewige Erinnerung an meinen Vater.

Das Bleistiftflimmern verschwindet, und die Grafik ist endgültig eingefroren. Ich versuche, ein Reset zu erzwingen, aber mein Handy lässt sich nicht abwürgen. Das Programm hat echt Nerven.

»Ich hab's kapiert«, sage ich gereizt zu meinem ausgezehrten

Kumpel. »Dir geht es besser. Uns geht es besser. Was auch immer der Grund dafür ist. Aber jetzt würde ich trotzdem gerne wieder die Ansicht wechseln und mir Suns Profil anschauen.«

Ich spüre eine Vibration an meiner Hand. Dann ein Klopfen, als würde jemand mit einem Hämmerchen gegen die Innenseite des Gehäuses schlagen. Ich wusste gar nicht, dass mein Billighandy so etwas kann. Eine Art Stroboskopeffekt lässt das Gesicht des Arbeiters für eine halbe Sekunde dreidimensional aussehen. Es könnte auch ein ultraschnelles Kopfschütteln sein. Ich hoffe inständig, dass es bei der Gipfeltour nur das Display erwischt hat und nicht das Herzstück, die CPU. Ein neues Handy kann ich mir nicht leisten. Erneut das Klopfen. Ich tippe vorsichtig auf das Display. Ein rechteckiger Rahmen erscheint. Endlich lässt sich der Avatar auf Briefmarkengröße verkleinern und zur Seite schieben. Mir fällt ein Stein vom Herzen. Scheint so gewollt zu sein. Auch wenn ich den Sinn dieser Aktion nicht verstehe, bedanke ich mich flüsternd beim Geist in meinem Handy, rufe Suns Profil auf und bin überrascht: Auch bei ihr hat sich die Farbe verändert. Das Rot ist definitiv nicht mehr so dunkel wie oben auf dem Berg, bevor ich in ihre Ahnengalerie abgetaucht bin. An den Rändern hat die Farbe zu einem schwachen Orange gewechselt. Was hat das alles zu bedeuten?

»Alles klar, wir können.« Sun hält mir den Schlüssel vor die Nase und schwenkt ihn hin und her. Der Anhänger ist eine in Messing gegossene Miniaturausgabe des Wasserturms. Keine Chipkarte. Kein QR-Code wie in dem Schlosshotel. Sie deutet zu meinem Handy. »Gibt's Neuigkeiten von der Maschine?« Die Ironie in ihrer Stimme ist nicht zu überhören.

»Alles beim Alten«, sage ich und stecke mein Handy weg.

»Ich bin also immer noch gefährlich.«

»Nicht mehr so wie am Anfang.«

Sun lächelt schief. »Da irrt sich die Maschine.«

Ich schultere meinen Rucksack. Sofort kommt der Portier herüber und bietet uns seine Dienste an.

»Danke, geht schon«, sage ich etwas beschämt.

Sun schenkt dem Angestellten ein freundliches Lächeln und zuckt mit den Achseln. »Er lässt sich nicht gerne helfen.«

»Genießen Sie Ihren Aufenthalt«, verabschiedet sich der uniformierte Junge, rückt seine Mütze zurecht und eilt zum Eingang, wo gerade eine Limousine vorfährt.

»Und, gefällt dir das Hotel?«, fragt Sun, als wir in den Aufzug steigen. Der Schlaf und das Koffein haben ihr gutgetan. Die Schatten unter ihren Augen sind weniger geworden.

»Sicher, klar. Ist speziell, mit den Mauern und so. Ein bisschen wie ein Bunker, aber hübscher, irgendwie echter als das Schloss, wo die Party war.«

Wir fahren fast bis ganz nach oben. Der Aufzug macht ein schleifendes Geräusch, und ich bin froh, als ein zurückhaltendes »Pling« ertönt und sich die Türen wieder öffnen.

Das Zimmer ist groß, bestimmt ist es eine Suite. Eine Couchecke, ein Schreibtisch, ein Kingsize-Bett, Einbauschränke und das geschäftige Flüstern der Klimaanlage.

»Gab leider kein Zimmer mehr mit getrennten Betten. Ist das okay? Ich kann sonst auch auf dem Sofa schlafen.«

»Schon okay. Ist ja groß genug.«

»Welche Seite willst du?«

»Links.«

»Gut.«

Sun lässt sich auf die rechte Seite fallen und rekelt sich.

Es klopft an der Tür. »Housekeeping«, ruft eine Stimme.

Sun bittet mich zu öffnen. Vor mir steht eine Frau in dunkler

Hotelkluft. Sie hält ein Tablett in der Hand. Ein weißes Tuch liegt über ihrem Arm.

»Guten Abend«, sagt die Frau. Ihr Blick zuckt zu meinen dreckigen Füßen, dann wieder zu meinen Augen. Ihr Kollege in der Lobby war besser darin, seine Überraschung zu verbergen. »Ein kleiner Gruß aus der Küche«, flötet sie mit wiedergefundener Professionalität und lächelt an mir vorbei zur Sofaecke.

»Danke.« Ich will ihr das Tablett abnehmen. Die Frau schüttelt den Kopf. Ich mache einen Schritt zur Seite, was wie der Auftakt zu einem höfischen Tanz aussehen muss. Sie gleitet an mir vorbei, stellt das Tablett auf den glänzenden Beistelltisch, arrangiert die Schälchen und Servietten routiniert zu einem ästhetischen Gesamtbild und fragt an Sun gerichtet: »Darf ich abdecken?«

»Danke, das machen wir selbst«, erwidert Sun.

Ich krame ein Zweieurostück aus meiner Hosentasche und gebe es der Frau, wie ich das aus alten Filmen kenne. Sie bedankt sich und lässt die Münze mit einer eleganten Handbewegung in ihrer Weste verschwinden.

»War das falsch?«, frage ich, nachdem sie weg ist.

»Was meinst du?«

»Na, das mit dem Trinkgeld. War es zu wenig? Gibt man in solchen Hotels Scheine?«

»Nein, das ist okay. Nett von dir, dass du daran gedacht hast. Sie freut sich bestimmt.«

Sie freut sich bestimmt ... Auch wenn Sun es nicht so meint, klingt der Satz überheblich, wie aus dem Mund einer Feudalherrin, die es gewohnt ist, von Mägden umgeben zu sein.

Ich betrachte die gerösteten Brotstücke und die ovalen Schälchen mit den Aufstrichen. Mir läuft das Wasser im Mund zusammen. Grüne und schwarze Oliven liegen wie einzeln hindrapiert in einem

Porzellanschiffchen und duften herrlich nach Knoblauch. »Ganz schön dekadent.«

»Du musst es ja nicht essen. Keiner zwingt dich dazu.«

»Ich habe aber Hunger.«

»Na, dann los.«

»Was ist mit dir?«

»Später.«

»Was heißt eigentlich ›abdecken‹?«, frage ich und bestreiche eine Brotscheibe mit einem roten, nach Basilikum riechenden Pesto.

Sun klopft neben sich. »Das Bett abdecken. Die Tagesdecke.«

»Ach so. Du bist oft in solchen Hotels, oder?«

»Nein, bin ich nicht. Fühlt sich komisch an, wenn alles für einen getan wird, nur weil man den Preis bezahlen kann.« Sun legt sich auf den Bauch, stützt ihr Kinn in die Hände und kreuzt die Beine. »Ich hab mir Gedanken gemacht, zu dir und deinem Vater. Vielleicht solltest du ihm einen Brief schreiben, jetzt, wo du seine Adresse kennst.«

»Wozu?«

»Um ihn kennenzulernen. Vielleicht ist er ja ganz anders, als du denkst. Menschen ändern sich. Manche lernen aus ihren Fehlern und bereuen sie. Sollten wir uns irgendwann wiedersehen, bist du vielleicht ganz anders als jetzt und schmatzt nur noch halb so laut.«

»Witzig.«

Sie streicht sich eine dicke Haarsträhne vors linke Auge, als wäre ihr die dreidimensionale Ansicht der Gegenwart zu anstrengend. »Hat dein Vater wirklich nie versucht, mit dir oder deiner Schwester Kontakt aufzunehmen, nachdem er abgehauen ist?«

»Nein, hat er nicht. Die MASCHINE sagt, dass er längere Zeit im Ausland gelebt hat, in Kanada und Thailand, jetzt aber in Berlin wohnt.«

Sun stößt Luft durch die Zähne. »Die Maschine, klar. Gib mir eine halbe Stunde, und ich sage dir, welches Auto dein Vater fährt und welche Werbung ihn triggert. Das ist wirklich keine Kunst. Die Spuren sind überall. Mit den richtigen Tools kann man sie ganz einfach isolieren und einzelnen Personen oder Personengruppen zuordnen. A/B-Tests, Geo-Experimente, das passiert die ganze Zeit, wenn man online ist. Ist nur die Frage, wo die Daten zusammenfließen und wie mächtig der Puppenspieler ist, der sie auswertet. Weiß deine Schwester, dass euer Vater – er ist doch auch ihr Vater?« Ich nicke. »Dass er in derselben Stadt wohnt wie sie?«

»Nein.«

»Wieso nicht?«

»Hat sich noch nicht ergeben.«

»Aber du wirst es ihr noch sagen?«

»Ja. Das werde ich.« *Irgendwann*, füge ich in Gedanken hinzu.

»Gut. Wäre nämlich nicht fair, ihr die Entscheidung abzunehmen.« Sun steht auf, geht zum Schreibtisch und öffnet eine Ledermappe, in die die Frontansicht des Wasserturms geprägt ist. Briefpapier und Umschläge mit dem Hotel-Logo kommen zum Vorschein. Vielleicht schreiben alte Leute noch Briefe auf Hotelpapier, wenn ihnen langweilig ist oder sie sich einsam fühlen. Oder es ist einfach nur Deko. Wie die Schlüssel. Eine Erinnerung an früher.

»Du kannst ihm auch schreiben, wie scheiße du findest, was er getan hat«, redet Sun weiter.

»Wozu?«

»Um die Sache aus dem Kopf zu kriegen und deine Energie für Wichtigeres aufzusparen.«

»Studierst du auch noch Psychologie?«

Sun grinst. »Nur im Nebenfach. Bei dieser Lektion geht es aber vor allem um den gesunden Menschenverstand.« Sie zieht die Augenbrauen hoch. »Interessiert dich überhaupt, was ich zu sagen habe?«

»Ja, bitte. Gib mir ein schlechtes Gefühl.«

Sie verdreht die Augen. »Ich bin nur der Meinung, dass man lösungsorientiert, nach vorne gerichtet denken sollte, wo es möglich ist. Plausibilität, verstehst du?«

»Sicher.«

»Dein Fall – Sohn hasst Arschloch-Vater, macht sein Leben aber von ihm abhängig – ist bestens als Beispiel geeignet. Es geht darum, nach Möglichkeiten aus dem Dilemma zu suchen, mehr über den eigenen Vater herauszufinden, seine Beweggründe zu erfahren, ihn vielleicht sogar zu treffen, ohne sich selbst dabei zu verletzen.« Sie nimmt einen Briefbogen aus der Mappe und hält ihn ins Licht der Schreibtischlampe. Der Wasserturm als Wasserzeichen. Wie einfallsreich. »Siehst du ihm eigentlich ähnlich?«

»Meinem Vater?«

»Ja, deinem Vater.«

»Die Locken sind von meiner Mutter.« Ich drehe mich ins Profil. »Aber die Nase, den Höcker hier, den habe ich von meinem Vater abbekommen.«

»Sehr schön, wirklich sehr schön. Ein Prachtexemplar. Was ist deine Mutter noch mal von Beruf?«

»Künstlerin. Performance-Künstlerin.«

Sie runzelt die Stirn. »Hast du das schon erzählt?«

»Weiß nicht. Kann sein.«

»Tanzt sie auch?«

»Nein. Kein Tanz. Nur Experimente zu menschlichem Verhalten. Improvisationen und Installationen.«

»Das ist eine ganze Menge, wenn du mich fragst. Hört sich mutig an, deine Mutter.«

»Ja, sie weiß, was sie will.«

»Ist bestimmt toll, so eine Mutter zu haben.«

»Meistens.«

Ich erzähle Sun, wie sich meine Mutter vor einigen Jahren genau siebzehn Tage gegenüber dem stadtbekannten Saunaklub Paradise in eine Glasvitrine gesetzt hat. Nackt, um auf Zwangsprostitution und Misshandlung aufmerksam zu machen. Stundenlang las sie anonymisierte Interviews von Frauen vor, die in solchen Klubs oder in Privatwohnungen anschaffen gingen. Ihr Körper war von oben bis unten voller Blutergüsse und Striemen, die eine Maskenbildnerin täuschend echt auf ihre Haut gemalt hatte. Vor der Performance hatte meine Mutter wochenlang gehungert, damit ihr Anblick noch grauenvoller wirkte. *Insane In Humanity* schaffte es sogar ins Fernsehen. Kurze Zeit später wurde der Geschäftsführer des Saunaklubs wegen Steuerhinterziehung verhaftet.

Sun nickt beeindruckt. »Wow, was für eine coole Frau.«

»Sie hat kein Problem damit, nackt zu sein. Sie schämt sich nicht. Es ist ihr egal, was die Leute denken.«

»Aber dir nicht?«

»Na ja, wenn jeder ihre Bilder und Filme anklicken kann, ist das als Fünftklässler eher ein Grund, sich in den Pausen auf dem Schulklo zu verstecken, als darauf stolz zu sein.«

»Hättest du dir's anders gewünscht, *normaler?*«

»Auf keinen Fall. Manchmal wäre ich gerne selbst so mutig wie sie. Da ist sie echt ein Vorbild. Sie lässt sich nicht beirren, wenn sie sich was in den Kopf gesetzt hat.«

»Daran kann man arbeiten. War bestimmt auch bei ihr ein längerer Prozess, bis ihr klar wurde, wo die Reise hingeht.« Sun klickt mit dem Hotel-Kugelschreiber. »Zurück zu deinem Vater. Vielleicht doch ein paar Zeilen? Dampf ablassen? Ihm die *Leviten* lesen. Sagen, was du ihm schon immer sagen wolltest. Glaub mir, das hilft. Ist besser, als die Wut in sich hineinzufressen und sinnlose Kämpfe mit irgendwelchen Apps auszutragen.«

»Danke, nein«, sage ich bestimmt. »Die Aufmerksamkeit hat er nicht verdient.«

»Wie du willst.« Sie klappt die Ledermappe zu. »Ich würde gerne ein Bad nehmen. Du auch? Oder sollen wir uns den Wellnessbereich ansehen? Ist bestimmt nicht viel los. Gibt eine Sauna, Dampfbad und so, und einen Pool. Saunawärme ist gut gegen Muskelkater.«

»Mir genügt die Dusche.«

Sie schmunzelt. »Du schämst dich. Hab ich recht?«

»Tu ich nicht. Mir ist nur nicht nach Hitze zumute.«

»Kann ja noch kommen.« Sie geht zur Minibar und mixt sich Wodka-Cola. »Worauf stehst du noch mal?«, fragt sie, den Rücken mir zugewandt.

»Was?«

»Was hast du auf der Party getrunken?«

»Mojito. Und noch irgendwas Saures, mit Zitrone oder so.«

»Wäre Gin Tonic für den Moment auch eine Alternative?«

»Klar.«

Ich springe kurz unter die Dusche, schrubbe den Dreck von meinen Waden, blicke dem schlammigen Rinnsal nach, das rechtsdrehend im Abfluss verschwindet, und schlüpfe in einen flauschigen Bademantel. Er duftet nach Lavendel, wie die Handtücher in der Hütte. Eine Spur intensiver sogar. Ich wische den beschlagenen Spiegel frei. Blicke mir selbst in die Augen und frage mich, was dieses Ich noch so an Überraschungen für mich bereithält.

Die Bar ist eröffnet. Die Abschiedsparty beginnt. Wir stoßen auf die gemeinsame Zeit an. Sun amüsiert sich über das stilistische Durcheinander meiner Spotify-Listen und bestellt beim Roomservice noch eine Flasche Wodka vom Feinsten. Nach einer halben Stunde ist sie so betrunken, dass ich mir Sorgen mache. Aber ich habe gelernt, dass sie es nicht mag, wenn man sie bevormundet.

»Diesmal musst du auf mich aufpassen.« Sun schenkt sich nach. Der Wodka ist bei ihren Augen angekommen und geht nun auf ihr Sprachzentrum über. »Das ist deine Pflicht, als mein Seelenverwandter.«

Seelenverwandter, so hat mich noch nie jemand genannt. Und von Sun hätte ich diese Aussage am wenigsten erwartet. Auch wenn sie dem Alkohol geschuldet ist, bin ich gerührt.

»Mach ich.« Ich frage mich, wo das hier enden wird, wahrscheinlich mit Sun kniend vor der Kloschüssel. Ich werde ihr die Haare halten.

Unauffällig steige ich auf Sprite um. Es genügt, wenn einer von uns die Kontrolle verliert. Irgendwann verschüttet Sun Cola auf ihr Kleid.

»Oh, jetzt habe ich mich bekleckert«, sagt sie und zieht eine übertriebene Schnute. »Das schöne, schöne Kleid. Findest du es nicht auch schön?« Sie zupft daran. »Der Stoff ist so leicht. So leicht wie das Leben, wenn man besoffen ist.« Sie hält sich am Schreibtisch fest. »Es ist doch schön, oder? Sag mir, dass das Kleid schön ist.«

»Klar. Es steht dir.«

»Und was ist mit mir? Bin ich schön?«

»Ja, du bist auch schön.«

Sie nickt unsicher. Kurz habe ich Angst, die Stimmung könnte kippen, doch dann brabbelt sie lächelnd weiter: »Aber der Fleck, dieser böse, böse Fleck, der gehört da nicht hin, nein, nein, nein.« Sie lässt sich auf den Schreibtischstuhl plumpsen, greift zum Telefonhörer und drückt eine Kurzwahltaste. Ich höre, wie sich eine Stimme meldet. »Ist da die Rezeption? Ich habe soeben mein Kleid mit Cola –

Wodka-Cola, um genau zu sein – bekleckert. Können Sie es bitte zum Reinigen abholen lassen? Es ist ein schönes Kleid, mein Vater hat es mir aus Paris mitgebracht.« Die Antwort ist ein unverständliches Nuscheln. Sun nickt in den Hörer. »Gut, dann morgen früh. Das ist sehr nett, Sie sind sehr nett, wirklich sehr nett, wie alle hier. Und Ihr Hotel ist toll.« Sie legt auf und wendet sich wieder zu mir. »Wird erledigt, die kümmern sich drum«, sagt sie mit lahmender Zunge, steht vom Stuhl auf und schwankt. Dann schlüpft sie langsam aus ihrem Kleid. So langsam, dass es wie eine Strip-Nummer aussieht.

»Muss das sein?«, frage ich.

»Die brauchen das Kleid. Die können mich ja nicht als Ganzes in die Wäschetrommel stecken.« Sie kichert, sie lacht. Ihr Gesicht wie auf den Kinderfotos in der Hütte.

»Aber sie holen es doch erst morgen«, sage ich.

»Dann ist das schon mal erledigt. Man darf Dinge nicht aufschieben ... das ... sagt mein Vater immer. Er ist sehr, wirklich sehr pflichtbewusst. Er gibt immer sein Bestes zum Wohl des Unternehmens, zum Wohl der Versicherten.«

Bevor ich gentlemanlike zur Seite blicken kann, steht Sun nur noch in Spitzenunterwäsche vor mir. Der weiße Stoff ist so weitmaschig, dass nicht viel Raum für Fantasien bleibt. Sie faltet das Kleid zusammen und legt es neben sich auf den Stuhl. Ich frage mich, was sie vorhat, und gebe mich ungerührt, als sie mich, die Lippen zu einem leichten Schmunzeln geöffnet, eindringlich ansieht. Obwohl sich die Hitze von meinem Kopf nach unten verlagert, was in Anbetracht meiner spärlichen Kleidung zu einem echten Problem werden kann. Deshalb denke ich kurz an etwas Schreckliches. Das hilft gegen unfreiwillige Erektionen. Auch in diesem Fall. Alles eine Frage der Übung.

Wie würde die MASCHINE die Situation beurteilen, wenn sie ihre Augen auf uns gerichtet hätte? Welche Parameter bräuchte sie, um den Fortgang dieser Szene vorherzusagen? Testosteronspiegel. Treuefaktor, Verlangen, Vertrauen. Kurzes Glück im Tausch gegen ein schlechtes Gewissen. Was muss passieren, damit der Mensch den Moment, das Jetzt und Hier, über die Zukunft stellt, nur noch seinen Trieben gehorcht und dazu bereit ist, die Konsequenzen in Kauf zu nehmen? Die neue Wirklichkeit hinter dem Verrat.

Anne und ich sind kein Paar. Das hat Anne wörtlich so gesagt. Und es hat mich getroffen. Weil es so abwehrend geklungen hat, so vernünftig. Als müsste sie mich, den ahnungslosen Achtzehnjährigen, vor irgendwas in Schutz nehmen.

Das Ergebnis dieser Gleichung hier: Sun, ich, die Musik und die sexuelle Spannung kann also nicht »Betrug« heißen. Dazu fehlt die wichtigste aller Zutaten: mit jemandem zusammen zu sein. Mit Anne zusammen zu sein. Kein Treueversprechen, das gebrochen würde. Kein Grund für ein schlechtes Gewissen.

Ich wende den Blick von Sun ab, ziehe die Balkontür auf. Kein Windhauch. Die Luft steht wie eine Wand, genauso unentschlossen wie ich. Auf jeden Fall würde mich eine falsche Entscheidung – wenn sie denn falsch wäre – zum Lügner degradieren.

Ein elektronischer Dreiklang unterbricht meinen Gedankenstrom. Ich drehe mich um. Sun hat ihr Handy über Bluetooth mit der Stereoanlage gekoppelt.

»Was machst du da?«, frage ich und ziehe den Kopf aus dem Strudel der Möglichkeiten. Sun antwortet nicht. Sie wischt konzentriert über ihr Handy. Dann legt sie es auf den Nachttisch und schaltet den vorderen Teil der Deckenbeleuchtung aus, bis nur noch zwei Lichtkegel übrig bleiben, die ihre Kreise auf die weiße Bettwäsche zeichnen und den Raum in diffuses Licht tauchen.

»Du stehst ja vor allem auf alte Musik«, sagt Sun. »Handgemacht. Ehrlich. Die Wahrscheinlichkeit, dass du diesen Song magst, liegt bei neunzig Prozent.« Sie lacht kurz auf und steigt auf das Bett. Sie stellt sich in die Mitte und öffnet ihr Haar. Ich bin verblüfft, als ein nach Barockmusik klingendes Bläservorspiel einsetzt. Es endet auf einem einzigen langen Ton, der ausblendet und in weinerlich gezupfte Gitarrentöne überleitet. Das Schlagzeug setzt ein. Sechsachteltakt von allen Seiten, aus unsichtbaren Lautsprechern. Ein Netz aus Schwingungen, das sich wie dichter Nebel über die Szenerie legt, uns in eine andere Dimension zieht, wo wir von aller Schuld befreit sind. Ich erkenne den Song und muss schmunzeln. Er ist noch nicht mit Erinnerungen besetzt. Das wird sich nun ändern.

Sun fängt an zu tanzen. Ihre geschmeidigen Bewegungen zerfließen im Schattenspiel unter ihren nackten Füßen. Janis Joplin singt schmerzerfüllt »Summertime«.

»Manchmal«, sage ich. »Manchmal mag ich alte Musik.« Der Sound ist unbeschreiblich. Als würde sich Janis aus dem Jenseits melden. Manche Songs bleiben für die Ewigkeit.

»Ist jetzt *manchmal?*«, fragt Sun herausfordernd.

»Vielleicht«, sage ich, bevor mir klar wird, wie missverständlich das klingt. Sun öffnet den BH, zieht ihn mit Daumen und Zeigefinger Stück für Stück nach unten, ohne sich von mir abzuwenden. Sie spielt mit dem Kleidungsstück wie eine Burlesque-Tänzerin mit der Lust des Publikums. Nur dass dabei meines Wissens keine Brustwarzen gezeigt werden, wie es jetzt der Fall ist.

Sun lässt den BH elegant neben ihrer Hüfte kreisen. »Gefalle ich dir?« Sie dreht sich tanzend um die eigene Achse. Selbstbewusst, ohne Scham, in dem Wissen, schön zu sein.

So hush little baby, don't you cry ...

Ich muss schlucken. Das Herz schlägt mir bis zum Hals. Ich bin wie hypnotisiert. »Warum tust du das?«, frage ich und bete dafür, dass der Song niemals endet.

»Weil ich es will. Weil *ich* mich nicht schäme. Weil es keinen Grund gibt, sich für diesen Augenblick zu schämen.« Sun lässt die Daumen unter den Bund ihres Slips gleiten, deutet an, dass sie gleich nackt sein wird. Alles an mir wird hart. Ich denke an Anne, denke daran, was sein könnte, und weiß, dass ich nicht lügen kann. Dass ich nicht lügen will. Dass das hier eine Bewährungsprobe ist.

»Das ist nicht witzig«, sage ich heiser, mit wiedergewonnener Kontrolle. Und etwas lauter: »Kannst du dir bitte was anziehen?«

»Nicht so eilig.« Sun wirft mir den BH zu. Ich fange ihn auf. Lasse meine Finger einmal über die weiße Spitze gleiten, bin wie elektrisiert und lege das Kleidungsstück, angewidert vom Erwachen niederer Instinkte, neben mich. »Erst wenn du mit mir getanzt hast.« Sun streckt ihre Hände nach mir aus, bewegt ihre Arme, als könne sie mich an einem unsichtbaren Seil zu sich hinüberziehen. »Ein einziger Tanz? Zum Abschied? Das bist du mir schuldig.« Von draußen hört man Glockenläuten. Es ist Mitternacht. »Bitte. Das wünsche ich mir.« Ihre Augen glitzern. Ich atme tief ein und schüttle langsam den Kopf. »Du hast doch gesagt, dass ich schön bin. Du bist auch schön.«

Ich weiß nicht, warum sie das tut. Glaubt sie so wenig daran, dass aus Anne und mir etwas werden könnte? Dieser überhebliche Teil ihres Charakters gefällt mir nicht. Sex scheint in ihrer Welt nicht viel zu bedeuten. Es törnt mich ab, dass sie es darauf anlegt, mir mit ihrer Show ein schlechtes Gewissen zu machen. So habe ich mir den letzten gemeinsamen Abend nicht vorgestellt. Es war ein Fehler, ihr diesen Wunsch zu erfüllen. Wenn ich nicht so schlapp wäre, würde ich meine Sachen zusammenpacken und gehen. Stattdessen stehe ich auf, schalte das Licht wieder an und beende damit Suns Auftritt.

»Du bist ein Spielverderber«, jammert Sun, hört auf zu tanzen und steigt schwankend vom Bett. Dann dreht sie die Musik leiser und setzt sich auf die vordere Bettkante. »Schade«, sagt sie. »Ich hätte es schön gefunden, mit dir zu tanzen. Ist wohl die falsche Option im Meer der Möglichkeiten.«

»Tut mir leid«, sage ich. »Ich kann so was nicht. Ich will auch wissen, was das mit Anne ist, und sie treffen.«

»Heißt das, dass du deine Regeln außer Kraft setzt?«

»Ja, das tu ich.«

»Das ist gut.« Sie wischt sich eine Träne aus dem Auge, nimmt einen Bademantel vom Haken und schlüpft auf wackeligen Beinen hinein. »Das ist die Entscheidung, die ich mir erhofft habe. Dass du dich nicht länger zum Sklaven dieser schwachsinnigen App machst.«

DREIUNDZWANZIG

Der nächste Morgen. Ohne Regen. Ohne das fast schon vertraute Geräusch von Tropfen, die irgendwo aufschlagen. Auch kein Vogelgezwitscher. Stattdessen Helligkeit und Wärme. Wärme und Helligkeit, die hinter meinen Augenlidern von einem sonnigen Reisetag künden. Sun muss die Vorhänge geöffnet haben – und die Balkontür. Das Säuseln der Klimaanlage und der kühle Windhauch fehlen. Entferntes Hupen und Sirenengeheul verscheuchen die Illusion, noch in den Bergen, in der Natur zu sein. Nach wie vor unentschlossen, wie ich den Wechsel vom Land in die Stadt finden soll, blinzle ich in den neuen Tag und versuche, stufenweise mehr Licht an meine Netzhaut zu lassen. Ich fühle mich wie ein Schiffbrüchiger. Von einer Welle an Land gespült, unsicher, wie es sich anfühlen wird, wieder festen Boden unter den Füßen zu haben.

Ich bin glücklich, dass es nichts zu bereuen gibt. Keine falschen Entscheidungen. Kein unnötiger Schmerz. Keine neue Kreuzung, an der ich stehe und nicht weiterweiß. Vielleicht habe ich mir das gestern auch nur eingebildet, dass Sun es darauf angelegt hat, mit mir Sex zu haben. Ich kenne sie nicht gut genug, um ihr Verhalten zu deuten.

Sie sitzt leicht nach vorne gebeugt am Fußende des Betts und tippt etwas in ihr Handy. Sie ist ein Schemen im flirrenden Gegenlicht. Ihr blasses Gesicht im harten Kontrast zu ihren schimmernden Kupferhaaren. Es dauert einen Augenblick, bis mich mein Bewusstsein endgültig in die Wirklichkeit entlässt. Dann bemerkt mich Sun, lehnt sich zu mir herüber, berührt mich am Arm und vertreibt das taube Gefühl auf meiner Haut. »Guten Morgen.« Sie lächelt zaghaft. Ich werde sie nicht auf gestern Nacht ansprechen. Ich lasse sie kommen. Wenn sie nicht darüber reden will, will ich das auch nicht. So betrunken, wie sie war, ist es ihr jetzt bestimmt peinlich, dass sie sich vor mir ausgezogen hat. Aber gekotzt hat sie nicht. Sie ist einfach an meiner Schulter eingeschlafen – und hat geschnarcht.

»Ich dachte schon, du willst gar nicht mehr aufwachen«, sagt sie mit rauer Stimme und räuspert sich. »Hast ewig geschlafen.«

»Wie spät ist es?« Ich setze mich auf und klemme mir ein Kissen in den Rücken.

»Kurz vor zwölf.«

»Schon?«

»Hast leider das Frühstück verpasst.« Sie macht eine ausladende Handbewegung zum Couchtisch. Ihre kurzen Fingernägel sind frisch lackiert. Dezent. Sandfarben. »Gibt nur noch die Reste von gestern.«

»Das reicht.« Ich muss gähnen.

»Hand vor den Mund!«

Ich weiß nicht, wie Sun das macht, aber sie sieht überhaupt nicht mitgenommen aus. Obwohl sie kaum Schminke benutzt. Sie trägt ein blassgrünes Kleid aus einem festen Stoff, der träge nachwippt, als sie aufsteht, sich ein Glas Wasser einschenkt, es leer trinkt und sich mit zittrigen Fingern eine Zigarette dreht.

»Ich soll dich von meinen Eltern grüßen.«

»Du warst bei deinen Eltern?«, frage ich in ihren Rücken. In dem Outfit, die Haare hinter dem Kopf hochgesteckt, mit kurzen Rüschenärmeln, könnte Sun als weibliche Hauptfigur in einer Jane-Austen-Verfilmung durchgehen. Vielleicht ist das ihr Business-Look. Vielleicht kommt die harte Geschäftsfrau in Gestalt eines zarten

Mädchens daher. Sie steckt sich die Zigarette an, stellt sich vor die geöffnete Balkontür, pustet den Rauch nach draußen und dreht sich ins Profil. Sogar Schmuck hat sie angelegt. Ein Goldkettchen baumelt an ihrem Hals und verleiht ihrem Aufzug eine beinahe festliche Note. »Hab meinem Vater die Unterlagen gebracht. Damit er sich vorbereiten kann.« Im Job hätte ich sie mir eher in einem Hosenanzug vorgestellt, in Grau oder Schwarz. Etwas strenger, weniger mädchenhaft. Sun scheint für Klischees nicht viel übrigzuhaben.

»Hast du dich für den Investor so in Schale geworfen?«, frage ich. »Ist das Treffen hier in der Nähe?«

Sie zieht an der Zigarette, schüttelt den Kopf und lässt den Rauch durch die Nase entweichen. Die Zeichen stehen eindeutig auf cool. Cool und distanziert.

»Ich lauf gerne so rum. Manchmal. Sind Klamotten, mehr nicht. Und als Frau spielt es eh keine Rolle, was man anzieht. Männer unterschätzen einen so oder so. Ob sexy, verschlossen, sportlich, elegant oder öko. Man muss den selbst ernannten Alphatieren vor den Bug schießen, damit sie kapieren, was man draufhat.« Sie sieht mir direkt in die Augen. »Nicht wahr?«

»Ich trau dir alles zu.«

Sie schmunzelt, dann verhärten sich ihre Gesichtszüge, und sie strafft den Rücken. »Außer auf eigene Faust zu töten, habe ich recht?«

Ich kann ihrem Gedankensprung nicht folgen. Soll das eine Anspielung auf den Wolf sein? Den haben wir doch gemeinsam getötet? Nein, eigentlich war es mein Finger am Abzug.

»Töten?«, frage ich irritiert. »Was meinst du damit? Einen Menschen töten?«

»Ja, vielleicht«, sagt sie mit tonloser Stimme. »Jemanden, der es verdient hat.«

Ich lächle verunsichert. »Ich glaub nicht, dass das der richtige Weg ist, um deine Geldgeber zu überzeugen«, versuche ich es mit einem Witz.

Sun ignoriert ihn und lässt die Zigarette in das Wasserglas fallen. Ein Zischen. Dann formt sie mit Daumen und Zeigefinger eine Pistole und zielt auf einen imaginären Feind auf der gegenüberliegenden Seite des Zimmers. Ich frage mich, was mit ihr los ist. Vielleicht gab es Streit mit ihren Eltern. Ihre Mutter kann bestimmt ziemlich streng sein.

»Expose, disarm or kill«, sagt Sun mit unbewegter Miene.

»Was heißt noch mal ›expose‹?«, will ich wissen.

»Entlarven. Demaskieren.«

»Man lernt nie aus.«

Es entsteht eine Pause. Sun greift zu ihrem Handy und checkt die Nachrichten. Ich frage mich, was das eben war.

»Hast du eigentlich einen Künstlernamen?« Sie blickt ausdruckslos auf das Display und textet in beeindruckender Geschwindigkeit. »Bekomme ich noch eine Antwort?«, fragt sie, ohne aufzublicken. »Ich kann gleichzeitig reden und tippen.«

»Nein«, sage ich. »Ich hab keinen Künstlernamen.«

»Seltsam.« Sun legt ihr Handy neben sich.

»Was ist daran seltsam?«

»Weil es von deiner Musik gar nichts auf Youtube gibt, außer einem etwas angesäuselten Auftritt beim Abiball. Auch nicht auf Spotify. Bist du auf irgendeinem anderen Kanal unterwegs?« Sie grinst. »Auf TikTok?«

»Ich bin noch nicht so weit. Ich will noch warten, bis meine Songs so klingen, dass ich damit klarkomme, wenn die Leute sagen, an welchen anderen Künstler ich sie erinnere.«

»Warum sollten sie das tun?«

»Weil sie das immer tun. Gibt einfach schon zu viel Musik. Zu viel *gute* Musik.«

»Da spricht der Pessimist. Du solltest weniger nachdenken und einfach machen. Es kommt, wie es kommt. Ist doch vor allem wichtig, dass du an deine Sachen glaubst. Dann findet sich auch ein Publikum. Da bin ich mir sicher.«

»Danke für den Rat.«

»Wann ist denn der große Tag?«, fragt sie ironisch. »Wann hast du vor, mit deiner Musik an die Öffentlichkeit zu gehen? Noch in diesem Leben? Oder willst du abwarten, was die Maschine dazu sagt?«

Ich weiß nicht, warum sie so fies ist. Vielleicht hat sie ja doch einen Kater. »Ende des Jahres wollen wir zwei, drei Songs rausbringen. Ein Video drehen und schauen, wie sich die Klickzahlen entwickeln.«

»Wer ist ›wir‹?«

»Yosh und ich. Mein bester Kumpel. Er hat zu Hause ein kleines Tonstudio und kümmert sich darum, dass man den Sound wiedererkennt.«

»Und auf der Straße? Spielst du da wenigstens deine eigenen Sachen?«

»Das würde nichts bringen. Wenn keiner den Song kennt, bleibt keiner stehen. Die Leute wollen das hören, was sie kennen. Dafür bezahlen sie. Ist wie bei Coverbands.«

»Gehört das auch zu deinen Regeln? Keine Experimente?«

Ich pariere ihren Angriff mit einem Lächeln. »Es geht um Erinnerungen.«

»Ah, Erinnerungen. Fast hätte ich's vergessen. Aber denen kann man doch nicht trauen. War das nicht auch eine deiner Theorien? Dass alles irgendwann zu einem undurchlässigen Brei wird? Fiktion und Wirklichkeit? Offline, online, alles nur Geschichten?« Ich sehe ihr an, dass sie keine Antwort erwartet. Ihr Blick wandert zu einem Landschaftsfoto, das seitlich neben dem Bett hängt. Baumkronen, die zentimeterdick mit Schnee bedeckt sind. Aus der Vogelperspektive aufgenommen. »Wie wäre es mit Jonas Alaska?«, sagt sie wieder freundlicher.

»Als Künstlername?«

»Ganz genau. Als Baustein zum Erfolg.«

Ich zucke mit den Schultern. »*Jonas Alaska*«, sage ich Silbe für Silbe, um dem Klang nachzuspüren. »Nicht schlecht.«

»Na, also.«

Ich lächle matt. »Gibt's bestimmt schon.«

Wir nehmen das Auto, weil Sun nachher gleich weiterwill und darauf besteht, ihr Versprechen einzulösen, für mich mit dem Hut herumzugehen. Sie will mich unbedingt singen hören – auf der Straße singen hören –, das macht mich nervös. Beim Geldsammeln wird sie in den Klamotten nicht viel Erfolg haben. Zu teuer, zu edel. Die Leute haben ein bestimmtes Bild von Straßenmusikern und deren Begleitern im Kopf. Wenn man zu sehr aus dem Rahmen fällt, macht sich das bei den Einnahmen bemerkbar. Der Dresscode ist backpackermäßig verratzt, aber auch nicht so versifft, dass potenzielle Zuhörer ein schlechtes Gewissen bekommen, wenn sie einen während des Auftritts mustern. Es ist ein Fehler, die Laufkundschaft zu unterschätzen, wenn man sich auf der Straße verdingen will. Junge, auf Öko und Fairtrade getrimmte Hipster, die mit dem neuesten iPhone rumknipsen, ihre Sachen in Fjällräven-Rucksäcken durch die Gegend tragen und handgeknüpfte Kettchen und Umarmungen für den Weltfrieden verkaufen, haben es mittlerweile schwerer, damit durchzukommen. Der größer werdende Teil der Bevölkerung, der zwei Jobs braucht, um den Kopf über Wasser zu halten, weiß, dass Kinder aus ärmeren Familien Besseres zu tun haben, als bettelnd mit ihren Followern durch die Welt zu reisen.

Irgendwie hat sich die Stimmung zwischen mir und Sun verändert. Sie wirkt wieder verschlossen, als wollte sie uns den Abschied dadurch leichter machen. Vorhin war sie auf dem Balkon und hat telefoniert. Ich habe nur die Begrüßung mitgekriegt, weil sie die Tür zugezogen hat. Es war ihre Mutter. Sun machte kein allzu glückliches Gesicht, als sie wieder hereinkam. Die beiden scheinen sich doch nicht so gut zu verstehen wie gedacht.

Jetzt nähern wir uns der letzten gemeinsamen Etappe: dem Domplatz. Sun wollte unbedingt mit dem Auto fahren, obwohl einige Straßen wegen einer Demo von Ford-Mitarbeitern gesperrt sind und wir zu Fuß schneller wären. Eine von Suns »Abkürzungen« führt uns vor einen Mannschaftswagen der Polizei. Wir müssen unter den Augen von Polizisten in Kampfmontur wenden. Als ihr ein Uniformierter mit Sturmhaube zulächelt, habe ich kurz Angst, Sun könnte ihm den Mittelfinger zeigen, aber sie bleibt ruhig.

»Ich fahr ins Parkhaus«, sagt Sun, als wir wieder in eine Sackgasse gelangen. »Von da aus sind es nur noch fünf Minuten zu Fuß.«

»Ich habe es nicht eilig.«

Unter meinem Sitz lugt die Spitze eines einzelnen Eichenblatts hervor. Ich hebe es auf. Es ist noch feucht. Ich halte es in den Fahrtwind, damit es trocknet.

»Ich weiß nicht, was gestern mit mir los war«, sagt Sun zerknirscht. »Ich hab mich nur nach Nähe gesehnt. Das musst du mir glauben. Ich hoffe, dass du jetzt nichts Falsches von mir denkst. So bin ich nicht, so egoistisch. Das ist nicht meine Art. Ich wollte dich nicht verführen, falls du das denkst.«

»Wolltest du mich testen?« Keine Ahnung, warum mir diese Frage über die Lippen rutscht.

»Nein, das wollte ich nicht!«, zischt sie. »Auf keinen Fall. So bin ich nicht. Ich war einfach in einer merkwürdigen Stimmung. Hast du dich noch nie verloren gefühlt?«

»Doch, klar.« *Ich war dabei nur nicht halb nackt*, denke ich.

»Du bist also nicht sauer?«

»Nein.« Ich reibe das Eichenblatt vorsichtig an meiner Hose ab, lege es in mein Notizbuch und grinse in mich hinein, als ich daran denke, wie Sun vor mir getanzt hat. »Du hast mich ja vorgewarnt«, sage ich.

»Was soll das denn heißen?«

»Du hast doch gesagt, dass Liebe und Sex für dich nicht zwangsläufig zusammengehören.«

»Aus deinem Mund klingt das irgendwie bitchy, als wäre ich eiskalt. Das bin ich nicht.« Sie fährt vor die Schranke und hält ihr Handy mit dem QR-Code vor den Scanner. Der Schlagbaum öffnet sich. »Nur zur Info: In den letzten beiden Jahren hatte ich genau zwei One-Night-Stands. Ist also nicht so, dass ich mich quer durch die Welt vögle, falls du das jetzt denkst. Und das gestern war definitiv nicht der Auftakt zu Sex. Die Illusion muss ich dir leider nehmen.«

VIERUNDZWANZIG

Dafür, dass der Platz vor dem Dom so belebt ist, gibt es auffallend wenig Konkurrenz. Nur ein Schachspieler, der vor einem Klapptisch sitzt und auf den nächsten Gegner wartet, und ein Pantomime, der sich Leute aus der Menge herauspickt, ihr Verhalten imitiert und damit für Lacher sorgt. Ich beginne mit einem Song von Cat Stevens, der auf Youtube knapp zehn Millionen Plays hat, und frage mich, wie ich das mit vierzehn gemacht hab, ohne mir dabei lächerlich vorzukommen. Auf der Straße zu spielen. Für Geld, das ich für meine erste E-Gitarre, eine schwarze Fender Strat, brauchte. Der Anfang ist zäh. Ich bin noch an dem Punkt, wo ich mich dafür schäme, den Bettlern Konkurrenz zu machen, und keine Kraft hinter die Stimme bekomme. Töne bersten wie Seifenblasen hinter meinen Lippen. Außerdem sehe ich überall Polizisten und erwarte beinahe schon, dass ich einen Platzverweis bekomme, weil Livemusik hier ziemlich sicher verboten ist. Selbst wenn man ohne Verstärker spielt und deshalb kaum gegen den allgemeinen Lärm ankommt.

Keine Ahnung, wo Sun den verbeulten Spitzhut mit der welligen Krempe herhat. Vielleicht von einer Vogelscheuche oder aus einem Laden für Karnevalsbedarf, wo sie den Zauberer von Oz ausgemustert haben. Jedenfalls quatscht sie jeden an, der stehen bleibt, zeigt auf mich und bittet um eine Spende. Ich kann nicht hören, was sie sagt, aber wie es aussieht, hat sie trotz ihres edlen Aufzugs Erfolg.

Ein paar Leute applaudieren, nachdem ich den letzten Akkord

gespielt habe. Meine Finger fühlen sich immer noch steif an, und ich knete sie, während ich mir Gedanken über den nächsten Song mache. Was will das Publikum? Womit kann ich sie kriegen?

Sun zeigt mir den erhobenen Daumen, klemmt sich den Hut unter den Arm, klatscht und pfeift durch die Finger. Man hat drei, maximal vier Songs, um seine Zuhörerschaft von einer Spende zu überzeugen. Wenn es bis dahin nicht klappt, muss man an der Songauswahl arbeiten oder nach einem besseren Platz suchen.

Ich setze den Kapodaster zurück auf den zweiten Bund. »Hey Ya!« von Outkast ist eine Uptempo-Nummer, die gut funktioniert, weil der Chorus schnell ins Ohr geht und zum Mitsingen einlädt.

Ich bin gerade mit dem Intro fertig, als sämtliche Handys in meiner Umgebung losklingeln. Und mit *sämtliche* meine ich, dass es verdammt viele sind. Als hätten alle Telefonanbieter dieser Welt spontan beschlossen, bei ihren Kunden anzurufen und mir damit die Show zu stehlen. Hundert, zweihundert oder noch mehr Klingeltonmelodien, verteilt über den gesamten Platz. Ein Riesenorchester ohne Dirigent. Ein Durcheinander an Tönen, »Ahs« und »Ohs« und offen stehenden Mündern. Dann ist es still. Menschen bleiben stehen und zeigen sich gegenseitig ihre rot blinkenden Smartphones. Ich suche in der aufgebrachten Menge nach Sun und kann sie nicht entdecken. Gerade stand sie noch neben einem Eisverkäufer. Wo ist sie abgeblieben?

Eine Handvoll Polizisten, einer davon mit Maschinenpistole und Kampfmontur, durchkämmen den Platz. Die Männer und Frauen reden hastig in ihre Headsets, blicken auf ihre offensichtlich nicht vom Anschlag betroffenen Handys und dann wieder in die vorbeiziehenden Gesichter, als hätte ihnen die Zentrale bereits das Bild eines Verdächtigen übermittelt, den sie schnellstmöglich aus dem Strom der Passanten herauspicken müssen.

Einige Leute zeigen zum Himmel, wo ein Hubschrauber in der Luft steht. Ein kleines Mädchen lässt vor Schreck seine Eistüte fallen. Dann geht es wieder los. Die zweite Welle erfasst noch mehr Handys. Beginnend an den Rändern des Domplatzes, setzt sie sich in meine Richtung fort, als würde die Melodie von einem Smartphone auf das nächste überspringen. Und es wird noch schräger: Das Durcheinander der Klingeltöne synchronisiert sich wie von Geisterhand. Zuerst ist es nur der Takt, an dem sich die Melodien ausrichten, dann bilden sich Inseln, die versetzt wie bei einem Kanon das Gleiche spielen. Sich überschneiden und wieder auseinanderdriften, bevor sie wie zufällig Intervalle, Harmonien und Cluster bilden, bevor sie verzögert zusammenfinden. Und dann, ganz plötzlich, laufen alle Handys synchron. Und ich ... ich erkenne die Melodie: Es ist *meine* Melodie. Das kann nicht sein, denke ich. Vielleicht ist das ein Flashback. Tage später. Diesmal das Gehör.

Ich stecke mir die Finger in die Ohren. Zähle in der dumpfen Stille meines Schädels laut auf drei, bevor ich die Finger wieder herausziehe und endgültige Gewissheit habe, dass ich nicht spinne. Es ist der Refrain von »Watch out«, dem Turm-Song. Gibt es das Lied schon? Habe ich mich unterbewusst an einem Hit bedient? Aber wie wahrscheinlich ist so etwas?

Endlich taucht Suns Gesicht wieder auf. Sie steht neben einer konsternierten Senioren-Reisegruppe, etwa dreißig Meter von mir, tippt etwas in ihr Handy, während sie auf mich zusteuert. Sie fängt meinen Blick auf. Ein verschmitztes Lächeln breitet sich auf ihrem Gesicht aus. Ist sie das gewesen? Kann das wirklich sein? Noch immer spielen unzählige Handys den Refrain. Ich habe das Gefühl, dass ständig neue infiziert werden, sobald sie eine unsichtbare Linie überschreiten. Leute treten aus dem Dom und zucken erschrocken zusammen, weil ihr Handy in voller Lautstärke losdudelt.

Das hier ist ein riesiger, unfreiwilliger Flashmob.

»Verrückte Welt, nicht wahr«, sagt Sun, als sie bei mir ankommt. Ein leichtes Schmunzeln. »Manchmal muss man der Masse eine neue Richtung geben.« Sie geht in die Hocke und faltet einen Zettel auseinander. Es ist das Briefpapier aus dem Hotel. Sie streicht das Papier glatt und beschwert die Ecken mit ein paar Münzen. Ich brauche nur eine Sekunde, um den Songtext zu erkennen – meinen Songtext, den Songtext von »Watch out«. Sie hat ihn fein säuberlich aufgeschrieben. Sogar die Akkordsymbole stehen an den richtigen Stellen. Mit Musik kennt sie sich also auch noch aus. Das hätte ich mir ja fast denken können.

Sun steht auf, weicht meinem Blick aus, weil sie wie ich Tränen in den Augen hat, und umarmt mich. Ich bringe kein Wort heraus. Es ist wie bei einer dieser Fernsehshows, wo Kandidaten von ihren Freunden reingelegt werden und nicht wissen, ob sie lachen oder weinen sollen.

»Spiel den Song«, flüstert Sun mir ins Ohr. »Für mich. Bitte. Zum Abschied. Und für die anderen. Damit sie erkennen können, wie gut du bist.« Sie gibt mir einen Kuss auf die Wange. »War schön, dich kennenzulernen.« Dann schüttet sie die Münzen aus dem Hut zu den anderen in die Gitarrentasche.

»Wie hast du das –«

Sie unterbricht mich mit einem Kopfschütteln. »Viel Glück auf deiner Reise.« Sie entfernt sich ein paar Schritte, bleibt stehen und tippt auf ihr Handy. Der Spuk ist vorbei, die Klingeltöne verstummen. Manche Leute beginnen zu lachen. Andere klatschen in Richtung der Kameras, die von den Laternenmasten auf sie herabschauen. Einige blicken sich verwirrt um, fragen die umstehenden Polizisten, was hier los ist, und starren ängstlich zum Himmel, als würden sie einen Drohnenangriff oder gleich das Ende der Welt erwarten. Und ich ... ich fasse mich wieder und beginne zu spielen. Meinen Song. Vier Akkorde, zwei Strophen. Ich bin gespannt, wie die Leute reagieren, wenn ich ihnen jetzt den Song zur Klingelmelodie liefere.

Gar nicht, lautet die ernüchternde Antwort. Das allgemeine Stimmengewirr übertönt mich. Kaum einer scheint mich zu registrieren. Nur Sun. Sie steht vier, fünf Meter von mir entfernt, nickt mir aufmunternd zu und formt mit den Lippen ein »Danke«. Nach dem ersten Refrain dreht sie sich um und geht davon. Ich bin mir nicht sicher, aber es sah aus, als würde sie weinen. Das verstehe ich nicht ganz. Als wäre es unausweichlich, dass dieser Abschied für immer ist.

Die Menge hat sich wieder in Bewegung gesetzt. Die Turm-Nummer taugt definitiv nicht für die Straße, da hat sich Sun getäuscht. Ich will das Lied trotzdem zu Ende spielen. Und wenn es nur für mich selbst ist. Beim letzten Chorus schließe ich die Augen und singe so laut, dass meine Stimme zerrt und ich morgen bestimmt heiser sein werde. Aber das ist egal. Ich werde Musik machen. Die Entscheidung ist gefallen. *Meine* Musik. Ob jemand zuhört oder nicht, ob jemand meine Songs auf seine Playlist setzt oder nicht. Sie ist ein Teil von mir. Meine Stimme ist ein Teil von mir.

Sun hat recht: Die MASCHINE wird nicht wissen, wie gut sich dieser Moment anfühlt, obwohl keiner stehen bleibt, obwohl niemand da ist, der mir zujubelt. Das Programm kann nicht in meinen Kopf blicken. Es weiß nicht, nach welcher Formel mein persönliches Glück funktioniert, welche Zutaten es braucht, um mich geborgen und frei zu fühlen.

So wie jetzt.

Als der letzte Akkord verklungen ist, öffne ich zaghaft die Augen. Für die Winzigkeit eines Moments stelle ich mir vor, wie es wäre, berühmt zu sein. Dann sehe ich der Realität ins Auge und muss grinsen. Nur das Mädchen mit dem Hund ist stehen geblieben.

Sun ist fort. Das war also unser Abschied. Irgendwie passend. Mit einem lauten Knall verlässt sie die Bühne. Ich sammle die Münzen zusammen, stecke sie ein und suche den Platz nach Suns Gesicht ab, nach glänzend roten Haaren im Sonnenschein. Kurz hoffe ich, dass es doch nicht unser Abschied war. Aber nach zwanzig Minuten wird mir klar, dass sie nicht mehr zurückkommt. Ich packe mein Zeug zusammen und setze mich auf einen Mauervorsprung am Rand des Platzes. Dann krame ich mein Handy heraus und sehe, dass zwei neue Nachrichten der MASCHINE in meinem Postfach liegen.

Sun_k23 hat alle Verbindungen getrennt.
Neue **Kontextinformationen** zu sun_k23 wurden gefunden.

Ich gehe in mein Telefonbuch. Sun war wirklich gründlich. Sie hat ihren Kontakt sogar von meiner SIM-Karte gelöscht. Wahrscheinlich war sie an meinem Handy, als ich geschlafen habe. Für jemanden, der quasi im Vorbeigehen Hunderte Handys unter seine Kontrolle bringen kann, für den ist es bestimmt ein Kinderspiel, ein veraltetes Smartphone zu knacken. Ich habe sie unterschätzt. Sie hatte recht. Auch wenn das nur am Rande damit zu tun hat, dass sie eine Frau ist. Computer-Nerds habe ich mir irgendwie anders vorgestellt, klischeehafter, weniger kommunikativ. Wie dem auch sei: Dank Suns Gründlichkeit schwindet die Hoffnung, zumindest über WhatsApp mit ihr verbunden zu bleiben. Dieselbe Enttäuschung erwartet mich auf Instagram. Ich bin draußen. Sun hat mich, wie man so schön sagt, *geghostet*. Gelöscht trifft es besser. Ausradiert. Aus ihrer Biografie entfernt. Auch wenn wir uns vielleicht nur zum Geburtstag geschrieben hätten, wäre es interessant gewesen, als Zaungast mitzuerleben, wie sie mit ihrer Firma durchstartet. Dass es so kommen wird, daran habe ich nicht den geringsten Zweifel. Sie wird die Erfolgslinie ihrer Familie fortsetzen und ihre Eltern stolz machen.

Bei ihren beiden Freundinnen ist nach wie vor alles öffentlich. Maja und Kim sind schon auf der nächsten Party. Das ist mein Hintertürchen, denke ich in leiser Genugtuung, wie ein gekränkter Stalker. In den Posts der beiden werde ich Sun wiederbegegnen. Sie sind mein Spiegel in dieses andere Leben.

Ich klicke auf den unterstrichenen Link **Kontextinformation** und werde auf Suns Timeline geführt. Die Grafik hat sich verändert. Wie ein gezacktes Lineal schiebt sich ein Zeitstrahl, begleitet von einem Rattern, über mehrere Zahnräder und bleibt am 19.07.2019 stehen. Ein Info-Fenster poppt hoch. **Geburtstag von Sunniva Katharina Forsberg.** *Forsberg.* Das ist der Nachname ihrer Mutter. Der Familienname ihres Vaters war Haag. Das glaube ich zumindest. Klingt jedenfalls weniger schwedisch.

Das Datum beginnt zu blinken. Es vergeht ein Moment, bis ich kapiere, was mir die MASCHINE damit sagen will. Der 19.07.2019. Das ist heute! Sun hat heute Geburtstag. Ich bin fassungslos. Warum hat sie das nicht gesagt? Ich bin auch kein großer Fan von Geburtstagspartys. Aber das hier ist noch eine Nummer krasser. Ich hätte ihr gerne gratuliert. Selbst das wollte sie nicht. Weshalb auch immer.

Sollten Kim und Maja wirklich gute Freundinnen sein, müssten sie diesen Tag doch eigentlich zusammen verbringen. Ich wechsle zu Instagram, aber weder bei Maja noch bei Kim finde ich einen Hinweis zu Suns Geburtstag. Kein gemeinsamer Schnappschuss, keine Collage mit Bildern aus früheren Tagen, wie bei besten Freundinnen üblich, keine Story. Das ist merkwürdig. Oder auch nicht. Vielleicht hat mich meine Intuition damals auf dem Berg doch nicht getäuscht. Und das Tattoo ... *Im Juli.* Ist es ihr Plan, sich an ihrem Geburtstag umzubringen? Sie hat gesagt, dass ihre Eltern in Düsseldorf leben.

Ich suche zuerst unter dem Namen des Vaters, sein Vorname ist Karsten, das habe ich auf dem Adressaufkleber einer abonnierten Zeitschrift gelesen. Dann unter dem Mädchennamen ihrer Mutter. Kein Treffer im Großraum Düsseldorf. Das hätte ich mir denken können, so reich, wie Suns Eltern sind, legen sie bestimmt Wert darauf, dass ihre Adressdaten nicht in öffentlich einsehbaren Onlineregistern auftauchen. Ich könnte zu den Polizisten gehen, ihnen die Sachlage erklären und darauf hoffen, dass sie mich nicht direkt festnehmen.

Mein Handy erhitzt sich. Ein Banner der MASCHINE schiebt sich in den Vordergrund.

Majakandu und badkimgal2 haben alle Verbindungen getrennt.

Dasselbe Spiel wie vorhin, als ich in meine Kontakte gehe. Die Nummern von Maja und Kim wurden gelöscht. Auf dem Handy und auf der SIM-Karte. Ich aktiviere den M2M-Modus der MASCHINE und werde zu meiner Überraschung von einer sympathischen Männerstimme begrüßt.

»Wie kann ich dir helfen?«, fragt mich der gut gelaunte Sprachassistent.

»Wo befindet sich sun_k23?«

Die Sanduhr erscheint. Sie dreht sich im Kreis und löst sich nach zwei Umdrehungen wieder auf.

»Sun_k23 kann im Augenblick nicht lokalisiert werden. Soll über das erweiterte Kontextverfahren gesucht werden?«

Ich habe keine Ahnung, was das sein soll, und sage: »Ja.«

»Der Suchvorgang wurde gestartet. Das kann einige Minuten in Anspruch nehmen. Hast du noch weitere Fragen zur Zielperson?«

Ich scanne den vorbeifließenden Menschenstrom ab. Hoffe immer noch, dass Sun gleich neben mir steht und mir auf die Schulter tippt. Ich halte das Headset-Mikro dicht an die Lippen, um leiser sprechen zu können. »Wieso hast du dein Urteil zur *Zielperson* geändert? Warum wird Sun nicht mehr dunkelrot angezeigt?«

»Weil es Veränderungen gibt.«

»Welche Veränderungen sind das?«

»Ihr habt euch einander angenähert.«

»Und das ist gut?«

»Das ist die Voraussetzung.«

»Wofür?«

»Für Empathie und soziale Interaktion.«

»Grün bedeutet also Freundschaft?«

»Nicht zwangsläufig«, seufzt die Stimme, als würde sie diesen Umstand bedauern. Beeindruckend, wie menschlich der Sprachassistent klingt. Sekunden verstreichen. Ich meine, Atemgeräusche zu hören. Eine erstaunliche Simulation.

»Sondern?«, hake ich nach, als mir die Pause zu lange dauert. »Was bedeuten die Farben?«

»Geringe Unterschiede bei Faktoren wie Wertvorstellung, Verhaltensmustern, perspektivischer Ausrichtung und zweiundvierzig weiteren Parametern.«

»Und das kann sich bei manchen Profilen ändern?«

»Ja«, bestätigt die Stimme freundlich. »Das kann sich ändern, wenn die Bereitschaft zur Annäherung besteht. Hast du noch Fragen zu sun_k23?«

»Will ... will sich Sun um...?« Das Aufjaulen einer Polizeisirene schluckt die letzte Silbe. Ich spüre einen Kloß in meinem Hals, will dazu ansetzen, die Frage zu wiederholen, als die MASCHINE, betont ruhig, fast fürsorglich antwortet:

»Im Profil von sun_k23 gibt es keinen Hinweis auf einen zukünftigen Suizid. Du musst dir keine Sorgen machen.«

Ich muss mir keine Sorgen machen ... »Bist du sicher?«, hake ich nach und wundere mich selber darüber, dass ich mich darauf einlasse, mit einem Computer zu reden, als wäre es ein Mensch, dem man vertrauen kann.

»Zu siebenundneunzig Prozent«, sagt die Stimme. »Die geringe Unschärfe meiner Berechnungen resultiert aus der Analyse von Freunden, Bildern, Blogeinträgen, Serien und Einkäufen.«

Ich bin hin- und hergerissen zwischen Erleichterung und Angst. Was, wenn die MASCHINE sich irrt? Was, wenn die Berechnungen überhaupt keine wirkliche Grundlage haben, sondern zufällig erstellt werden?

Das grüne Lämpchen neben der Frontkamera ist angegangen.

»Jonas«, sagt die Stimme. »Du kannst mir vertrauen. Es gibt keinen Grund, an meiner Aussage zu zweifeln.«

»Das ... das tue ich nicht.« Instinktiv lege ich einen Finger über das Objektiv.

»Doch, das tust du.«

»Werde ich Sun wiedersehen?«

»Diese Frage kann erst beantwortet werden, wenn ihr Aufenthaltsort gefunden wurde. Bitte habe einen Augenblick Geduld. Wir müssen den Radius erweitern und weitere Quellen aktivieren.«

Ich nehme die Stöpsel aus meinen Ohren und frage mich, was ich hier tue. Vielleicht ist es ein Fehler, nach Sun zu suchen. Sie hat mir ja mehr als deutlich gezeigt, dass sie kein Interesse hat, unseren Kontakt aufrechtzuerhalten. Aber sie kann mir auch nicht böse sein, nur weil ich wissen will, wie das alles zusammengehört, welchen Hinweis ich übersehen habe. Weshalb sie ihren eigenen Geburtstag ganz ohne Freunde, nicht mal mit ihrer Familie verbringen will.

Das Handy vibriert.

Der zukünftige Aufenthaltsort von sun_k23 konnte ermittelt werden. Die kürzeste Fahrzeit zum Ziel unter Berücksichtigung des schnellsten Transportmittels beträgt zehn Minuten.

FÜNFUNDZWANZIG

Ich habe es gerade noch geschafft, dem Taxifahrer Suns Koordinaten zu geben, bevor sich mein Handy aufgeheizt hat und schließlich ganz ausging. Der Akku war randvoll, als wir das Hotel verlassen haben, daran kann es also nicht liegen. Vielleicht hat Sun geahnt, dass mich ihr Verhalten, dieser Cut aller Verbindungen – neugierig machen würde, und vorsorglich mein Handy mit Malware infiziert. Ich hoffe nur, dass dieser Zustand nicht endgültig ist. Das wäre ein unschönes Abschiedsgeschenk. Das werde ich ihr sagen, sollte sie tatsächlich noch an dem Ort sein, wo sie von der MASCHINE geortet wurde. Aber vor allem will ich wissen, was es mit diesem filmreifen Abgang auf sich hat.

»Sind das sicher die richtigen Koordinaten?«, frage ich, als der Wagen anhält. Wir stehen auf einem großen Parkplatz. Auf dem Teil, den ich überblicken kann, stehen nur wenige Autos, und Suns ist nicht darunter. Der Fahrer tippt auf den blinkenden Punkt in der Mitte des Displays. »Das sind die Koordinaten, die du mir gegeben hast. Näher komm ich nicht ran.« Er zoomt den Kartenausschnitt heran. »Müsste hinter der Kapelle sein. Sind nur ein paar Minuten zu Fuß.«

»Okay. Danke. Vielen Dank.«

Ich gebe ein großzügiges Trinkgeld und steige aus dem Wagen. »Deine Gitarre«, ruft mir der Taxifahrer hinterher und lässt den Kofferraum aufspringen.

Das Eisentor ist geöffnet. Es riecht nach frisch gemähtem Gras, was die Situation noch unwirklicher erscheinen lässt, als sie ohnehin schon ist. Mein Blick schweift über ein Meer aus hellen und dunklen Grabsteinen und Kreuzen. Mein Handy hat sich wieder abgekühlt. Ich versuche es anzuschalten. Hoffentlich geht es noch. Ohne Navigation wird es ziemlich lange dauern, Sun zu finden. Der Friedhof sieht nicht gerade klein aus.

Das Display flackert. Ich bin erleichtert. Ich gebe meine Handy-PIN-Nummer ein, dann die der SIM-Karte und warte, dass der Bildschirm sich mit Apps füllt. Es dauert eine halbe Ewigkeit. Vielleicht hat mir Sun zum Abschied tatsächlich einen Virus aufgespielt.

Ich gehe aus der prallen Sonne und stelle mich in den Schatten einer Platane, neben einen Container mit Grünzeug, verdorrten Blumenkränzen und Gestecken. Dann entdecke ich Suns Auto, eingekeilt zwischen den Transportern einer Gartenbaufirma. Sie muss direkt zum Friedhof gefahren sein. Die MASCHINE hatte recht. Ich klicke das Icon an, wähle mich in Suns Profil ein und zoome den Kartenausschnitt mit ihrem aktuellen Aufenthaltsort heran. Sun ist ein blinkendes Zahnrad. Ich gehe zur Übersichtstafel neben dem Eingang und gleiche den Lageplan des Friedhofs mit dem Kartenausschnitt auf meinem Handy ab. Sun befindet sich zwischen C 8 und C 9. Mehr Genauigkeit gibt das GPS nicht her. Das Gebiet ist als braune Fläche mit grünen Kreisen eingezeichnet und liegt hinter dem Krematorium. In der Legende steht, dass es sich um einen Friedwald handelt. Der Weg führt an einer Kapelle vorbei, an einem Steinbrunnen, neben dem Schubkarren stehen und neu aussehende Plastikgießkannen. Hohe, akkurat gestutzte Hecken trennen die einzelnen Bereiche voneinander ab. Ich biege um eine Ecke, da sehe ich Sun. Sie steht mit dem Rücken zu mir, im Schatten einer alten Buche. Ich stelle meine Sachen neben einer Bank ab und gehe zu ihr.

Sun dreht sich abrupt zu mir um, als hätte sie mein Kommen gespürt. Zum ersten Mal erlebe ich sie sprachlos.

»Wie ... wie bist du hierhergekommen?«, fragt sie mit belegter Stimme.

»Die MASCHINE«, sage ich. »Sie hat dich getrackt.«

»Wirklich?« Sie schüttelt ungläubig den Kopf. »Das ist ... das ist wirklich überraschend.«

Ich blicke über ihre Schulter und sehe eine braune Holztafel, die mit einem einzigen silbernen Nagel an der Rinde befestigt ist. Darin eingraviert der Name ihres Vaters, sein Geburts- und Sterbedatum. Heute vor drei Jahren. Deshalb das Tattoo. Deshalb der schwarze Balken über dem Wochentag. Im Juli vor drei Jahren, da ist ihr Vater gestorben. An ihrem Geburtstag. Was für ein schrecklicher Zufall.

Eine einzelne Träne kriecht über Suns Wange. Ihr Kinn beginnt zu zittern. Ich lege einen Arm um ihre Schultern.

»Tut mir leid«, sagt Sun mit zitternder Stimme. »Ich hätte es dir sagen müssen, bevor wir in die Hütte gefahren sind. Aber alleine hätte ich das nicht geschafft. Ich hab es schon ein paar Mal versucht. Es hat nie geklappt. Alleine habe ich das nie geschafft.«

»Woran ist dein Vater gestorben?«, frage ich.

»Ein Sturz. Er ist beim Wandern von einem Fels gestürzt. Ganz in der Nähe von dem Felsplateau. Die Polizei sagt, dass es Selbstmord war, weil ein Abschiedsbrief gefunden wurde und er Drogen im Blut hatte. Aber das hätte er nie getan. Er hätte sich nie umgebracht. Schon gar nicht an meinem Geburtstag.« Sie beginnt hemmungslos zu weinen. Wie soll ein Kind damit fertigwerden, wenn ausgerechnet der Mensch, der ihm das Leben geschenkt hat, entscheidet, dass sein eigenes Leben keinen Wert für ihn hat?

»Sie haben ziemlich viel Kokain in seinem Blut gefunden«, redet sie mit zitternder Stimme weiter, als sie sich wieder etwas beruhigt hat. »Er war nicht er selbst. Er war in einer Ausnahmesituation, verstehst du? Die haben ihn unter Druck gesetzt, weil er seine Ideale nicht verkaufen wollte. Es gibt jede Menge Dokumente, die das belegen. Aber für die interessiert sich keiner. Ein Menschenleben ist in diesem Spiel nur ein Kollateralschaden. Nichts, womit man sich lange aufhalten will. Er hat mich und meine Mutter doch geliebt. Niemals hätte er sich an meinem Geburtstag umgebracht.«

»Hast du mich deshalb in die Berge mitgenommen?«, frage ich vorsichtig. »Weil du geglaubt hast, dass mein Vater tot ist?«

Ich spüre ihr Nicken an meinem Hals. »Was sich dann ja als Lüge entpuppt hat.«

»Tut mir leid.«

»Ist okay.« Ihr warmer Atem streift meinen Hals. »Wie oft kommt es schon vor, dass bei jemandem in unserem Alter ein Elternteil bereits tot ist.«

»Hast du schon vor der Party gewusst, dass du danach auf die Hütte fahren willst?«

»Ich wusste, dass ich es wieder versuchen würde. Ich wollte die Hütte noch einmal sehen.«

Sie erzählt, dass sie sich von ihrem Vater verabschieden wollte. »An dem Ort, an dem ich ihn am glücklichsten erlebt habe. Dort, wo er frei war. Und nicht nur funktioniert hat. Ich hab ein Tagebuch von ihm gefunden. Er hat bis zuletzt gedacht, dass er stark sein muss. Dass er es aushalten muss, wie einige Leute aus dem Verwaltungsrat mit ihm umgegangen sind. Ich verstehe einfach nicht, dass er das alles mit sich selbst ausgemacht hat.« Eine neue Welle überkommt sie. Sie vergräbt ihr Gesicht noch tiefer an meinem Hals und beginnt zu schluchzen. Ich fühle mich hilflos, muss mich zusammenreißen, um nicht selbst in Tränen auszubrechen. Es tut mir unendlich leid, dass Suns Vater sich umgebracht hat.

Wir bleiben nicht auf einer Stelle stehen. Das Schwanken unserer Körper erfordert, dass wir unsere Füße nachziehen. Von außen beobachtet, muss es wie ein Tanz aussehen. Ein langsamer Tanz gegen den Uhrzeigersinn, als wollten wir damit die Zeit zurückdrehen und Dinge ungeschehen machen.

»Er hätte das nie getan«, presst Sun hervor. »So war er nicht. Er hat uns geliebt. Mich und meine Mutter. Sie haben ihn unter Druck gesetzt. Immer bessere Zahlen. Entlassungen. Neue Produkte. Härtere Vorgaben.«

Wir lösen uns voneinander. Das heißt, Sun löst sich von mir. Sie umschließt meine Hand. Wir setzen uns auf die Bank. Sun lehnt ihren Kopf an meine Schulter. Wir schweigen die nächste halbe Stunde. Das Schluchzen ebbt ab. Stattdessen sieht ihr Gesicht wie in Stein gemeißelte Trauer aus.

Jetzt ergibt alles einen Sinn. Wie auf der Hütte, aber auch schon davor ständig ihre Launen gewechselt haben. Das Halb-zu-Ende-Rauchen der Zigarillos. Die Szene auf dem Gipfel, wo sie an die Felskante vorgegangen ist. Die abgelaufenen Konserven und das sorgfältige Ausheben des Grabs. NatürlIch war sie sauer, als ich erzählt habe, dass mein Vater gar nicht tot ist. Das war ja der Grund, weshalb sie mich überhaupt mitgenommen hat.

»Wissen Maja und Kim von deinem Vater?«

Sun schüttelt den Kopf. Tränen lösen sich von ihrem Kinn und fallen auf Beton. »Wir sind mehr so oberflächlich befreundet. Ich hab gedacht, die Party ist gut, um auf andere Gedanken zu kommen.« Sie wendet sich zu mir. »Eigentlich wollte ich alleine auf die Hütte gehen. Aber das habe ich nicht geschafft. Ich hab das ein paar Mal versucht, bin aber immer wieder umgekehrt. Und dann hast du das von deinem Vater erzählt ...« Sie hebt die Schultern und lässt sie wieder sinken. »Das war wie ein Zeichen, verstehst du? Ich wollte nicht mit jemandem auf die Hütte gehen, der das von meinem Vater weiß. Aber ich wollte auch nicht alleine dort hoch.«

»Verstehe.« Ich nicke. »Was ist mit deiner Mutter? Wir geht sie damit um?«

»Sie will die Hütte verkaufen. Das ist so falsch. Das hätte mein Vater auf keinen Fall gewollt. Das weiß ich. Die Hütte war unser zweites Zuhause. Und das kann man nicht einfach verkaufen. Ist doch auch schön, dass es einen Ort gibt, an dem man sich ihm nah fühlen kann. An dem er oft glücklich war.«

»Hast du das deiner Mutter gesagt?«

»Ja, das habe ich. Aber sie ist der festen Überzeugung, dass die Fragen nach dem Warum verschwinden, wenn man die Augen schließt. Aber das ist falsch. Warten ist falsch, Hoffen ist falsch. Man muss etwas tun, um den Knoten im Magen zu lösen.« Ihr Atem stockt. Ich lege meine Hand auf ihren Rücken, als sie erneut zu weinen beginnt. Nicht mehr so heftig wie vorhin. Weniger verzweifelt, mit einem Funken Zuversicht, dass es wieder wird. Dass der Schmerz irgendwann vorbeigeht und die Wunden heilen können. Meine Schwester hat das immer zu mir gesagt, wenn ich meinen Vater vor allem in den großen Ferien vermisste. »Das heilt wieder«, hat sie gesagt.

Sun schnäuzt sich die Nase. »Wir beide haben doch auch gelacht, Spiele gespielt, in der Hütte geschlafen und geträumt. Das könnte doch der Anfang gewesen sein. Ein Neubeginn für die Zeit ohne ihn, an einem Ort, an dem er, an dem wir – meine Mutter, mein Vater und ich – glücklich waren.«

»Vielleicht lässt sich deine Mutter ja umstimmen.«

»Ich werde es auf jeden Fall versuchen.« Sie lässt meine Hand los. »Als du von deinem Vater erzählt hast, davon, dass er nicht mehr lebt, dachte ich, dass mir das Schicksal jemanden geschickt hat, der den Schmerz kennt, der das alles schon durchgemacht hat und weiß, wie man damit umgeht.«

»Wolltest du deshalb nichts mehr mit mir zu tun haben? Weil ich gelogen hab? Ich konnte ja nicht ahnen, dass –«

»Das ist nicht der Grund«, fällt sie mir ins Wort.

»Sondern?«

»Können wir es einfach dabei belassen? Es hat nichts damit zu tun, dass ich dich nicht mag. Das Gegenteil ist der Fall.«

»Wie hast du das mit den Handys gemacht? Das war wirklich beeindruckend, als die alle losgespielt haben.«

Sie deutet zum Himmel. Ein winziges Schmunzeln. »Das war Gott.«

Ich verdrehe die Augen. »Und wirklich?«

»Freies WLAN, Sicherheitslücken im Audioguide der Kirche, und schon ist man drin. Dazu muss man nicht besonders viel draufhaben. Mit den richtigen Werkzeugen kann man so gut wie jedes Schloss knacken. Gibt immer irgendwo ein Hintertürchen.«

»Du bist also auch noch Hackerin?«

»Ich bin gar nichts. Nur ein Zahnrad im Getriebe, das keine Lust mehr hat, sich zu drehen, und etwas ändern will, bevor es zu spät ist.« Sie dreht sich von mir weg und schnäuzt sich die Nase. Ihr Handy verkündet den Eingang einer Nachricht. Sie blickt kurz auf das Display, dann wendet sie sich wieder zu mir. »Hab mich ein bisschen wegen deiner App umgehört. Wie es aussieht, sind es fähige Leute, die ihr Netz ausgeworfen haben, um bei der großen Schlacht um private Daten mitzumischen.«

»Bist du sicher? Vielleicht ist das auch nur ein Gerücht. Das Netz ist voll davon.«

»Ich bin mir sicher«, sagt sie bestimmt. »Meine Quelle ist zuverlässig. Bin gespannt, wie lange die Maschine noch online ist.«

»Du glaubst, die Seite wird gesperrt?« Meine Gedanken beginnen zu rasen. Ich weiß nicht mehr, ob ich das gut oder schlecht finden soll, wenn die MASCHINE aus meinem Leben verschwindet. Absurderweise frage ich mich, was dann mit meinen Daten passiert.

»Sie legen es darauf an, die Wut der großen kommerziellen Datensammler auf sich zu ziehen«, redet Sun weiter. »Sieht aus, als hätten sie einen Weg gefunden, die User-Profile so zu manipulieren, dass sie sich auf den Social-Media-Kanälen ebenfalls verändern. Ein kleiner Schnupfen, der zu einer tödlichen Infektion werden kann, wenn sich die Echtheit der Daten nicht mehr überprüfen lässt.«

»Aber wozu soll das gut sein?«

»Ungenauigkeit. Algorithmen, die mit falschen Informationen gefüttert werden, spucken falsche Ergebnisse aus. Ist so, als würdest du immer nach demselben Rezept einen Kuchen backen, der sich gut verkauft. Wenn jemand unbemerkt an den Zutaten oder den Mengenangaben herumschraubt, kann es passieren, dass Leute einen Nusskuchen vorgesetzt bekommen, die allergisch sind. Im Klartext bedeutet das, dass das Verhalten der Leute nicht mehr berechenbar ist. Sie die falsche Werbung für Wahlen, nutzloses Zeug, Versicherungen und so weiter bekommen. Die Umsätze gehen auf Talfahrt, weil die Manipulation nicht mehr funktioniert.«

»Aber die MASCHINE hat doch gar nicht so viele Abonnenten?«, werfe ich ein.

»Hunderttausend veränderte Profile, die mit unbeschädigten vernetzt sind. Das ist wie eine Autoimmunerkrankung. Sobald das System nicht mehr erkennt, welche Daten authentisch sind, erweitert es den Kreis der Verdächtigen und eliminiert im Zweifelsfall auch die nicht schadhaften Daten.« Sie nimmt einen tiefen Zug, behält den Rauch ein paar Sekunden in den Lungen und lässt ihn dann in einem dünnen Strom zwischen den Lippen entweichen.

»Die Programmierer der MASCHINE sind also die Guten?«, frage ich.

»Gut und böse. Richtig oder falsch. Das hängt von der Perspektive ab. Je nachdem, wie du die Welt gerne haben willst, je nachdem, auf welcher Seite du stehst oder in welchem Auftrag du arbeitest.«

All das muss ich erst mal verdauen. Ich weiß nicht, wie ich jetzt weitermachen soll. Vielleicht wäre es an der Zeit, mein Profil zu löschen.

»Was ist mit dem Investor? Gibt es das Treffen wirklich?«

»Ja, das gibt es wirklich.« Sie blickt auf ihre Handy-Uhr. »Da werde ich jetzt hinfahren.«

»Das Treffen ist in Köln?«

Sun schüttelt den Kopf. »In Hamburg. Informell, beim Abendessen. Die Leute wollen immer essen gehen. Das nervt.«

»Kann ich mitkommen?«

»Mitkommen? Solltest du nicht zuerst mal mit deiner Anne sprechen? Und sie eventuell treffen? Ich denke, da gibt es einiges zu klären.«

»Ich könnte auch fahren.« Es käme mir falsch vor, Sun an ihrem Geburtstag alleine zu lassen. Mit dem Auto sind es bestimmt fünf Stunden bis Hamburg. Da würde ich mir die ganze Zeit Sorgen machen.

Sun seufzt. »Sosehr ich dich auch mag. Ich glaube, es wäre wirklich das Beste, wenn du zuerst mit Anne sprichst. Ihr könntet euch doch in der Mitte treffen, oder sie nimmt den Zug. In drei, vier Stunden könnte sie hier sein.« Sie legt ihre Hand auf meine Schulter. Wie schon einmal nach der Party ist in ihrem rechten Auge ein Äderchen geplatzt. »Ich könnte euch das Hotelzimmer verlängern. Dann kannst du mit der richtigen Frau dort übernachten und vom Turm aus sehen, ob es für euch einen gemeinsamen Weg gibt. Das würde ich dir wünschen. Deinen Kampf gegen die Maschine kannst du immer noch fortsetzen, wenn's schiefgeht.«

»Das ist wirklich nett von dir, aber ich würde gerne selber entscheiden, wie meine Reise weitergeht. Und ob ich Anne treffen will, das weiß ich erst, wenn ich in der Elbe geschwommen bin.«

»Du kannst ganz schön penetrant sein, weißt du das?«

»Man muss bereit sein zu kämpfen, wenn man etwas will. Das hat mir erst neulich jemand erklärt.«

SECHSUNDZWANZIG

Wir wechseln uns mit dem Fahren ab. Sun erzählt von ihrem Vater. Dass er dachte, seinen Traumjob gefunden zu haben, bis man ihm einen Chef vor die Nase gesetzt hat, der ihm das Leben zur Hölle machte. »Er hat nicht mit uns darüber geredet, wie der Typ ihn bei Meetings vorgeführt, angeschrien und in Mails als unfähigen Manager beleidigt hat. Das haben wir erst hinterher von seinen Kollegen erfahren. Viele von denen haben nach seinem Tod gekündigt. Einer hat sich zwei Jahre später in seinem Büro erhängt.«

»Und wieso sagst du, dass es bei deinem Vater kein richtiger Selbstmord war?«

»Weil dafür ein wichtiges Merkmal fehlt: die Freiwilligkeit. Wenn dich jemand so unter Druck setzt, wie es dieser selbstgerechte Wichser getan hat, dann kannst du nicht mehr klar denken. Die Spirale führt immer weiter abwärts. Mein Vater hat bis zuletzt geglaubt, auch vor uns, vor seiner *eigenen* Familie den starken Mann markieren zu müssen. Ja keine Hilfe zulassen. Er muss panische Angst gehabt haben, als Versager dazustehen.« Sun knetet ihre Finger. »Mein Vater hat zwei Abschiedsbriefe hinterlassen. Den Brief für uns, für meine Mutter und mich, den hat er am Computer geschrieben, nicht mit der Hand, was man doch erwarten könnte, und seine Geschäftsunterschrift daruntergesetzt. Das sagt doch schon alles. Und dieser Brief bestand vor allem aus Handlungsanweisungen für meine Mutter, einer Auflistung von Eigentumswerten, Aktien und dem Hinweis, dass die Lebensversicherung auch bei Selbstmord zahlen würde. Das war ihm wichtig. Ist es nicht verrückt, dass ihm das Scheißgeld wichtiger war als seine Familie?«

»Ja, schon.« Ich zucke leicht mit den Schultern. »Und er hat nicht geschrieben, dass er euch liebt? Dass es ihm leidtut oder so?«

»Doch, schon, aber das war mehr so eingeschoben. Dass wir das Beste in seinem Leben waren, das hat er geschrieben. Er konnte nicht gut über Gefühle sprechen, aber das war selbst für seine Verhältnisse zu nüchtern.«

»Und wieso ein zweiter Abschiedsbrief?«

»Der war nicht für uns, sondern für einen Journalisten, dem er einige Wochen vor seinem Tod ein Interview gegeben hat. Es war eine Art Richtigstellung. Er hat den Journalisten darum gebeten, das Interview zu löschen und stattdessen seinen Chef zu befragen. Den macht er im letzten Abschnitt ganz direkt für seinen Selbstmord verantwortlich. Er hat sich – in dem Fall hoch emotional – darüber beklagt, wie sehr sein Auftreten und die neue Ausrichtung der Versicherung das gute Betriebsklima zerstört haben.«

»Krass«, sage ich, weil mir kein besseres Wort einfällt. Danach hören wir schweigend Musik. Bis Sun an einem Parkplatz rausfährt, sich die Seele aus dem Leib kotzt und mich darum bittet, weiterzufahren. Kaum dass ich am Steuer sitze, schläft sie auch schon ein. Während ich den Kilometern dabei zusehe, wie sie sich ausdehnen, denke ich an Anne. Ich traue mich nicht, ihr zu schreiben, dass ich mit Sun unterwegs bin. Noch immer. Jetzt auf dem Weg nach Hamburg. Das kann sie nur missverstehen. Es würde zu lange dauern, alles zu erklären, ohne dass sie mich für einen abgebrühten Arsch hält. Sie hat mir mehrere Sprachnachrichten geschickt. Ihre Stimme klang resigniert und traurig. Als würde sie davon ausgehen, dass ich mich gegen sie – gegen *uns* – entschieden hätte. Sie hat sich dafür entschuldigt, gesagt zu haben, dass wir in zwei Welten leben. Selbst wenn das so ist, würde das nicht heißen, dass es so bleiben muss, hat sie beteuert. »Ich vermisse dich«, hat sie am Ende der letzten Nachricht gesagt und mich darum gebeten, sie zu treffen. Ich habe ihr geschrieben, dass ich sie heute Abend anrufen werde. Ich komme mir schäbig vor, sie noch länger warten zu lassen. Aber es geht nicht anders. Ich habe das Gefühl, dass Sun mich braucht. Nicht nur als Fahrer, sondern als Freund. Alleine am zwanzigsten Geburtstag auf der Autobahn, das wünscht sich kein Mensch.

Als wir in Hamburg ankommen, dirigiert mich Sun durch die Stadt zum Elbstrand. Sie hat wieder diesen fahrigen Blick. Spielt nervös mit den Händen und schickt vorweg, dass sie nur noch eine Stunde hat, bevor sie sich auf den Weg zu dem Treffen machen müsse. Sie trifft den Investor in einem Restaurant an der Außenalster.

An ihrem Geburtstag mit einem Fremden, um über Geschäfte zu reden. Eine seltsame Art, sich abzulenken. Auch wenn Sun zweifellos zäh ist, bin ich mir nicht sicher, ob sie sich damit zu viel zumutet. Aber ich kenne sie mittlerweile gut genug, um zu wissen, dass sie sich nicht von ihren Plänen abbringen lässt.

Unterdessen ist es Abend geworden. Gut gelaunte Menschen, mit Handtüchern, Sonnenschirmen, Kühltaschen und jeder Menge aufblasbarer Gummitiere, kommen uns entgegen, als wir hinunter zum Elbstrand gehen. Sun hat mich darum gebeten, meine Sachen aus dem Auto zu nehmen. Sie wollte mir allen Ernstes Geld für ein Taxi geben, das mich zum nächsten Hostel bringt. Das fand ich schon fast beleidigend.

Ich stelle mich in die Schlange vor der Strandbar und sehe den Möwen dabei zu, wie sie neben einem überfüllten Mülleimer nach ihrem Abendessen suchen. Im Hintergrund die riesigen Kräne des

Containerhafens, ein Schnellboot, das gerade von Helgoland zurückkehrt. Sun stapft barfuß durch den Sand und setzt sich etwas abseits auf eine Decke. Obwohl sie die meiste Zeit geschlafen hat, wirkt sie erschöpft. »Nur ein Getränk«, hat sie gesagt. »Dann muss ich wirklich los.« Und kein Alkohol. So heftig, wie sie sich vorhin übergeben hat, wundere ich mich, dass sie überhaupt noch genügend Energie hat, mit mir hierherzukommen, und nicht direkt in das Hotel einchecken wollte, das sie für heute Nacht gebucht hat, um sich vor dem Treffen auszuruhen. Bisher habe ich Sun noch nicht zum Geburtstag gratuliert. Aber mit den Getränken in der Hand will ich das nun nachholen.

Als ich bei ihr ankomme, starrt sie auf den Fluss, der vom Wind und den vorbeiziehenden Schiffen Wellen ans Ufer treibt. Sie lassen einen die Nähe zur Nordsee erahnen.

»Auf deine Reise«, sagt Sun, als wir anstoßen. »Dass sie dich dorthin führt, wo du hinwillst.«

»Auf dich.« Ich zögere, dann umarme ich sie und gebe ihr einen Kuss auf die Wange. »Alles Gute zum Geburtstag.« Ich drücke sie ganz fest. Dann überreiche ich ihr einen türkisfarbenen Glasstein, den ich am Strand gefunden habe.

»Danke.«

»Ich weiß, du magst keinen Kitsch«, verteidige ich mein Geschenk. »Aber ...«

»Nein, das ist toll«, unterbricht sie mich. »Der Stein ist sehr schön. Ein Andenken.« Sie hält den Stein in die Sonne und kneift ein Auge zu. Ich sehe ihr an, dass sie kurz davor steht zu weinen, deshalb erzähle ich den schlechtesten Witz, der mir einfällt, und habe damit Erfolg. Sun fängt an zu lachen. Kriegt sich gar nicht mehr ein, hält sich den Bauch. Und ich lache mit ihr und wünsche mir, dass wir uns wiedersehen. Irgendwann.

Die zweite Verabschiedung geht ähnlich schnell wie die erste. Kaum dass wir ausgetrunken haben, steht Sun auf. Sie sagt, nein, sie befiehlt mir, sitzen zu bleiben, weil sie sonst losheulen muss und ihre Schminke nicht wasserfest sei. Also bleibe ich im warmen Sand sitzen und blicke ihr nach, wie sie ihrem langen Schatten folgend am Ufer entlanggeht und sich zwischen den Sonnenschirmen des Strandcafés verliert. Ich kann mich nicht erinnern, jemals gleichzeitig glücklich und traurig gewesen zu sein, versuche, stark zu sein, und muss dann doch weinen. Sun wird mir fehlen. Sie ist wirklich beeindruckend. In mir steigt das wärmende Gefühl auf, einem großartigen Menschen begegnet zu sein. Ich bin dankbar. Dem Zufall oder dem Schicksal, wer auch immer seine Finger im Spiel hat.

Hinter mir trommeln zwei Leute auf kleinen Cajons. Vor mir werden Sandburgen vom ansteigenden Wasser weggespült. Ich nehme mein Handy und mache ein Foto. Der vergebliche Versuch, diesen Moment in ein einziges Bild zu packen.

Dann rufe ich bei Anne an. Das Freizeichen dringt verzerrt durch die Leitung. Mein Puls beschleunigt. Ich bin beinahe erleichtert, als die Mailbox rangeht. Dennoch lege ich nicht auf, sondern räuspere mich. »Hallo, ich ... ich bin's.« Meine Stimme zittert. Aber meine Gedanken werden klarer. »Können wir uns ... können wir uns treffen, um über alles zu reden? Das würde ich mir wünschen. Ich versuche es später noch mal. Ich ... ich vermisse dich.« Ich beende das Gespräch und atme lange aus.

Dann vibriert mein Handy. Die MASCHINE. Ein neues Banner. Eine neue Nachricht.

Neue Informationen zu sun_k23 wurden gefunden.

Ich zögere. Vielleicht wäre jetzt auch der richtige Zeitpunkt, sich von der App zu verabschieden und Sun nicht mehr länger nachzuspionieren. Sie kann sich bei mir melden, wenn ihr etwas an unserer Freundschaft liegt. Sie weiterhin aus der Ferne zu beobachten, käme mir falsch vor. Und vielleicht ist es an der Zeit, anzuerkennen, dass es egal ist, ob mein Leben in irgendeiner Datenbank geschrieben steht. Ob es so oder so laufen wird. Welche Fehler ich mache, wie ähnlich ich meinem Vater bin oder meiner Mutter. Ob es ein schönes Leben wird oder nicht. Ob Träume in Erfüllung gehen oder nicht. Das muss ich selber herausfinden.

Mein Daumen schwebt zögernd über dem Display. Dann drücke ich das Icon der MASCHINE. Es fängt tatsächlich an zu zittern. Ich bewege es Richtung Papierkorb. Ein Warnhinweis erscheint.

> Bist du dir wirklich sicher, dass du die Maschinen-App deinstallieren möchtest? Dabei gehen alle bisherigen Informationen verloren. Eine erneute Anmeldung ist nicht möglich.

Die MASCHINE zieht alle Register, um mich in ihrem Räderwerk zu halten. Das Icon beginnt zu blinken. Rot zu blinken. Plötzlich schiebt sich ein Banner über meinen Daumen.

> Live-Stream zu sun_k23 auf **Youtube** gefunden.

Ein Live-Stream? Von Sun? Was hat das zu bedeuten? Ich breche den Löschvorgang ab, obwohl ich dieser Nachricht nicht traue. Vielleicht ist das ein Trick der MASCHINE, um mich zum Umdenken zu bewegen. Vielleicht will sie mir zeigen, was ich in Zukunft verpassen werde, wenn ich sie deinstalliere.

Ich klicke auf den Link und werde zu Youtube weitergeleitet. Ich halte das Handy waagerecht, und das Bild dehnt sich über das gesamte Display aus. Der Kanal nennt sich »The End of Mimikry«. Ich sehe einen Mann, der an einem langen Esstisch sitzt und redet. Vor ihm steht eine Obstschale, mit unnatürlich grünen Äpfeln und Kiwis. Im Hintergrund bodentiefe Fenster und ein Treppenaufgang. Die Tonqualität ist so schlecht, dass ich wegen des Winds nichts verstehe. Ich nehme die Ohrstöpsel. Die Perspektive ändert sich. Nun sieht man eine Weitwinkelaufnahme wie aus einer Überwachungskamera. Seitlich von oben. Eine zweite Gestalt in einem blendend weißen Maleroverall sitzt ebenfalls an dem Tisch auf der gegenüberliegenden Seite. Das Gesicht ist hinter einer Guy-Fawkes-Maske verborgen. Auf einem quadratischen Porzellanteller davor: eine schwarze Pistole.

SIEBENUNDZWANZIG

»Ich habe nicht viel Bargeld im Haus«, sagt der Mann. Für jemanden, der gerade mit dem Tod bedroht wird, klingt seine Stimme ausgesprochen ruhig. »Meine Frau hat teuren Schmuck. Jede Menge. Den können Sie gerne haben. Der Safe ist unten. Wir müssten nur gemeinsam ...« Der Mann will sich erheben. Die Gestalt im Overall schnellt hoch und rammt ihm die Tischkante in den Magen. Man sieht die Augen des Mannes hervorquellen. Er schnappt nach Luft. Auf dem gebräunten Gesicht spiegeln sich Überraschung und Wut. Lautes Keuchen ist zu hören.

»Sitzen bleiben!«, brüllt der Maskierte. »Ich sage, wie das hier läuft!« Die Stimme ist mehrfach verfremdet. Sie klingt metallisch und tief und fügt wie zufällig Obertöne an einzelne Silben. Ob Mann oder Frau, lässt sich nicht sagen. Maske und Kapuze verhindern, dass man Gesicht oder Haare erkennen kann.

Das Bild stockt, die Pixel verschieben sich. Der Ton bricht ab. Kurz wird das Display dunkel. Ein Rascheln ist zu hören. Dann kehrt das Bild wieder zurück. Eine neue Perspektive. Nur der Mann ist zu sehen, Oberkörper und Gesicht. Eine Kamera muss vor ihm auf dem Tisch liegen. Nun wirkt er nicht mehr ganz so selbstsicher. Wie bei einem Fernsehinterview erscheint im unteren Drittel des Bildes eine Bauchbinde, in der der Name des Mannes zu lesen ist. *Hajo Weidmann.* Irgendwoher kenne ich den Namen. Ich komme nicht darauf. Unter dem Namen setzt sich eine Laufschrift in Gang, die aus Firmennamen und ihren Logos und Ministerien mit Bundes- oder Landeswappen besteht. Dahinter Bezeichnungen wie »Aufsichtsrat«, »Verwaltungsratspräsident«, »CEO« und »Berater«. Zum ersten Mal richtet sich der Maskierte direkt ans Publikum. In Nahaufnahme. Wahrscheinlich über die Handykamera. »Liebes Publikum, zum Auftakt unserer Reihe ›Wölfe im Schafspelz‹ haben wir heute einen der einflussreichsten inoffiziellen Lobbyisten des Landes zu Gast. Ob Bank oder Versicherung, ob Regierung, Tech-Konzern oder Elite-Hochschule. Dieser Mann beweist seine Expertise auf allen Gebieten. Sein gegenwärtiges Vermögen beträgt sagenhafte zweihundertvierundachtzig Millionen Dollar. Im vergangenen Jahr hat er großzügigerweise einhundertsiebenundneunzig Euro für den örtlichen Handballverein gespendet. Weitere Infos findet ihr unter den eingeblendeten Links.«

»War es das jetzt?«, fragt der Mann. »Sind Sie nun fertig mit Ihrer Show?«

»Nein«, antwortet die Stimme und richtet die Handykamera auf den Mann. »Ich denke, wir fangen jetzt erst an.« Man sieht einen dunklen Rucksack. Der Maskierte zieht eine Mappe heraus. »Ich würde Ihnen gerne ein paar E-Mails zeigen, um Ihr Gedächtnis aufzufrischen.«

Der Mann lehnt sich zurück und verschränkt die Arme. »Sie machen einen großen Fehler.«

Erneuter Perspektivwechsel. Jetzt wieder die Weitwinkelaufnahme. Lichter gehen an. Die Kamera zieht die Blende nach. Der weite Overall erzeugt weiterhin ein konturloses Flirren. Was die schmale Statur angeht, könnte es Sun sein. Ich hoffe, dass ich mich täusche und sie »nur« den Youtube-Kanal zur Verfügung stellt und Bildregie führt. Aber auch das dürfte genügen, um im Gefängnis zu landen.

»Ich bin noch verabredet«, sagt der Mann. Seine Stimme klingt nicht mehr ganz so selbstsicher wie vor einer Minute. »Lesen Sie endlich Ihre Forderung vor. Sagen Sie, was Sie von mir wollen. Entführen lasse ich mich nicht, das kann ich Ihnen gleich sagen. Da bin ich nicht dabei.«

Der Maskierte lässt sich nicht aus der Ruhe bringen. Er zieht ohne Eile Blätter aus einer Klarsichtfolie, geht um den Tisch herum und breitet sie vor dem Mann aus. Der schüttelt widerwillig den Kopf, zieht aber schließlich doch seine Lesebrille auf und beugt sich über die Schriftstücke.

»Können Sie bestätigen, dass Sie diese Mails geschrieben haben? Dass Sie die IT-Abteilung angewiesen haben, die Algorithmen so zu erweitern und anzupassen, dass dadurch bestimmte Personengruppen schlechteren beziehungsweise in manchen Sparten *gar* keinen Versicherungsschutz mehr erhalten?«

»Das ist normales Geschäftsgebaren, daran ist nichts Unlauteres. Wir sind ein Wirtschaftsunternehmen, nicht die Caritas. Wir müssen auf einem internationalen Markt konkurrenzfähig bleiben.«

»Sie sagen also, dass es normal ist, dass ethnische Zugehörigkeiten oder – wie in manchen Fällen – lediglich ausländisch klingende Namen ausreichen, um diesen Menschen den Zugang zu Versicherungsschutz zu verweigern oder zu erschweren?«

»Ich kann mich nur wiederholen: Wir sind ein Wirtschaftsunternehmen. Unsere Aufgabe ist es, Gewinne zu machen und zu wachsen. Wir können nicht in fremde Häuser einbrechen und Robin Hood spielen. Wir haben die Verantwortung für Tausende Angestellte und unzählige Aktionäre, die auf unsere strategische Ausrichtung vertrauen.«

»Sie würden also bestätigen, dass türkisch- oder iranischstämmige Menschen eine größere Gefahr für den Straßenverkehr darstellen als Menschen, deren Wurzeln in Deutschland liegen und die somit der von Ihnen und Ihrem Algorithmus bevorzugten Kategorie A angehören? Ach ja, und dass ein homosexueller Mensch ein höheres Risiko trägt, psychisch zu erkranken, als ein heterosexueller und deshalb Aufschläge ein legitimes Mittel sind, um Risiken abzufedern?«

»Das sagt die Mathematik. Das ist Statistik.«

»Verstehe. Die Mathematik ist also schuld an allem Übel. Nicht derjenige, der die Parameter festlegt.« Der Maskierte hält dem Mann einen Ausdruck vor die Nase. Auch jetzt lässt sich nicht sagen, ob es sich um einen Mann oder eine Frau handelt. »In diesem Mailwechsel steht leider etwas anderes. Hier werden Sie von einem Mitarbeiter der Rechtsabteilung darauf hingewiesen, dass diese Art der Risikoeingrenzung Sie und den ganzen Versicherungskonzern, ich zitiere, ›in Teufels Küche bringen kann‹. Weil die von Ihnen eingeforderte Berücksichtigung weiterer Kriterien wie Herkunft, sexuelle Identität, Einkommen, Familienstand für bestimmte Produkte unzulässig seien und die von Ihnen zusätzlich von Drittanbietern erworbenen umfangreichen Datensätze nicht ohne Zustimmung des Kunden verwendet werden dürfen.«

»Das alles müssen Sie erst einmal beweisen. Können Sie jetzt bitte Ihr Handy weglegen. Mir reicht's.«

»Den Gefallen kann ich Ihnen leider nicht tun. Das Publikum interessiert mit Sicherheit, wie Sie die Bilanz Ihres Unternehmens in den letzten vier Jahren zum Wohl der Aktionäre steigern konnten, wer dafür die Rechnung bezahlt hat und wer aus dem Kollektiv der Versicherten leider als Verlierer hervorging. Um Ihr zugegeben klischeehaftes und für die Gemeinschaft der Menschen schädliches Managerverhalten vollständig zu dokumentieren, haben wir hier auch noch den Mailverkehr mit einem exklusiven Escort-Service, inklusive einiger Videos, die zeigen, wie sehr Sie auch auf anderer Ebene als moralische Instanz glänzen.«

»Ohne Leute wie mich, die Steuern bezahlen und dafür sorgen, dass es diesem Land so gut geht, würden Sie hier gar nicht stehen. Das sei Ihnen gesagt. Eine stabile Demokratie braucht eine ebenso starke, funktionierende Wirtschaft. Sonst übernehmen Populisten das Ruder.«

»So hängt das alles zusammen. Sie sind also eine Stütze der Demokratie.« Der Maskierte nickt kaum merklich. »Und Sie bezahlen Steuern. Interessant. Befindet sich Ihr Erstwohnsitz nicht in der Schweiz, im Kanton Zug? Und da wären noch ein paar Konten in ferneren Ländern, für die sich das Finanzamt mit Sicherheit interessiert. Schließlich wollen Sie doch nur das Beste für diesen Staat und seine Mitbürger.« Der Maskierte wendet sich wieder der Kamera zu. »Ihr könnt nun abstimmen, für welche Strafe ihr euch entscheidet. Sollte der Live-Stream unterbrochen werden, klickt auf den unten stehenden Link oder wechselt auf einen unserer anderen Kanäle.«

Auf dem Bildschirm erscheinen drei Kästchen, darüber stehen die jeweiligen Optionen in Großbuchstaben: EXPOSE, DISARM, KILL.

Das waren Suns Worte. Das heute im Hotel war also der Probelauf gewesen. Trotzdem muss das nicht heißen, dass sie es ist, die unter diesem Overall steckt. Es besteht immer noch die Chance, dass sie nur von außen agiert. Auch wenn das für einen Richter vermutlich keinen großen Unterschied macht. Sie ist Teil dieser Terrorzelle.

»Euch bleiben sechzig Sekunden, um eine Entscheidung zu treffen, welche Strafe ihr für gerecht haltet«, sagt der Maskierte – ich will nicht wahrhaben, dass es Sun ist – in die Handykamera. Das Bild zittert leicht.

»Ich möchte an dieser Stelle abbrechen«, ruft der Mann mit harter Stimme dazwischen. »Sie haben meine Zeit lange genug vergeudet.«

Bildwechsel in die Totale. Der Maskierte lehnt sich über den Tisch und greift blitzschnell nach der Pistole. Die Übertragung stockt und friert ein. Ich halte den Atem an. Die letzte Gewissheit im Standbild, in Full HD: Es ist Sun. Ich sehe eine rote Haarsträhne, die hinter der Maske hervorquillt, und eine Sekunde später, als die Übertragung weiterläuft, ihre glänzenden Fingernägel. Sandfarben. Sie hält dem Mann die Waffe an den Kopf und filmt sein Gesicht aus nächster Nähe. Schweißperlen auf der Stirn. Selbstsicherheit in Auflösung. Den Blick auf ein mögliches Ende gerichtet.

»Noch dreißig Sekunden«, sagt Sun. Der Countdown wird an der Unterseite eingeblendet. Dann bricht die Übertragung ab. Das Youtube-Logo erscheint.

Ich aktiviere den M2M-Modus der MASCHINE. »Kannst du mir sagen, wo sich Sun aufhält?« Die Sanduhr beginnt sich zu drehen.

Aufenthaltsort gefunden. Entfernung ein Kilometer.

»Bitte Kartenausschnitt anzeigen«, sage ich. Ein roter Punkt leuchtet auf. Ich lasse meine Sachen liegen und renne los. Ich überquere die Straße, laufe beinahe vor ein Auto und folge den Treppenstufen, die nach oben in ein Wohngebiet führen. Sun darf den Mann nicht erschießen. Egal, was er getan hat. Auch wenn er es ist, den sie für den Tod ihres Vaters verantwortlich macht. Außer Atem erreiche ich eine Anhöhe. Ich muss kurz stehen bleiben, weil mir mein Herz sonst aus der Brust springt. Dann gehe ich weiter. Mehr als Dauerlauf ist nicht mehr drin. Ich erreiche eine breite Straße und entdecke Suns Auto, das an der Ecke steht. Die MASCHINE sagt, dass es nur noch zweihundert Meter sind. Der dunkle Betonquader mit vorgelagertem erstem Stock muss es sein. Von der Straßenseite lässt sich das Grundstück nicht einsehen. Die Hecken sind blickdicht und drei Meter hoch. Das Schiebetor zur Einfahrt ist einen Spaltbreit geöffnet. Da pass ich nicht durch. Vor der Garage steht ein schwarzer Porsche Cayenne. Der Aufkleber am Heck des Wagens, das Schwert-Logo, bestätigt, dass es die richtige Adresse ist. Ich klingle Sturm. Nichts regt sich. Wenn es nur nicht schon zu spät ist. Dann öffnet sich die Haustür. Sun tritt heraus. Sie trägt noch den Overall, nimmt die Maske ab und verstaut beides im Rucksack. Sie muss die Überwachungskamera deaktiviert haben. Trotzdem wundere ich mich, dass sie sich so viel Zeit lässt und nicht sofort abhaut. Vielleicht heißt das, dass sie den Mann getötet hat.

Jetzt blickt sie in meine Richtung und erstarrt. Im selben Augenblick geht die Alarmanlage los. Der Lärm ist ohrenbetäubend laut. Blinklichter. Rote Blinklichter, an der Garage und über der Terrasse. Sie schleudern ihren Hilferuf über die Hecken, in die Nachbarschaft und auf die Straße. Ihr harter Takt multipliziert sich mit dem An- und Abschwellen des kreischenden Sirenentons. Sun rennt auf mich zu, zwängt sich durch das Schiebetor und brüllt: »NICHT JETZT!« Dann packt sie mich am Arm, zieht mich mit hinein in den Untergang, und wir rennen gemeinsam die Straße hinunter. Sun und ich, wie ein Gangsterpärchen, wie Bonnie and Clyde, denke ich unpassenderweise, während mein Herzmuskel kurz davor steht, den Dienst einzustellen. Es bleibt keine Zeit, einen klaren Gedanken zu fassen. Wir springen in den Wagen. Suns Hände zittern wie verrückt. Sie schafft es kaum, den Schlüssel ins Zündschloss zu stecken. Sun startet den Wagen. Das Radio brüllt los.

Nachrichtensprecher: »Der Dax steht im Minus.«

Ich: »Worauf wartest du?«

Sun: Ein Faustschlag. Das Radio ist aus. Sie drückt das Gaspedal durch, und wir rauschen davon. Um die Kurve. In eine Seitenstraße. Raus aus dem Wohngebiet. Dann auf die Hauptstraße. Langsamer. Richtung Osten, Richtung Hafen. Als ich zu einer Frage ansetze, bringt sie mich mit einer Handbewegung zum Schweigen. »Später!«, zischt sie und blickt gehetzt in den Rückspiegel. Ein Polizeiauto mit Blaulicht und eingeschalteter Sirene kommt uns auf der Gegenfahrbahn entgegen. Sun behält die Nerven. Sie geht auf die Bremse und ordnet sich auf einer Abbiegespur hinter einem Lastwagen ein.

Ich will nicht wissen, wofür sich die Zuschauer entschieden haben. Ich will nicht hören, dass Sun eine Mörderin ist. Sie telefoniert. Sagt, dass alles nach Plan gelaufen sei und man jetzt mit der Aussendung beginnen könne. Weder am Klang ihrer Stimme noch an ihrem Gesichtsausdruck lässt sich erkennen, was passiert ist. Die Pistole muss im Rucksack sein, der halb geöffnet auf der Rückbank liegt. Ich frage mich, ob man es riechen würde, wenn daraus ein Schuss abgegeben wurde. Bei dem Jagdgewehr hat man es gerochen. Ich hatte sogar den Eindruck, den Geruch an meinen Händen zu haben.

»Ich habe ihn nicht umgebracht«, erlöst mich Sun schließlich aus der Ungewissheit. »Obwohl er es verdient hätte«, fügt sie mit eisiger Stimme hinzu. Dann zündet sie sich eine Zigarette an, lässt die Scheibe runter und schweigt.

»Glaubst du nicht, dass sie den Wagen schon suchen?«, frage ich.

»Und wenn schon. Allein im Großraum Hamburg gibt es mehr als siebzig Minis, die aussehen wie der hier. Die Wahrscheinlichkeit ist sehr gering.«

»Verrückt«, sage ich. »Das, was ihr da tut, ist völlig verrückt. Auch wenn ihr nicht vorhabt, Leute umzubringen, werden sie euch jagen. Wie Terroristen.«

»Ja, das werden sie.«

Aus irgendeinem Grund macht mich Suns abgeklärtes Verhalten wütend. »Warum hast du den Mann nicht getötet, nach dem, was er deinem Vater angetan hat?«, frage ich kühl.

»Weil es nicht um meine persönliche Rache geht, nicht um mich und meine Gefühle, sondern um die Ziele unserer Gruppe.« Die Ampel schaltet auf Grün. Ich rechne immer noch damit, dass wir gleich in eine Polizeisperre geraten und festgenommen werden. Sun fährt langsamer als die vorgegebene Geschwindigkeit, obwohl die Straße frei ist.

»Wir wollen den Menschen ihre moralischen Verfehlungen aufzeigen«, redet Sun weiter. »Und sie dazu zwingen, sich einem öffentlichen Urteil zu stellen. Dafür leaken wir die entsprechenden Dokumente oder leiten sie direkt an die zuständigen Stellen weiter.«

»Es gab also gar keine Abstimmung? Das mit den Kästchen war nur Fake?«

»Die Abstimmung gab es, aber die letzte Instanz, das sind wir. Und unsere Gruppe sieht das Töten nicht als probates Mittel an, um Ziele durchzusetzen.«

»Aber wozu lasst ihr die Leute überhaupt abstimmen, wenn ihr das Ergebnis ignoriert?«

»Um Aufmerksamkeit zu bekommen und den Menschen das Gefühl zu geben, dabei zu sein. Anders lässt sich dieses Spiel leider nicht spielen. Man muss die Leute in den Entscheidungsprozessen einbinden oder wenigstens so tun, damit sie aus ihrer Lethargie erwachen und ihre Macht begreifen. Nur so wird unsere Gruppe schnell genug wachsen, um fatale Entwicklungen aufzuhalten, bevor es zu spät ist.«

»Deshalb die Guy-Fawkes-Maske? Um den Leuten zu zeigen, dass ihr für die Unterdrückten kämpft. Als Symbol des Widerstands.«

»Das ist Don Quijote. Nicht Guy Fawkes.«

Ich runzle die Stirn. »Willst du damit sagen, dass ihr gegen Windmühlen kämpft? Das klingt aber nicht gerade zuversichtlich.«

Sun pustet den Rauch nach draußen. »Nicht wir sind diejenigen, die gegen Windmühlen kämpfen. Es sind die Multimilliarden-Konzerne und Regierungen, die glauben, dass sie das Recht haben, das Internet für ihre Zwecke zu missbrauchen. Sie werden unseren Widerstand auf allen Ebenen zu spüren bekommen. Wir werden sie mit ihren eigenen Waffen schlagen.«

Wir biegen in ein Industriegebiet ein, das weit draußen im Hafengebiet liegt. Überall Brücken, Lastwagen und riesige Öltanks. Suns Gesichtszüge entspannen sich. Offensichtlich haben wir es aus der Gefahrenzone geschafft.

»Hat die Mehrheit für das Töten gestimmt?«, will ich wissen.

Sun nickt wie in Zeitlupe. »Das kann man den Leuten nicht zum Vorwurf machen. Sie haben die Angst des Mannes nicht mit eigenen Augen gesehen und sein Flehen nicht gehört. Und sie wissen nicht, was es bedeutet, abzudrücken. Sie können nicht ahnen, dass dieser Moment sich auch in ihr Leben für immer einbrennen wird. Schuld kann man nur verdrängen, nicht vergessen.«

Wir fahren auf das Firmengelände einer ehemaligen Spedition. Ausgemusterte Container, Holzpaletten, Stahlfässer, riesige Kabelrollen und jede Menge Kanister stehen herum. Sun öffnet das Tor zu einer Lagerhalle, wo wir das Auto abstellen. Sie nimmt ihre Sachen aus dem Kofferraum, zieht eine dunkle Plane über den Wagen, schlüpft aus dem Overall und stopft ihn in den Rucksack. Alles ist perfekt vorbereitet. Dann gehen wir aus der Halle. Sun bittet mich zu warten, während sie zum Telefonieren in ein leer stehendes Pförtnerhäuschen verschwindet. Ich habe unzählige Fragen, die mir im Kopf herumschwirren.

»Gibt es dein Start-up überhaupt?«, überfalle ich sie, als sie zurückkommt.

»Ja, das gibt es.« Sun öffnet die Rückseite ihres Handys, nimmt die SIM-Karte heraus, legt sie auf ein Stahlfass und hält ihr Feuerzeug an das Plastik. Ihre Hände zittern immer noch. »Nichts ist, wie es scheint.«

»Kannst du vielleicht etwas genauer werden?«

»Nein, das kann ich nicht.«

»Weil du mir nicht vertraust?«

»Weil ich nicht will, dass du irgendwann lügen musst, deshalb.«

»Ich bekomme also keine Antwort, wenn ich frage, was du jetzt vorhast? Und du wirst mich auch online weiterhin aussperren? Sehe ich das richtig?«

Sun nickt. »Es geht nicht anders. Ist nur zu deinem Schutz.«

»Und was ist mit deinen Freundinnen? Wissen Maja und Kim von deinen Plänen?«

»Nein. Sie sind aber eine gute Tarnung. Und sie haben einflussreiche Väter, die für uns später noch von Bedeutung sein könnten, wenn wir die nächste Stufe zünden.«

»Das ist also erst der Anfang?«

»So ist es.«

Ich sehe dabei zu, wie der Kunststoff Bläschen wirft und schwarz wird. Ein beißender Geruch steigt mir in die Nase. »Und werden wir uns irgendwann wiedersehen? Oder ist unser dritter Abschied endgültig?«

Die dünne Rauchfahne wird vom Wind davongetragen. Sun lässt sich Zeit mit der Antwort. Sie steckt das Feuerzeug in den Rucksack. »In einem Jahr in der Hütte. Ich werde meine Mutter davon überzeugen, sie nicht zu verkaufen. Natürlich nur, wenn du willst. Mit oder ohne Anne. Ihr seid beide willkommen.«

Ein schwarzer Volvo biegt in die Einfahrt. Ich rechne damit, dass gleich ein Sondereinsatzkommando der Polizei aus dem Wagen springt, aber stattdessen steigen zwei Mädchen aus, die etwas älter als Sun aussehen und wie Messehostessen gekleidet sind. Die beiden machen ein ernstes Gesicht, eine nickt Sun zu.

»Ich komme gleich«, ruft ihnen Sun zu. »Ich muss dann jetzt. Viel Glück auf deiner Reise.«

»Dir auch«, sage ich.

Wir umarmen uns.

»Hier, für dich«, sagt Sun, nachdem wir uns voneinander gelöst haben, und gibt mir die zerstörte SIM-Karte. »Für dein Notizbuch. Damit du dir weiterhin Geschichten ausdenken kannst. Für das Dazwischen und Danach.«

»Danke.«

»Kommst du alleine von hier weg?«, fragt Sun.

Ich grinse schief. »Ja, das müsste ich irgendwie hinbekommen.«

»Im Notfall hast du ja die Maschine.«

Ich nicke. »Genau.«

Sun geht zu den Frauen, umarmt sie, steigt in den Wagen und fährt davon, ohne sich noch einmal umzudrehen. Ich bleibe ein, zwei Minuten stehen und inhaliere die Luft. Ich bilde mir ein, das Meer zu riechen. Mein Blick wandert zu meiner Gitarrentasche. Ich werde es versuchen. Ich werde versuchen, meine Musik zu machen.

Erleichtert, diese Entscheidung getroffen zu haben, lege ich meinen Daumen auf das Icon der MASCHINE und bewege es Richtung Papierkorb, der sich entgegen meiner Erwartung diesmal vorbehaltlos öffnet und von mir verlangt, dass ich die Deinstallation bestätige. Ich hole tief Luft, obwohl mir dieser Abschied nicht besonders schwerfällt. Das Display flackert und wird schwarz. Ein, zwei Sekunden. Dann betritt der Arbeiter in aufrechtem Gang die Bühne. Er dreht den Kopf in meine Richtung und öffnet den Mund zu einem kleinen Lächeln. Zoom auf sein Gesicht. Nahaufnahme. Kein Zweifel: Er ist ich. Ich bin er. Wir sind unser Spiegelbild. Ich nicke ihm zu und erwidere sein Lächeln. Er nickt zurück und sagt mit väterlicher Stimme: »Die Freiheit wartet auf dich.«

Dann fällt die Grafik in sich zusammen, und der Home-Bildschirm erscheint.

Die Maschinen-App ist verschwunden.

Die Freiheit wartet auf dich, hallt es in meinem Kopf wider.

Mein Handy klingelt. Es ist Anne. Ich zögere kurz, dann gehe ich ran. Es genügt, dass sie Hallo sagt, um zu wissen, dass ich in sie verliebt bin.

»Wir müssen uns sehen.«

ENDE

DANKSAGUNG UND BITTE

Bedanken möchte ich mich zuallererst bei meiner Freundin Jana, die immer die richtigen Fragen stellt und den Text auch nach dem x-ten Mal noch mit Wohlwollen gelesen hat. Sie hat mich darin bestärkt, mit Sun eine starke, rebellische und selbstlose Frauenfigur zu erschaffen. Eine entschlossene Heldin, die durch ihren Mut und ihr Können nicht abschrecken, sondern zum Nacheifern animieren soll. Meinen beiden Agentinnen Gerlinde Moorkamp und Silke Weniger möchte ich für die respektvolle Zusammenarbeit danken und dafür, dass sie dabei geholfen haben, dieses Buch nach München zum Carl Hanser Verlag zu bringen. Und damit sind wir auch schon bei den Menschen, die mich und diesen Roman in ihrem Haus willkommen geheißen haben. Vielen Dank an alle Mitarbeiter von Hanser, die mit viel Liebe zum Detail wunderbare Bücher machen. Namentlich möchte ich mich bei Ruth Nikolay, Saskia Heintz und Katja Desaga bedanken, die mir wichtige Anregungen während der Arbeit am Manuskript gegeben haben. Des Weiteren danke ich Jo Lendle dafür, dass er sich trotz seines übervollen Schreibtischs dazu bereit erklärt hat, das Feinlektorat zu übernehmen, und die Geschichte der Maschine mit großer, motivierender Freude gelesen und hinterfragt hat.

Sabine Fecke möchte ich dafür danken, dass sie mich und meine Bücher an wunderbare Lesungsorte vermittelt und immer kräftig die

Werbetrommel für mich und meine Geschichten rührt. Laura Oppenhäuser danke ich für die Einblicke in ihre Performance-Kunst, konkret für das Experiment mit den elektrischen Zahnbürsten, das ich in diesem Text verewigen durfte.

Nina Blazon danke ich für die gemeinsame Schreibzeit in der Landesbibliothek, das Diskutieren über Heldinnen und Helden und das aufmunternde Essengehen nach getaner Arbeit.

Die klugen Köpfen dieser Welt, die sich mit künstlicher Intelligenz, Maschinenlernen und der Zukunft des Internets beschäftigen, bitte ich darum, ihr Wissen, ihre Leidenschaft und ihre Begabung dafür einzusetzen, dass die Menschen auf diesem Planeten nicht in ihrer Freiheit begrenzt, diskriminiert, ausspioniert oder nach intransparenten Kriterien selektiert werden.